TRANSITION

Le Plaisir des textes

TRANSITION

Le Plaisir des textes

MADELEINE C. HAGE

University of Maryland

ROSS STEELE

University of Sydney

PIERRE VERDAGUER

University of Maryland

PRENTICE HALL, Englewood Cliffs, New Jersey 07632

Library of Congress Cataloging-in-Publication Data

Cottenet-Hage, Madeleine.
    Transition : le plaisir des textes / Madeleine C. Hage, Ross
Steele, Pierre Verdaguer.
        p.   cm.
    Includes French-English glossary.
    ISBN 0-13-852005-4
    1. French language—Readers. 2. French language—Textbooks for
foreign speakers—English. I. Steele, Ross. II. Verdaguer,
Pierre. III. Title.
PC2117.C768 1991
448.6'421—dc20   90-47049
                                                            CIP

Acquisitions editor: Steven R. Debow
*Editorial/production supervision and interior
    design:* Hilda Tauber
Cover design: Bruce Kenselaar
Manufacturing buyers: Herb Klein, Dave Dickey
Cover art: Claude Monet, *Waterlily Pond,*
    Photo from SuperStock, Inc.

Printed in the United States of America
10 9 8 7 6 5 4 3 2 1

ISBN 0-13-852005-4

Prentice-Hall International (UK) Limited, *London*
Prentice-Hall of Australia Pty, Limited, *Sydney*
Prentice-Hall Canada Inc., *Toronto*
Prentice-Hall Hispanoamericana, S.A., *Mexico*
Prentice-Hall of India Private Limited, *New Delhi*
Prentice-Hall of Japan, Inc., *Tokyo*
Simon & Schuster Asia Pte. Ltd., *Singapore*
Editora Prentice-Hall do Brasil, Ltda., *Rio de Janeiro*

Permission to use copyright materials is gratefully acknowledged to the
following publishers, authors, and literary agents:

    Editions Albin Michel: VERCORS, «Le Cheval et la mort», *Le Silence de la
mer* © 1951.
    Corinna BILLE, «Les Vendanges», with the kind permission of the
author.
    Georges Borchardt, Inc.: Alain ROBBE-GRILLET, *Instantanés* © 1962 by
Editions de Minuit; © 1968 by Grove Press, Inc. Natalie SARRAUTE,
Tropismes © 1957 Editions de Minuit; © 1966 George Braziller.
Reprinted by permission of Georges Borchardt, Inc. for the authors.
    Les Editions du Boréal: Gabrielle ROY, *La Détresse et l'enchantement*
© 1988, pp. 11–15.
    Flammarion et Cie: «La Petite Bouilloux», *La Maison de Claudine* ©
1960.
    Editions Gallimard: Henri BOSCO, *L'Enfant et la rivière;* Marguerite
DURAS, *Nathalie Granger;* Paul ELUARD, «On ne peut me connaître . . . »,
Les Yeux fertiles; Marcel JOUHANDEAU, «Le Couvent» and «Le Fou»,
Chroniques maritales, précédé de Elise; J.M.G. LE CLEZIO, «L'Extase
matérielle», *La Vie matérielle;* Michel LEIRIS, *L'Age d'homme;* Henri
MICHAUX, «Plume au restaurant», *Plume.*
    Librairie Gründ: Robert DESNOS, «Le Pélican», *Chantefables et
Chantefleurs.*
    Editions Hurtubise HMH Ltée: Jacques FERRON, «Retour à Val-d'Or»,
Contes, unabridged ed. 1968/1985.
    Le Monde (Paris): François JANIN, «Une Victoire des femmes au
Fouquet's», *Le Monde,* 28 Nov. 1979; François CLEMENT, «Les Ennuis
d'argent», *Le Monde,* 13 Apr. 1980.
    Les Nouvelles Editions de l'Arc: Gilles VIGNEAULT, *Avec les vieux mots,*
Editions de l'Arc 1965.
    Office Gouvernemental du Tourisme Québécois: «Destination Québec»
(brochure).
    Librairie Plon: Claude LEVI-STRAUSS, *Tristes Tropiques.*
    Editions P.O.L: Danièle SALLENAVE, «Conversations conjugales» © 1987;
«Un Printemps froid» © 1986 P.O.L.
    Présence Africaine: Birago DIOP, «Le Prix du chameau», *Contes et
lavanes* ©
    Gisèle PRASSINOS, «La Gomme», with the kind permission of the author.
    Marie REDONNET, Festival de la Nouvelle de Saint-Quentin, 1987.
    Editions Seghers: Bernard DADIE, «La Légende Baoulé», *Légendes et
poèmes.*
    Editions du Seuil: Jean CAYROL, *Histoire de la mer* © Editions du Seuil,
1973; Marie SUSINI, *Plein Soleil,* coll. «Méditerranée», © Editions du Seuil,
1953.

Table des Matières

PREFACE   ix

I   *MISE EN TRAIN*   1

1   BROCHURE TOURISTIQUE   * *Destination Québec*   2

2   FAIT DIVERS   * François Janin, *Une Victoire des femmes au Fouquet's*   8

3   POESIE   * Robert Desnos, *Le Pélican*   13

4   NOUVELLE   * Marie Redonnet, *Ist et Irt*   17

5   DIALOGUE   * Danièle Sallenave, *Conversations conjugales*   24

II   *DISCOURS IMAGINAIRES*   31

6   LEGENDE   * Bernard Dadié, *La Légende Baoulé*   32

7   RECIT SYMBOLIQUE   * Henri Michaux, *Plume au restaurant*   39

8   CONTE   * Jacques Ferron, *Retour à Val-d'Or*   48

9   NOUVELLE   ** Gisèle Prassinos, *La Gomme*   57

10 CONTE   ** Birago Diop, *Le Prix du chameau*   65

11 ROMAN   ** Jean Cayrol, *Histoire de la mer* (extrait)   74

III *DISCOURS DESCRIPTIFS* 85

12 POESIE   * **Arthur Rimbaud**, *Le Dormeur du val* 86

13 ROMAN   ** **Nathalie Sarraute**, *Tropismes* (extrait) 90

14 NOUVELLE   * **Alain Robbe-Grillet**, *La Plage* 95

15 NOUVELLE   ** **Corinna Bille**, *Vendanges* 103

16 ROMAN   ** **Henri Bosco**, *L'Enfant et la rivière*
                           (extrait) 112

IV *DISCOURS AFFECTIFS* 125

17 POESIE   * **Gilles Vigneault**, *Mon Pays* 126

18 CORRESPONDANCE   ** **Danièle Sallenave**, *Un Printemps froid*
                           (extrait) 130

19 COURT RECIT   ** **Marcel Jouhandeau**, *Le Couvent* 136

20 COURT RECIT   ** **Marcel Jouhandeau**, *Le Fou* 141

21 POESIE   ** **Paul Eluard**, *Les Yeux fertiles* 146

22 AUTOBIOGRAPHIE   *** **Jean-Jacques Rousseau**, *Confessions*
                           (extrait) 150

V *DISCOURS MORAUX ET PHILOSOPHIQUES* 155

23 NOUVELLE   ** **Vercors**, *Le Cheval et la mort* 156

24 NOUVELLE   ** **François Clément**, *Les Ennuis d'argent* 165

25 ROMAN   *** **Colette**, *La Petite Bouilloux* 175

26 POESIE   *** La Fontaine, *Le Héron, la Fille* 187

27 TEXTE DE REFLEXION   ** Michel Leiris, *L'Infini* 194

VI   *DISCOURS AUTOUR D'UN THEME: NOUS ET LES AUTRES* 199

28 ROMAN   ** Marie Susini, *Plein Soleil* (extrait) 200

29 POEME EN PROSE   * Charles Baudelaire, *L'Etranger* 210

30 ETHNOLOGIE   ** Claude Lévi-Strauss, *Tristes Tropiques* (extrait) 214

31 AUTOBIOGRAPHIE   *** Gabrielle Roy, *La Détresse et l'enchantement* (extrait) 219

32 ESSAI   *** J.M.G. Le Clézio, *L'Extase matérielle* (extrait) 230

33 SCENARIO   * Marguerite Duras, *Nathalie Granger* (extrait) 237

APPENDICE I: BIOGRAPHIES 251
         II: LE PASSE SIMPLE 254
        III: LE SUBJONCTIF 256
         IV: VOCABULAIRE UTILE 259

GLOSSAIRE 261

Preface

TRANSITION: Le Plaisir des textes is a reader for second and third year college and university students and for advanced classes in high schools. It is suitable for one-semester or two-semester courses. Doctoral students preparing for their language reading examination would also find this reader helpful.

TRANSITION aims to build on the language skills that students have developed in elementary courses by introducing strategies that will enable them to begin reading literary texts with pleasure. The primary focus in this approach to reading is on meaning. Students will learn how to read for information and then how to interpret the explicit and implicit levels of meaning that are the distinctive feature of literary writing.

The book includes 33 selections of different length, drawn from a variety of sources. We have selected readings from France and French-speaking countries (African nations, Canada, and Switzerland). The emphasis is on contemporary authors of whom nine are women. Readings from four authors prior to the twentieth century (La Fontaine, Rousseau, Baudelaire, and Rimbaud) have been included to give students the experience of earlier styles of writing. We have favored complete texts rather than excerpts, but whenever an excerpt appears, it can function as an autonomous, unabridged text.

The selections cover a wide range of genres: poetry (Baudelaire, Desnos, Eluard, La Fontaine, Rimbaud, Vigneault), descriptive and narrative prose representative of various traditions (realism, surrealism, the absurd, the fan-tastic, satire, autobiography, folk tales), and film. Most texts are of a literary nature, although some are representative of non-literary genres such as essay-style writing by Le Clézio, Michel Leiris, and Claude Lévi-Strauss. The first texts are from travel brochures and a newspaper. They were chosen to facilitate the transition from first-year language texts to texts requiring more advanced reading strategies.

We have grouped the selections according to either formal discourse styles or shared thematic features. The opening unit, **Mise en train,** introduces students to a variety of simple texts illustrating genres and styles that will be encountered in later units. This unit is followed by **Discours imaginaires** because our students have found it easier to comprehend literary texts with a clearly symbolic meaning than descriptive texts that are more lexically challenging and have less dramatic interest for the reader. The final unit, **Discours autour d'un thème,** presents variations on the theme of the insider and the outsider **(Nous et les autres),** which often parallels the experiences of the foreign language learner.

The varying difficulty of the selections is indicated by one (*), two (**), or three (***) stars. These ratings reflect a pedagogical judgment rather than an objective measurement. No text is so difficult as to require constant translation. In the more difficult texts, students are discouraged from translating by means of strategies that enhance the language they already know in order to comprehend the general meaning which provides the framework for more detailed understanding.

The units and texts do not have to be read in their order of presentation. Instructors and students should feel free to study the texts in the order which they consider most appropriate for their level and their interests.

The variety of text types allows students to practice a number of reading strategies. The overall presentation format for each selection is similar, but the emphases vary considerably so that students will develop not only their range of reading techniques but also their confidence in their ability to function more effectively in French. The presentation format consists of the following parts:

OBJECTIF: This gives the students a focus for their reading of the text.

AVANT LA LECTURE: These are pre-reading activities which facilitate the reading process and entry into the networks of meaning in the text. In several instances the readers have an opportunity to interact with illustrations and maps.

Ouverture: These activities are designed to open up students' background knowledge and personal experiences in relation to themes in the text.

Notes contextuelles: The socio-cultural context and cultural references are necessary for understanding the broader environment of the text and its connotations.

Stratégies: These can either be **Stratégies de langue** to encourage students to use cognates or contextual clues to guess word meanings, to help them with technical thematic vocabulary in the text, and to highlight grammatical points such as the "passé simple," which elementary courses generally omit; or **Stratégies de lecture** to provide students with a range of techniques that will enable them to enter the text at various points and predict with increasing accuracy the global and deeper levels of meaning.

It is not intended that students will always do all the pre-reading activities. The choice of activities will depend on their level and needs. It may be decided to do some activities prior to reading, others during the reading, and others prior to a re-reading of the text. It may be decided to do some activities in class or to assign them to the learners for private preparation. At a more advanced level the learners may occasionally go directly to the reading so that they can apply autonomously the strategies they have been learning. They will discover the progress they have made towards reading with understanding, and so reinforce their motivation to succeed. This is the strategy we initially propose for the text by Robbe-Grillet (14).

LECTURE: The actual reading of the complete text is the central activity. This is why when part of the text has been used to illustrate a **Stratégie de lecture,** the complete text is reproduced in LECTURE. Difficult words and expressions are glossed in the margin or, when it is more efficient, are given an English equivalent in a footnote. In this way, the two languages are separated, and students see only French as they are reading from the text to the margin. To remind them to use their knowledge of cognates and word families, these are indicated in the margin by *cogn.* and *cf.* when appropriate. Other helpful hints are also given in the margin (see **List of Abbreviations**). The placing of a degree mark (°) or footnote number *before* rather than *after* the word or expression that is glossed facilitates the reading process. It alerts the reader to the point at which the marginal (or footnote) gloss begins. The gloss can always be inserted into the text as a functional substitution.

APRES LA LECTURE: A number of post-reading activities follow each text:

Compréhension: For most texts, the first post-reading activity is a series of questions that principally test overall comprehension. Detailed comprehension may also be included depending on the stated objective and reading strategy for the text. For several texts there is a **Vérification** exercise to sensitize students to the use of specific strategies. Students who need an additional orientation to the text could read the comprehension questions for guidance before reading the text. In the case of longer texts, the comprehension questions correspond to successive parts of the text, and we suggest that students answer corresponding questions after reading each part to make sure they have no serious misunderstandings that would invalidate their predictions about the meaning of the next part of the text.

Interprétation: We believe it is extremely important for students to re-read literary texts after they have read them for general comprehension as a prelude to interpreting, discussing, and voicing opinions on their logical, symbolic, and textual meanings. Re-reading essay-type texts is also important before discussing the ideas and arguments they put forward. In the early stages, several readings may be necessary to develop competence in progressing from skimming and scanning to the interpretation of explicit and implicit meanings.

Appréciation: For some poems the **Compréhension** and **Interpretation** sections have been combined in a section called **Appréciation.**

Style et langue: Certain stylistic features of the text are presented here so that students can observe how language functions in the production of literary and non-literary texts.

Activités: These are personalized oral or written extension activities that give students the opportunity to increase their general language skills in relation to some aspect of the text.

Intertextualité: This section is included to encourage instructors and students to note relationships between the selections and to compare them. These relationships may be thematic **(Thèmes)** or formal **(Traitement).** The information given under **Thèmes** makes it possible for instructors to plan the reading of the selections by themes rather than discourse styles, if they wish.

We stress that it is not intended that all the post-reading activities be done. We have provided a range of activities from which instructors and students may choose those that suit their needs. Reading the text with pleasure is the primary goal. Spending too much time on associated activities may result in turning the reading of the text into task-management rather than an enjoyable experience. A balance must be maintained between activities to develop the reading skill and the intellectual and aesthetic stimulation that can be created by the text itself.

At the back of this reader there are four **Appendices** presenting biographical information on the authors of the texts, a reference summary of the forms of the *passé simple* and the *subjonctif,* and a list of the vocabulary that appears frequently in the selections. A separate *Glossaire* lists alphabetically the French words and expressions that have been glossed in the texts, with their English equivalents.

TRANSITION: Le Plaisir des textes is a reader in which the text is presented as an artifact to be comprehended, interpreted, and enjoyed. Unlike most other readers, it is not a grammar review and does not use the selected passage as a pretext for more vocabulary and grammatical exercises. Our focus is on the learner who needs strategies to make the transition from reading elementary to more advanced texts, to make sense of the different levels of meaning in these texts, and to develop cultural and literary sensitivity. Students who have learned to use the ''reading for meaning'' strategies in *TRANSITION* will also have acquired critical thinking skills that are extremely valuable not only for all the subjects they are studying but also for their careers.

ACKNOWLEDGMENTS

We wish to thank our students, who were the inspiration for this book, Susan Harper for the line drawings, Christa Dub for computer assistance, Hilda Tauber for her meticulous supervision, and Steve Debow for his constant encouragement and support. We are also grateful to the following reviewers for their helpful comments and suggestions:

Lynn Breakstone, Washington University, St. Louis, Missouri; Nicholas Collaros, University of California, Los Angeles; Mary Donaldson-

Evans, University of Delaware, Newark; Raymond Eichmann, University of Arkansas, Fayetteville; Rosalee Gentile, University of Illinois at Chicago; Sylvie Debevec Henning, State University of New York College at Plattsburgh; Isabelle Kaplan, American Council on the Teaching of Foreign Languages Yonkers, New York; Lynn E. Klausenburger, University of Washington, Seattle; Daniel Moors, University of Florida, Gainesville; Jo Ann Recker, Xavier University, Cincinnati, Ohio; Gail L. Riley, University of Illinois, Champaign-Urbana; Jean Schultz, University of California-Berkeley; Robert Vicars, Millikin University, Decatur, Illinois; Cynthia Westhof, Cambridge, Massachusetts; and Richard C. Williamson, Bates College, Lewiston, Maine.

LIST OF ABBREVIATIONS

cf.	indicates a word from the same "word family" that will help to recognize the word in the text
coll.	colloquial
cogn.	cognate
contr	a word with the opposite meaning
inf.	infinitive
p.p.	past participle
subj.	subjunctive
=	an approximate equivalent within the context

I

MISE EN TRAIN

1 BROCHURE TOURISTIQUE * *Destination Québec*

2 FAIT DIVERS * François Janin, *Une Victoire des femmes au Fouquet's*

3 POESIE * Robert Desnos, *Le Pélican*

4 NOUVELLE * Marie Redonnet, *Ist et Irt*

5 DIALOGUE * Danièle Sallenave, *Conversations conjugales*

1

Destination Québec

Avant de lire «L'Autre Amérique», qui est le premier texte d'une brochure touristique sur le Québec intitulée «Destination Québec», vous allez lire «Coup d'œil sur le Québec», qui se trouve dans la même brochure. Ce texte vous donne des informations utiles pour comprendre le contexte et les références implicites dans «L'Autre Amérique».

OBJECTIF

Vous allez étudier des exemples de langue publicitaire.

AVANT LA LECTURE

Ouverture

Regardez cette carte et situez les endroits suivants:

provinces: le Québec, l'Ontario et le Nouveau-Brunswick
villes: Montréal et Québec
fleuve: le Saint-Laurent

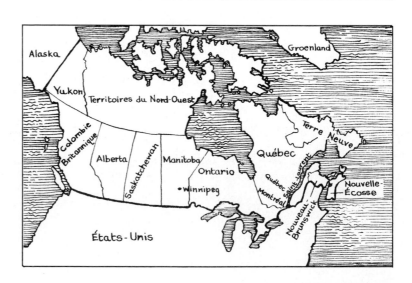

Stratégie de lecture

Ce texte contient des informations que vous pourrez trouver et comprendre sans difficulté, même si vous ne connaissez pas tous les mots. N'oubliez pas que:

1. vous avez déjà des connaissances générales sur le sujet;
2. vous savez déjà ce que l'on trouve habituellement dans une brochure touristique;
3. vous pouvez reconnaître beaucoup de mots apparentés (*cognates*).

Pour vous montrer combien ces connaissances peuvent vous aider à lire et à comprendre le sens général d'un texte, nous ne donnerons pas ici d'explications du vocabulaire.

LECTURE

Coup d'œil sur le Québec

Borné par les Etats-Unis au sud, l'Ontario à l'ouest, Terre-Neuve et le Nouveau-Brunswick à l'est, le Québec s'étale sur plus de 1 500 000 km². C'est trois fois la France, sept fois le Royaume-Uni et cinquante fois la Belgique. La forêt couvre la moitié de ce territoire criblé de lacs
5 et de rivières, qui détient 16 p. cent des ressources en eau douce du monde.

Bien que le nord du territoire québécois subisse les froids arctiques, les plaines du Saint-Laurent, où vit la majorité de la population, jouissent d'un climat de type continental. Cependant, pour une même lati-
10 tude, les moyennes de température y sont plus basses et les accumulations de neige beaucoup plus importantes qu'en Europe. S'il neige souvent, c'est que la vallée du Saint-Laurent se trouve sur la route de nombreuses dépressions atmosphériques.

On recense environ 6 500 000 Québécois, soit 4 personnes au km².
15 La région de Montréal, la métropole, compte 2,8 millions d'habitants tandis que la région de Québec, la capitale, en dénombre 550 000.

La population du Québec se compose de descendants des colons français et anglo-saxons ainsi que d'autochtones (les Amérindiens et les Inuit, autrefois appelés Esquimaux), auxquels se sont mêlés des immi-
20 grants venus des quatre coins du monde. En matière de langue, 83 p. cent des Québécois sont francophones et 12 p. cent, anglophones. Mais

au Québec, on parle aussi 35 autres langues, principalement l'italien, le grec et le chinois. On recense environ 6 000 Inuit et 77 000 Amérindiens et Métis.

APRES LA LECTURE

COMPREHENSION

Cherchez dans le texte les informations qui vous permettent de compléter les phrases suivantes:

1. Le Québec est borné au sud par _____, à l'ouest par _____, à l'est par _____.
2. Sa surface est de _____.
3. Le Québec est _____ fois plus grand que la France.
4. La moitié du Québec est couverte par _____.
5. Les _____ et les _____ du Québec produisent 16 pour cent de l'_____.
6. Le nord du Québec a un climat _____.
7. La majorité de la population habite dans _____.
8. Le climat de la vallée du Saint-Laurent est _____.
9. La température est plus _____ et il neige _____ qu'en Europe.
10. Il y a environ _____ personnes habitant au Québec.
11. La région de Montréal est environ _____ fois plus peuplée que la région de Québec.
12. La capitale du Québec est _____.
13. Le Québec est peuplé de (a) _____, (b) _____ et (c) _____.
14. Avant l'arrivée des colons, le Québec était habité par les _____ et les _____.
15. Aujourd'hui il y a environ _____ descendants d'autochtones.
16. La langue principale du Québec est le _____.
17. La deuxième langue du Québec est l' _____.
18. Parmi les autres langues qu'on parle au Québec, il y a principalement _____.

LECTURE

L'Autre Amérique

Le Québec c'est l'Amérique, version française. Sur l'immense territoire des nations autochtones, les cultures française et anglaise se sont donné rendez-vous: ainsi [1]naquit une civilisation originale, qui fait du Québec un lieu unique en Amérique du Nord.

5   Les Québécois sont des gens d'accueil et bons vivants. Cultivant le sens de la fête, ils communiquent leur contagieuse joie de vivre. Ils ont aussi su bâtir un réseau hôtelier de qualité et s'inspirer des meilleures cuisines du monde. En matière de tourisme, le Québec jouit d'une réputation d'excellence à l'échelle internationale.

10   Si le quotidien emprunte à l'américanité, la parole a l'accent français, souvent assaisonné de sonorités qui témoignent d'origines lointaines. Vivant pour la plupart dans des villes modernes et animées, les Québécois ont néanmoins su préserver leur riche patrimoine architectural et culturel. Coureurs des bois dans l'âme, ils sont voisins d'immenses es-
15 paces, où l'hiver enrobe les reliefs saisissants, les plaines tranquilles, les forêts touffues, les innombrables cours d'eau et les plus vieilles montagnes du monde. Modelé par la neige, le Québec révèle autant de décors contrastants, blottis dans un écrin immaculé.

Hiver comme été, la diversité de son territoire, la richesse de son
20 héritage et la chaleur de ses habitants font du Québec une destination touristique de choix. Que l'on soit Québécois ou étranger, on est séduit par sa beauté et ses multiples attraits. Venez-y voir . . . Découvrir le Québec, c'est grisant!

---

[1] *was born* (passé simple du verbe **naître**).

APRES LA LECTURE

COMPREHENSION

1. Retrouvez dans ce texte les passages qui parlent des sujets suivants:

   a. la situation géographique
   b. la nature
   c. le climat
   d. les origines de la population
   e. la langue

2. Le portrait des Québécois. Cherchez quatre expressions qui décrivent le tempérament des Québécois. Quelle image est-ce que ces expressions donnent des Québécois?

3. Le tourisme au Québec. Citez cinq éléments mentionnés dans le texte qui contribuent à la réputation touristique du Québec.

INTERPRETATION

1. Relisez le texte. Quel est le thème de chaque paragraphe? Quels sont les mots et expressions clé (*key words and expressions*) qui illustrent ces thèmes?

2. Dans ce genre de texte, le portrait des habitants est souvent fait de stéréotypes et l'image qu'on donne des gens est toujours positive. On dit que les Québécois sont accueillants, bons vivants et qu'ils communiquent aux visiteurs leur joie de vivre. Pourquoi?

3. La joie de vivre est un trait de caractère souvent associé aux Français. A votre avis, pourquoi est-ce que ce trait est mis en évidence dans cette brochure sur le Québec?

STYLE ET LANGUE

1. Cherchez dix adjectifs qui ont un sens très positif ou superlatif. Etes-vous surpris(e) de trouver un si grand nombre de ces adjectifs dans ce type de texte? Pourquoi?

2. Lisez la première phrase: «Le Québec c'est l'Amérique, version française». Cette courte phrase d'introduction est une sorte de slogan publicitaire: elle donne une définition qui attire l'attention des lecteurs. Elle doit les convaincre. Trouvez dans le texte d'autres phrases qui ont une fonction similaire.

3. Comparez le style publicitaire de «L'Autre Amérique» (qui veut persuader les lecteurs de visiter le Québec) et le style plus neutre de «Coup d'œil sur le Qué-

bec» (qui donne des faits sur cette province). Trouvez dans chacun des deux textes des expressions et des constructions grammaticales qui illustrent cette différence de style.

INTERTEXTUALITE

Vous allez trouver dans ce livre trois textes écrits par des auteurs canadiens de langue française:

Jacques Ferron, «Retour à Val-d'Or» (8)
Gilles Vigneault, «Mon Pays» (17)
Gabrielle Roy, *La Détresse et l'enchantement* (31)

La brochure touristique que vous venez de lire vous aidera à mieux comprendre le contexte culturel évoqué dans ces trois textes.

2

Une Victoire des femmes au Fouquet's

François Janin

OBJECTIF

Vous allez rechercher les faits dans un article journalistique et analyser les attitudes des participants.

AVANT LA LECTURE

Ouverture

Aux Etats-Unis, pendant longtemps, il y a eu des lieux publics où les Noirs ne pouvaient pas aller. Il reste aujourd'hui des clubs où les femmes ne sont pas admises. Que feriez-vous si on vous interdisait d'entrer dans un endroit public à cause de votre race ou de votre sexe? Demandez à d'autres étudiant(e)s ce qu'ils/elles feraient et parlez des différentes formes de discrimination qui existent encore aujourd'hui.

Notes contextuelles

Le Monde est un journal parisien distribué dans la France entière. C'est le quotidien le plus «intellectuel» du pays et qui a une influence considérable.

Le M.L.F. (Mouvement de Libération de la Femme) a connu ses premiers succès en France dans les années 1970. Le mouvement français a moins utilisé la confrontation comme technique que le mouvement américain. Pour cette raison, le journal *Le Monde* s'est intéressé à l'événement qui est à l'origine de l'article que vous allez lire.

Le Fouquet's est un café-restaurant très chic qui se trouve sur les Champs-Elysées, l'avenue de Paris la plus connue. Son nom évoque un snobisme anglo-saxon. Comme beaucoup de grands cafés, il a un bar séparé des salles principales. Jusqu'à la fin des années 1970, ce bar n'était pas ouvert aux femmes seules, selon la mode des clubs britanniques. Ce phénomène est relativement rare dans la société française où les femmes sont mieux acceptées dans la compagnie des hommes que dans d'autres cultures.

Stratégie de lecture

Avant de lire le texte, lisez le titre et imaginez quel sera le sujet de l'article: qui? où? quand? pourquoi? comment? etc. Ensuite, lisez rapidement l'article sans vous arrêter aux mots que vous ne connaissez pas. Une bonne stratégie de lecture est de souligner dans le texte les dates, le nom des personnes mentionnées et ce qu'elles font. Ceci vous aidera à comprendre le sens général du texte.

LECTURE

François Janin, *Une Victoire des femmes au Fouquet's*

LE MONDE. Mercredi 28 novembre 1979

Deux femmes médecins pénètrent le 19 novembre au Fouquet's, avenue des Champs-Elysées à Paris. Elles choisissent le «petit bar» de °l'établissement. Il est un peu plus de 22 heures. On refuse de les servir

5 «parce que le petit bar est interdit aux femmes °seules». Et pour répondre à leurs questions, on leur dit que leur °genre peut prêter à confusion. En somme, elles sont soupçonnées de °racolage.

Les deux médecins, Mmes Catherine Laurençon et Martine Bensadoun, °outre ce qui peut être considéré comme une °injure, °relèvent

10 l'°anomalie. Au nom de quoi un lieu ouvert au public peut-il être interdit aux femmes seules? Qu'est-ce que ce «petit bar» du Fouquet's où l'on °vit encore au dix-neuvième siècle ou à la mode des clubs britanniques?

Le «petit bar» est un endroit calme, °en retrait de la terrasse, ouvert

15 sur la salle de restaurant du rez-de-chaussée, mais bien °à l'écart. Un comptoir, sept [1]tabourets haut perchés, quelques fauteuils. Du bois au mur et, peu lisible, °ton sur ton, °un panneau: «Les dames seules ne sont pas admises au bar. Signé: [2]la direction.»

Glosses (margin):
- = le Fouquet's
- non accompagnées par un homme
- apparence
- prostitution
- en plus de / insulte / font remarquer / *cogn.*
- *inf.* vivre
- derrière les tables sur le trottoir
- isolé
- de la même couleur / une inscription

[1] *bar stools.* [2] *the management.*

Samedi 24 novembre, une dame seule a été servie, mais ³du bout
20 des doigts. Il a fallu qu'elle insiste et rappelle par trois fois au garçon sa
commande. °Il en va de même le dimanche. Au bar, une autre dame
seule. Blonde, jolie. °Bon genre. Coïncidence: il faut qu'elle °s'y prenne,
elle aussi, à plusieurs reprises pour que le barman accepte de la servir.
Pour les messieurs, la commande arrive à grande vitesse. Ils ont droit,
25 avec l'apéritif, à des olives et à des «chips». Elles non. Mais le fait est
indiscutable. Les 24 et 25 novembre, ces dames sont servies, °de bon
gré ou non. De toute évidence, l'affaire des deux femmes médecins —
qui ont alerté la presse — °a fait du bruit et la direction du Fouquet's a
choisi d'oublier sa tradition.
30 Interrogé, un garçon répond à côté: «°je ne suis au courant de
rien.» Comme on lui montre °la pancarte et la dame seule installée au
bar, il ⁴hausse les épaules et passe son chemin.
Voilà un couple, cinquante ans, °cossu. Le monsieur n'est pas très
intéressé par la question; pour la dame, il s'agit d'une nouvelle provo-
35 cation du M.L.F. «Les femmes honnêtes viennent ici accompagnées,
°cela tombe sous le sens.»
A la table voisine, un homme seul. ⁵Turfiste, et de bonne humeur.
Il a gagné °la veille. «Qu'est-ce que c'est que cette histoire? Ah, oui, la
pancarte! Bof, °on s'en fout. Mieux vaudrait que de vraies °putains
40 viennent ici, au moins elles seraient jolies . . .»
La dame seule, au bar, °mène aussi son enquête. Dans la poche de
son manteau, il y a un ⁶émetteur H.F. et, dehors, une voiture technique
où s'effectue ⁷l'enregistrement. °Renseignement pris, c'est une journaliste de radio. Elle demande un autre whisky, qui est servi avec aussi peu
45 °d'empressement que le premier. Sans olives, sans «chips». Mais enfin il
est servi. Ce dimanche au moins, au Fouquet's, la tradition °a fichu le
camp. ⁸Pourvu que ça dure . . .

C'est la même chose
Distinguée / redemande
plusieurs fois

sans difficulté

a attiré l'attention

je ne sais rien
cf. le panneau (l. 17)

riche

c'est évident

le jour précédent
fam. cela ne nous intéresse
pas / prostituées

fait

= Nous avons appris que

de rapidité
fam. a disparu

---

³ *reluctantly.* ⁴ *shrugs his shoulders.* ⁵ *horseracing fan.* ⁶ *high frequency*
transmitter. ⁷ *recording.* ⁸ *Let's hope it will last.*

APRES LA LECTURE

COMPREHENSION

A. Est-ce que les faits suivants sont vrais ou faux?

1. Cette scène se passe à dix heures environ dans un café des Champs-Elysées.
2. Deux femmes médecins décident de dîner à la terrasse d'un grand café parisien.
3. On les met dehors sous prétexte que les femmes doivent être accompagnées
   par un homme.

4. Les femmes protestent, disant que le règlement (*rules*) n'est écrit nulle part.
5. Au mur, il y a un panneau qui souhaite la bienvenue à tout le monde.
6. Cinq jours plus tard, une femme installée au bar est servie, mais seulement après avoir insisté trois fois.
7. Le lendemain, une femme doit attendre d'être servie, mais les hommes sont servis rapidement.
8. Pour s'excuser, le garçon propose des olives et des «chips» à la femme.
9. Un couple de clients bourgeois approuve la présence des femmes au bar.
10. L'une des femmes est une journaliste venue là par hasard.
11. La direction du Fouquet's a décidé, au moins momentanément, de modifier son règlement.

B. Utilisez les réponses que vous avez données pour résumer en quelques phrases ce qui s'est passé au Fouquet's.

INTERPRÉTATION

Maintenant, relisez l'article en faisant attention aux attitudes des différents participants, puis répondez aux questions qui suivent:

1. Quelle raison est-ce que la direction du Fouquet's donne aux femmes médecins pour expliquer qu'on refuse de les servir?
2. Pourquoi est-ce que leur statut social est important?
3. Les deux femmes protestent: quels arguments utilisent-elles?
4. A votre avis, qu'est-ce qui a attiré ces femmes dans ce bar?
5. Pourquoi est-ce que le journaliste, François Janin, éprouve le besoin de préciser (l. 22) que la femme est «Blonde, jolie. Bon genre.»?
6. Qu'est-ce qui incite les femmes à aller au bar le week-end du 24 et du 25? Est-ce par hasard?
7. Quelle attitude est-ce que la femme du couple «cossu» exprime quand elle parle de «nouvelle provocation du M.L.F.»?
8. Que pensez-vous de la réflexion du turfiste?
9. A votre avis, pourquoi est-ce que l'attitude de la direction du Fouquet's a changé?
10. Que pensez-vous de la tactique utilisée par les femmes pour être admises dans cet endroit qui leur était interdit?

STYLE ET LANGUE

En français, particulièrement dans le style journalistique, vous rencontrerez des phrases sans verbes. Ces phrases sont utilisées pour rendre le style plus vivant. Retrouvez dans le texte des phrases sans verbe.

ACTIVITE

Jouez la scène avec les femmes, le garçon et deux clients. Utilisez autant d'éléments du texte que possible.

INTERTEXTUALITE

Thème: Statut de la femme   Duras, *Nathalie Granger* (33)
Ferron, «Retour à Val-d'Or» (8)
Prassinos, «La Gomme» (9)
Sallenave, *Un Printemps froid* (18)

3

Le Pélican

ROBERT DESNOS

OBJECTIF

Dans ce poème, vous allez étudier comment la répétition d'un fait très simple devient humoristique.

AVANT LA LECTURE

Ouverture

Qu'est ce qui est amusant dans ce dessin?
Pouvez-vous penser à d'autres situations
où la répétition est comique?

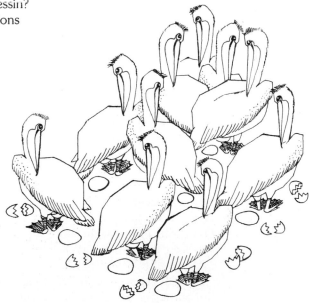

Stratégies de langue

Le vocabulaire de ce poème est très simple. Deux verbes, peut-être, sont nouveaux pour vous. Utilisez le contexte pour en deviner le sens:

vers 6	le pélican	**pond**	un œuf
vers 13	**durer**		très longtemps

Si vous ne comprenez pas l'expression **qui en fait autant,** le sens général du poème vous aidera:

vers 7	il sort un pélican [de l'œuf]
vers 9	Et ce deuxième pélican
vers 10	Pond, à son tour, un œuf tout blanc
vers 11	D'où sort, inévitablement
vers 12	Un autre [pélican] **qui en fait autant.**

Par quoi pouvez-vous remplacer **qui en fait autant?**

LECTURE

Robert Desnos, *Le Pélican*

Le capitaine Jonathan
Etant âgé de dix-huit ans,
Capture un jour un pélican
Dans une île d'Extrême-Orient.

5 Le pélican de Jonathan,
Au matin, pond un œuf tout blanc
Et il sort un pélican
Lui ressemblant °étonnamment.   *cf.* étonnant

Et ce deuxième pélican
10 Pond, à son tour, un œuf tout blanc
D'où sort, inévitablement,
Un autre qui en fait autant.

Cela peut durer pendant très longtemps,
Si l'on ne fait pas d'omelette avant.

APRES LA LECTURE

COMPREHENSION

Avez-vous compris les faits?

1. Qui a capturé le pélican?
2. Où a-t-il capturé le pélican?
3. Quel âge a ce capitaine?
4. Qu'est-ce que le premier pélican fait le matin?
5. Comment est le bébé pélican?
6. Qu'est-ce que vont faire tous les autres pélicans?
7. Comment est-ce qu'on pourrait arrêter ce cycle de reproduction?

INTERPRETATION

A. Relisez le poème à haute voix, puis faites la liste des éléments de *répétition*: les mots, groupes de mots, rimes (n'oubliez pas les mots à l'intérieur des vers qui ressemblent à la rime). Quel est l'effet produit par ces répétitions?

B. L'humour

1. La répétition n'est pas toujours humoristique. Pourquoi est-ce qu'elle est amusante dans ce poème?
2. Est-ce qu'il y a dans le poème des détails amusants autres que les éléments de répétition? (Connaissez-vous des capitaines de dix-huit ans? etc.)
3. Est-ce que l'objectif de ce poème est seulement l'humour? Y a-t-il une idée sérieuse derrière les jeux du langage? Si oui, laquelle?
4. A votre avis, si le poète avait choisi des humains et non des pélicans pour illustrer l'idée de la reproduction mécanique qui pourrait continuer à l'infini, est-ce que le poème aurait été plus ou moins comique?

STYLE ET LANGUE

1. Habituellement, dans un poème, les rimes varient. Qu'est-ce que vous remarquez dans ce poème-ci?
2. Il y a deux adverbes particulièrement longs. Lesquels? Pourquoi est-ce que leur emploi est surprenant dans ce contexte? Quel effet est-ce qu'ils produisent?

ACTIVITE

Pensez à une situation où quelqu'un passe un objet à une autre personne qui répète la même action. Décrivez cette scène de façon comique et imaginez un incident qui arrête le processus.

INTERTEXTUALITE

Thème:	L'infini	Leiris, "L'Infini" (27)
Traitement:	La répétition	Redonnet, "Ist et Irt" (4)
		Michaux, "Plume au restaurant" (7)
	L'humour et l'absurde	Prassinos, "La Gomme" (9)
		Michaux, "Plume au restaurant" (7)

4

Ist et Irt

MARIE REDONNET

OBJECTIF

Vous allez lire un récit où la répétition des mêmes faits rend la compréhension
facile; vous verrez que ces répétitions ont aussi une fonction thématique.

AVANT LA LECTURE

Ouverture

Regardez cette illustration et décrivez
ce que vous voyez. Voici quelques mots
pour vous aider à décrire ce qui se
passe:

un pêcheur
pêcher
la pêche

un poisson
poissonneux/euse (un lac poissonneux)

une barque
ramer (*to row*)

une ligne
un filet (*a net*)
déchirer (*to tear*)
raccommoder (*to mend*)

Stratégie de langue

Apprenez à reconnaître **le passé simple**:

Dans les textes que vous allez lire dans ce livre vous allez voir souvent des verbes au passé simple. Le passé simple est un temps littéraire utilisé pour raconter des actions au passé. (Dans la langue parlée, on utilise le passé composé.) Les formes du passé simple sont présentées dans l'Appendice II.

Pour vous aider à reconnaître ce temps, les verbes au passé simple dans le récit que vous allez lire sont indiqués en caractères gras (*boldface type*).

Stratégie de lecture

A. En général, si vous comprenez les relations entre les personnages d'une histoire, vous avez déjà une structure pour comprendre le texte. Tout en lisant le texte suivant, remplissez les blancs avec le nom des personnages.

Au début de l'histoire il y a deux adultes:
    Un homme   Une femme

   _____   _____

Ensuite il y a quatre adultes:
    Un homme   et   Une femme   Une femme   et   Un homme

   _____   _____   _____   _____

et deux enfants:
    Une fille   Un garçon

   _____   _____

A la fin il y a deux adultes:
    Une femme   Un homme

   _____   _____

B. Pour vérifier votre compréhension après chaque partie du récit (I, II, III et IV) vous pouvez, si vous voulez, répondre aux questions qui correspondent à ces parties dans COMPREHENSION.

Marie Redonnet, *Ist et Irt*

I.

Vers le sud, le °se rétrécit, les eaux deviennent moins poisson- — devient moins large
neuses. C'est sans doute pour cette raison que les pêcheurs du lac ne s'y
sont jamais installés. C'est pourtant là que Ism et Isl **décidèrent** de vivre
après leur rencontre. Ils **s'achetèrent** une barque neuve, ils se
5 °**construisirent** une °cabane. L'endroit leur plaisait vraiment. Ism — *inf.* construire / *cogn.*
pêchait, Isl raccommodait les filets et allait vendre les poissons au
marché. Mais Ism ne pêchait que des petits poissons. C'est ainsi dans
cette partie du lac, tous les pêcheurs le savaient. Comme c'était un bon
pêcheur, Ism en pêchait beaucoup. Mais sa pêche rapportait °peu, seuls — = peu d'argent
10 les gros poissons se vendaient un bon prix. Ism ne regrettait pas de
s'être installé là avec Isl. Il avait peu de besoins. Et ils avaient assez pour
vivre avec l'argent des petits poissons.

II.

Au marché où elle °se rendait chaque jour, Isl était °courtisée par le — allait / *cogn.*
plus fameux pêcheur du lac, Irg. C'était toujours lui qui vendait les plus
15 gros poissons. Un jour, il en **offrit** un à Isl. Elle le **prépara** avec soin
pour le repas du soir. Elle voulait faire la surprise à Ism. Mais Ism était
sombre, et il ne **regarda** même pas le plat que lui **présenta** Isl. Depuis
quelques jours, sa pêche était mauvaise, les poissons étaient encore plus
petits, et moins nombreux. Ism avait peur que le poisson ne soit en train
20 de disparaître dans cette partie du lac. Il n'en avait rien dit à Isl. Et Isl
ne s'était pas °inquiétée d'avoir moins de petits poissons à aller vendre — *cf.* inquiet (inquiète)
au marché. °D'ailleurs, elle venait de ramener le gros poisson de Irg. [1]La — En plus
chance lui souriait. Elle °fut °déçue que Ism ne °goûte pas au poisson. — *inf.* être / *inf.* décevoir
Ce **fut** elle qui le **mangea** tout entier. Les jours suivants, Ism **fut** encore — (désappointer) / *cf.* le goût
25 plus sombre, et il **ramena** de moins en moins de poissons. Il ne parlait
plus à Isl, il faisait comme si elle n'existait pas.

Un soir, Isl ne °**revint** pas du marché. Elle avait accepté l'offre de — *inf.* revenir
Irg de venir vivre avec lui à l'autre bout du lac, là où il y a tous les gros
poissons. Ism **resta** seul avec sa barque et sa cabane. Il **continua** d'aller
30 pêcher. Mais sa pêche était de plus en plus mauvaise. Ses filets se dé-
chiraient, les petits poissons °**s'enfuyaient** par les trous de plus en plus — *inf.* s'enfuir (partir)
grands. Un jour, Ism ne **pêcha** plus aucun poisson. Au marché, Isl
triomphait. Elle vendait les plus beaux poissons du lac. Elle était heureuse. Elle venait de mettre au monde un garçon, Irt.

III.

35 Ism **décida** de quitter le lac, et de remonter la rivière. Au bout de
plusieurs semaines de voyage, il **rencontra** un deuxième lac, plus petit
que le premier, °**paisible** et bordé de forêts. Ism **trouva** vite l'endroit — *cf.* la paix

---

[1]*Luck smiled upon her.*

qui lui °convenait, dans une °crique isolée et bien protégée. Le lende-   *inf.* convenir (être approprié) / *cogn.*

main matin, il **partit** à la pêche. Il en **ramena** de gros poissons. Ism

40   avait °bien fait de remonter la rivière. C'est au bord de ce lac qu'il   eu raison

voulait vivre °désormais. Au marché, il était fier de ses poissons. Chaque   à partir de ce jour

matin, il allait pêcher, et à chaque fois il ramenait de gros poissons. Au

marché, il rencontra une jeune fille du lac, Isn. Elle lui °**plut** tout de   *inf.* plaire

suite, et il lui **demanda** de venir vivre avec lui. Isn °**vécut** heureuse avec   *inf.* vivre

45   Ism. Elle allait vendre les poissons au marché, elle raccommodait des

filets. Elle donna à Ism une fille, Ist. Ism et Isn °**vieillissaient** au bord du   *inf.* vieillir

lac.

IV.

Un jour, **arriva** un jeune pêcheur. Il s'appelait Irt, c'était le fils de

Isl. Il avait remonté la rivière, il voulait s'installer au bord de ce lac. Il

50   se **construisit** une cabane dans une petite °anse tout au bout du lac. Au   *cf.* crique

marché, Ist remplaçait maintenant Isn. Elle y **rencontra** Irt. Irt n'avait

pas de chance depuis qu'il s'était installé. Il ne pêchait que des petits

poissons, en petite quantité. Ist était °désolée pour lui. Elle lui offrait   très triste

souvent un des beaux poissons de Ism pour son repas du soir. Irt était

55   [2]honteux de ne pêcher que des petits poissons, et il [3]n'osait pas lui dire

qu'il était amoureux d'elle. Ce **fut** donc Ist qui °**fit** les premiers pas.   *inf.* faire

Quelques jours plus tard, Irt **alla** demander sa main.

Ist et Irt **décidèrent** de remonter la rivière, à la recherche d'un autre

lac où s'installer. Ils **voyagèrent** longtemps avant de rencontrer un tout

60   petit lac, qui ressemblait à un lagoon. C'était là que la rivière prenait sa

source. L'eau du lac était transparente et très profonde. Ist et Irt s'**in-**

stallèrent au bord de ce lac, ils se **construisirent** une cabane. Ist ne

voulait pas rester à la maison pendant que Irt allait pêcher. Elle voulait

l'accompagner. Alors ils **pêchèrent** ensemble, chacun à un bout de la

65   barque. Ils pêchaient des petits et de gros poissons.

Les années **passèrent.** Ist et Irt n'avaient pas eu d'enfants. Ils

pêchaient toujours, mais ils ne pêchaient plus que des petits poissons qui

suffisaient juste à les faire vivre. Les gros poissons avaient disparu du lac.

Puis les petits poissons **commencèrent** à disparaître. Ist et Irt étaient

70   maintenant très vieux. Chaque jour, ils allaient au milieu du lac pêcher les

derniers petits poissons. Leur barque était très °abîmée, elle prenait l'eau.   endommagée

Tandis que Irt ramait, Ist °vidait l'eau de la barque. Un jour, Ist °n'**eut**   *cf.* vide / *inf.* avoir

plus assez de force pour vider toute l'eau montée brusquement dans la

barque. Et Irt **continua** de ramer comme s'il °ne s'était rendu compte de   *inf.* avoir

75   rien. Quand ils furent arrivés au milieu du lac transparent comme un   n'avait rien remarqué

lagoon, tout doucement, la barque °**s'engloutit** avec Ist et Irt.   = tomba au fond du lac

[2]*ashamed.* [3]*did not dare.*

APRES LA LECTURE

COMPREHENSION

A. Répondez aux questions suivantes.

I. Ism et Isl

1. Où est-ce qu'ils se sont installés?
2. Qu'est-ce que l'homme faisait?
3. Qu'est-ce que la femme faisait?
4. Est-ce qu'ils étaient riches?
5. Qui est-ce que la femme a rencontré au marché?
6. Qu'est-ce que cette personne lui a donné?
7. Quelle a été la réaction de Ism?

II. Isl et Irg

1. Pourquoi est-ce que Isl a quitté Ism?
2. Est-ce qu'elle était heureuse avec Irg?
3. Comment s'appelle leur fils?

III. Ism et Isn

1. Qu'est-ce qui est arrivé à Ism après le départ de Isl?
2. Qu'est-ce qui a changé dans sa vie?
3. Qui a-t-il rencontré au marché?
4. Est-ce que Isn est différente de Isl?
5. Comment s'appelle leur fille?

IV. Ist et Irt

1. Comment est-ce que Ist a rencontré Irt?
2. Est-ce que la vie de Irt est différente de la vie de son père?
3. Pourquoi est-ce que Ist s'intéresse à Irt?
4. Qu'est-ce qu'elle fait pour lui montrer son intérêt?
5. Est-ce que Ist est différente de sa mère?
6. Comment était la vie de Ist et Irt?
7. Comment est-ce que leur vie est différente de celle de leurs parents?
8. Est-ce qu'ils ont eu des enfants?
9. Comment est-ce que leur vie s'est terminée?

B. Les poissons jouent un rôle central dans la vie de chaque couple. Comparez comment l'apparence des poissons change pour chacun d'eux (au début . . . ensuite . . . enfin).

INTERPRÉTATION

1. On pourrait interpréter ce récit comme une parabole (ou une fable) sur l'histoire de l'humanité. Comment est-ce que l'auteur présente cette histoire? (Quelles sont les étapes — les moments — de cette histoire? Y a-t-il une progression?)
2. On pourrait aussi interpréter ce récit de façon écologique. Dans ce cas, quel message voyez-vous?
3. Qu'est-ce que la ressemblance des noms (Ism, Isl, etc.) suggère? Pourquoi l'auteur n'a-t-elle pas choisi des noms plus différenciés?
4. Pourquoi est-ce que l'auteur a appelé ce récit "Ist et Irt" et non pas "Ism et Isn" ou "Isl et Irg"?
5. A votre avis, pourquoi est-ce que Ist et Irt n'ont pas eu d'enfants?
6. Est-ce que la vision de Marie Redonnet est optimiste ou pessimiste? Justifiez votre réponse.

STYLE ET LANGUE

A. *Description du paysage et des habitants*

1. Faites la liste des adjectifs qui suggèrent un paysage idyllique.
2. Faites la liste des termes qui sont répétés dans chaque partie pour décrire la vie des habitants.
3. Faites la liste des expressions qui indiquent le passage du temps. Quelle est la fonction de la phrase "Les années passèrent" (l. 66)?

B. *Le temps des verbes dans un récit au passé.* Dans un récit au passé, on peut utiliser quatre temps principaux: l'imparfait, le passé simple, le passé composé et le plus-que-parfait.

Fonction	Temps du verbe	Exemple
Descriptions Sentiments Activités habituelles	IMPARFAIT	Elle rencontrait.
Action Récit écrit	PASSE SIMPLE	Elle rencontra.
Action Récit oral	PASSE COMPOSE	Elle a rencontré.
Actions et états qui précèdent	PLUS-QUE-PARFAIT	Elle avait rencontré.

Maintenant, regardez les lignes 48–57 et 66–76. Faites la liste des verbes au passé simple, à l'imparfait et au plus-que-parfait; donnez leur infinitif et dites, dans chaque cas, pourquoi l'auteur a utilisé ce temps. Pourquoi est-ce qu'on ne trouve pas le passé composé dans ces passages?

ACTIVITE

Formez des groupes. Chaque personne du groupe racontera l'histoire d'un des couples du texte en ajoutant, si elle le désire, des détails imaginaires.

INTERTEXTUALITE

Thème:	Vision de l'histoire: reproduction mécanique, fin dramatique, négation de l'idée de progrès	Desnos, «Le Pélican» (3)
Traitement:	Récit en forme de fable	Diop, «Le Prix du chameau» (10)
	La répétition	Diop, «Le Prix du chameau» (10) Michaux, «Plume au restaurant» (7)

5

Conversations conjugales

DANIÈLE SALLENAVE

OBJECTIF

Dans l'article de journal pp. 9-10, «Une Victoire des femmes au Fouquet's», ce sont les faits qui sont importants. Vous allez lire une conversation dans laquelle vous découvrirez que les faits sont moins importants que les émotions et les sous-entendus.

AVANT LA LECTURE

Ouverture

Quel groupe social (quels groupes sociaux) est-ce que ces vêtements évoquent? Connaissez-vous d'autres vêtements associés spécialement à des groupes socio-économiques? A votre avis, est-ce que la publicité joue un rôle dans la création des images associées à certains vêtements? Comment?

Jeune homme en blouson   *Femme en fourrure et homme en loden*

Notes contextuelles

Le blouson. En France, dans les années 1960, un «blouson noir» voulait dire un jeune délinquant. Le blouson de cuir noir a encore aujourd'hui des connotations négatives parce qu'il est porté par les membres de certains gangs.

Le loden est un manteau sport fait en loden (tissu de laine imperméable) souvent porté en Allemagne. En France, le loden a une connotation bourgeoise.

Le genre pépé désigne les vêtements conservateurs que portent les hommes âgés (**un pépé** ou **un pépère** = mot familier pour grand-père).

Une mémère est l'équivalent féminin de **pépère**.

Vocabulaire familier. Dans toutes les classes sociales, en France, les conversations contiennent des expressions familières. Dans le texte que vous allez lire, les expressions familières sont nombreuses et on peut les classer selon différents degrés allant de l'expression parlée à l'argot (*slang*).

«ça ne se fait plus tellement» (*langue parlée*)	= on ne fait plus beaucoup cela, c'est démodé
«cailler» (*argot*)	= avoir très froid
«se les geler» (*vulgaire*)	= avoir très froid
«tu n'as pas intérêt à . . .» (*langue parlée*)	= tu ne devrais pas
«Une nippe» (*familier*)	= un vêtement
«ça ne tiendra pas le coup» (*langue parlée*)	= ça ne durera pas
«un type» (*langue parlée*)	= un homme
«c'était d'un cossu» (*langue parlée mais dans un milieu éduqué*)	= ça faisait riche
«ça ne me dit rien» (*langue parlée*)	= je n'en ai pas envie

Stratégie de lecture

Lisez les deux premières répliques de cette conversation:

ELLE. Tourne-toi. Eh bien, dis donc, il va falloir qu'on t'achète un manteau.

LUI. Un manteau? Jamais. Je ne veux pas de manteau.

1. Comment imaginez-vous ces deux personnes?
2. Quel pourrait être leur âge?   (a) entre 18 et 28 ans   (b) entre 28 et 45 ans   (c) entre 45 et 60 ans   (d) entre 60 et 80 ans.
3. Quelle semble être l'attitude de la femme envers l'homme et l'attitude de l'homme envers la femme?
4. En quelle saison est-ce que cette conversation pourrait avoir lieu?   (a) au prin-temps   (b) en été   (c) en automne   (d) en hiver.
5. Selon vous, comment est-ce que cette conversation va continuer?

LECTURE

Danièle Sallenave, *Conversations conjugales*

[Avant cette conversation, ce couple avait décidé que celui qui emploierait un mot d'argot ou un mot grossier paierait une petite somme d'argent qui varierait selon la gravité de la «faute» (lignes 15 à 19).]

Un matin encore. Ils s'°apprêtent à sortir.   *cf.* prêt(e)

ELLE. Tourne-toi. Eh bien, dis donc, il va falloir qu'on t'achète un manteau.

LUI. Un manteau? Jamais. Je ne veux pas de manteau.

ELLE. Tu préfères un blouson? Ça n'est pas chaud, un blouson, et puis
5   ça ne se fait plus tellement, sauf pour les très jeunes, ou les [1]livreurs, en banlieue.

LUI. Je ne veux pas de blouson, je ne veux pas de manteau, je suis très bien comme ça.

ELLE. Dans ton vieil imperméable de [2]clochard.

10 LUI. Dans mon vieil imperméable de clochard. C'est ce qui °convient   va
        le mieux à ma nature et à mon humeur.

ELLE. Mais mon °chou c'est qu'il fait froid, terriblement froid! Tu as vu   chéri
        ce qu'ils ont dit. Et ça va encore se refroidir, il va neiger, tu vas
        cailler.

15 LUI. Cinq francs.

[1]*delivery boys.* [2]*street person.*

ELLE. Ah non, cailler, ce n'est absolument pas °grossier. Comment   vulgaire
veux-tu que je dise? Tu vas prendre froid mon chéri? Si encore
j'avais dit tu vas te les geler. °A la rigueur un franc.   Au maximum

LUI. Tarif unique, tu ne respectes aucune convention.

20   ELLE. Alors, tu sais ce qu'on va faire? Jeudi, je passe te prendre à quatre
heures et on y va ensemble.

LUI. Où donc?

ELLE. T'acheter un manteau. Un loden par exemple. Pas forcément vert
mais bleu nuit, par exemple. Gris, ça fait un peu vieux.

25   LUI. Le blouson fait trop jeune, le loden fait trop vieux. Je suis à un
âge où °il n'y a rien de prévu. Il faut que tu attendes. Entre le   on ne propose rien
blouson noir et le genre pépé, il n'y a rien. C'est bien ce que je
pensais. Je n'ai pas le choix. D'ailleurs il est très bien, ce vieil
imperméable. Regarde la ³doublure, très chic.

30   ELLE. Il a été très bien. C'était un très bel imperméable. Mais tu n'as pas
intérêt à montrer la doublure, elle est complètement °décousue.   *cf.* coudre

LUI. Et j'en suis fier. Cela prouve que j'ai une femme moderne, qui ne
perd pas son temps à recoudre les nippes de son mari. C'est très
flatteur pour moi.

35   ELLE. Mais ça ne m'empêche pas de °me faire du souci pour toi, de   m'inquiéter
°veiller à ce que tu ne prennes pas froid. Par exemple, je voudrais   faire attention
que tu t'achètes un bon manteau bien chaud.

LUI. Ça recommence. Pendant une semaine, je vais l'entendre tous les
jours. Puis ça va passer, on °s'acheminera tranquillement vers le   ira
40   printemps, et je serai hors de danger.

ELLE. Mais alors mon chéri, je suis désolée de te °contredire, il faudra   *cogn.*
t'acheter un nouvel imperméable, celui-là ne tiendra pas le coup
jusque-là.

LUI. A chaque jour suffit sa peine.

45   ELLE. C'est pour cela que le loden . . . C'est chaud, léger, et parfaite-
ment imperméable.

LUI. Ça fait allemand. Il ne manque plus que le chapeau avec le
⁴blaireau sur le côté. Souviens-toi, à Munich, la veille de Noël.
Tous ces types en loden et les femmes en fourrure.

50   ELLE. Oui, c'était d'un cossu.

LUI. Il ne faudrait pas °te supplier longtemps, j'imagine.   insister

ELLE. C'est vrai, je reconnais qu'on en fait de très bien maintenant,
même des fausses.

LUI. Eh bien allons-y, allons t'en acheter une °fausse.   = fausse fourrure

55   ELLE. Oh, ça ne me dit rien.

³*lining.* ⁴*feather.*

APRES LA LECTURE

COMPREHENSION

A. Répondez aux questions suivantes.

1. Faites la liste des différents vêtements que la femme suggère d'acheter à l'homme.
2. Quelle est la réaction de l'homme?
3. Est-ce que sa réaction change au cours de la conversation?
4. Quels sont les arguments utilisés par la femme pour convaincre l'homme?
5. Quels sont les arguments utilisés par l'homme pour refuser les propositions de la femme?
6. A la fin, comment est-ce que l'homme change la conversation à son profit?
7. Comment est-ce que les rôles se sont inversés entre le début et la fin?

B. En réalité, il y a très peu de faits dans cette conversation. Pouvez-vous les résumer en quelques phrases?

INTERPRETATION

Relisez cette conversation en faisant attention aux sous-entendus.

1. Est-ce que l'image que vous aviez de la femme et de l'homme au début a changé à la fin de votre lecture?
2. Qui domine la conversation au début? Trouvez des expressions dans le texte qui justifient votre réponse.
3. Qui domine la conversation à la fin? Trouvez des expressions dans le texte qui justifient votre réponse.
4. A votre avis, est-ce que l'homme dit la vérité? (ll. 32–34)
5. A votre avis, est-ce que la femme dit la vérité? (ll. 35–37)
6. Qu'est-ce que l'homme veut dire quand il dit «je serai hors de danger» (l. 40). Qu'est-ce que cela révèle sur les relations du couple?
7. A votre avis, à quel groupe social est-ce que ce couple appartient? Quels détails justifient votre réponse?
8. A votre avis, quelle est l'attitude de l'auteur envers ses personnages? (sérieuse, amusée, satirique, admirative, etc.) Justifiez votre réponse.
9. Comment est-ce que l'auteur évite que cette conversation sur un sujet banal devienne ennuyeuse?

STYLE ET LANGUE

Presque toujours, les conversations quotidiennes sont pleines de répétitions, de variations sur une même idée, de redondances, etc. Trouvez dans cette conversation des exemples de ces structures «cycliques». N'y a-t-il pas cependant une progression et un dénouement (une conclusion) dans cette histoire?

ACTIVITE

Imaginez une conversation entre vous et un(e) ami(e) sur un sujet quotidien (avec répétitions, variations et dénouement possible).

INTERTEXTUALITE

Thèmes:	Les achats	Sarraute, *Tropismes* (13)
		Roy, *La Détresse et l'enchantement* (31)
	Le vêtement	Sarraute, *Tropismes* (13)
	La consommation	Duras, *Nathalie Granger* (33)
		Le Clézio, *L'Extase matérielle* (32)
Traitement:	La persuasion et le refus	Duras, *Nathalie Granger* (33)

II

DISCOURS IMAGINAIRES

6   LEGENDE   * **Bernard Dadié,** *La Légende Baoulé*

7   RECIT SYMBOLIQUE   * **Henri Michaux,** *Plume au restaurant*

8   CONTE   * **Jacques Ferron,** *Retour à Val-d'Or*

9   NOUVELLE   ** **Gisèle Prassinos,** *La Gomme*

10   CONTE   ** **Birago Diop,** *Le Prix du chameau*

11   ROMAN   ** **Jean Cayrol,** *Histoire de la mer* (extrait)

6

La Légende Baoulé

BERNARD DADIÉ

OBJECTIF

Vous allez analyser le sens et la structure d'un récit mythique.

AVANT LA LECTURE

Ouverture

Beaucoup de groupes ethniques racontent des histoires qui expliquent leur origine. Connaissez-vous un récit de ce genre? Formez plusieurs groupes dans lesquels vous allez raconter le / les récit(s) que vous connaissez. Est-ce qu'il y a des éléments communs entre vos différents récits?

Note contextuelle

Comme beaucoup de légendes, la légende que vous allez lire raconte l'origine extraordinaire de l'un des groupes ethniques les plus importants de la Côte d'Ivoire, les Baoulé. La Côte d'Ivoire est un pays d'Afrique noire situé sur la côte atlantique, près de l'équateur (voir la carte, texte 10, dans «Le Prix du chameau»).

Stratégies de langue

A. Dans ce récit, certains mots sont en caractères gras (*boldface*). Vous pouvez deviner leur signification d'après le contexte. Vous pourrez vérifier le sens de ces mots en faisant l'exercice dans VERIFICATION, qui vient après le texte.

B. Apprenez à reconnaître **les mots apparentés** (*cognates*):

Donnez un mot anglais correspondant à chaque mot de la liste suivante:

　　une tribu (l. 2)
　　un ennemi (l. 8)
　　féroce (l. 13)
　　l'exil (l. 19)
　　un fugitif (l. 27)
　　un conquérant (l. 31)
　　précieux (l. 48)
　　miraculeux (l. 54)

Notez que certains mots français correspondent à deux mots apparentés en anglais:

(l. 23, l. 29)
un génie — *a genie* ou *a genius*

Stratégies de lecture

A. Lisez la première phrase du texte:

「Il y a longtemps, très longtemps, vivait au bord d'une lagune calme, une tribu paisible de nos frères.」

1. Comment commence cette phrase? Pourquoi?
2. Où est le sujet de cette phrase? L'inversion du sujet et du verbe est une technique poétique fréquente dans ce type de récit.

B. Pour comprendre le sens général de ce qui va suivre, il n'est pas nécessaire de savoir tous les mots. Le contexte vous aide. Par exemple, ll. 16–17, vous reconnaîtrez les noms de certains animaux et vous pourrez deviner leur réaction. C'est suffisant pour vous permettre de continuer votre lecture.

LECTURE

Bernard Dadié, *La Légende Baoulé*

Il y a longtemps, très longtemps, vivait au bord d'une °lagune   *cogn.*
calme, une tribu **paisible** de nos frères. Ses jeunes hommes étaient
nombreux, nobles et courageux, ses femmes étaient belles et joyeuses.
Et leur reine, la reine Pokou, était la plus belle parmi les plus belles.

5   Depuis longtemps, très longtemps, la paix était sur eux et les
°esclaves mêmes, fils des °captifs des temps °révolus, étaient heureux   *cogn. / cogn. /* passés
auprès de leurs heureux maîtres.

Un jour, les ennemis °vinrent nombreux comme des [1]magnans. °Il   *inf.* venir / *cf.* il faut
fallut quitter les °paillotes, les plantations, la lagune °poissonneuse,   huttes / *cf.* le poisson
10 laisser les [2]filets, tout abandonner pour **fuir.**

Ils partirent dans la forêt. Ils laissèrent aux [3]épines leurs °pagnes,   vêtements africains
puis leur [4]chair. Il fallait fuir toujours, sans repos, **sans trève, talonné**
par l'ennemi féroce.

Et leur reine, la reine Pokou, marchait la dernière, portant au dos
15 son enfant.

A leur passage l'hyène °ricanait, l'éléphant et le [5]sanglier °fuyaient,   *cf.* rire / *inf.* fuir
le chimpanzé grognait et le lion étonné s'écartait du chemin.

Enfin, les °broussailles °apparurent, puis la savane et les °rôniers et,   petits arbres épineux / *inf.*
encore une fois, la °horde **entonna** son chant d'exil: apparaître / arbres / tribu

20   Mi houn Ano, Mi houn Ano, blâ ô
         Ebolo nigué, mo ba gnan min —
         Mon mari Ano, mon mari Ano, viens,
         Les génies de °la brousse m'emportent.   *cf.* les broussailles

Harassés, **exténués, amaigris,** ils arrivèrent sur le soir au bord d'un
25 grand fleuve dont le °cours se °brisait sur d'énormes rochers.   courant / cassait

Et le fleuve °**mugissait,** les flots montaient jusqu'aux °cimes des   *inf.* mugir / sommets
arbres et retombaient et les fugitifs étaient °glacés d'effroi.   terrifiés

Consternés, ils se regardaient. Etait-ce là l'Eau qui les faisait vivre
°naguère, l'Eau, leur grande amie? Il avait fallu qu'un mauvais génie   dans le passé
30 l'°excitât contre eux.   *inf.* exciter (*subj.*)

Et les conquérants devenaient plus proches.

Et pour la première fois, le °sorcier parla: *cogn.*

«L'eau est devenue mauvaise, dit-il, et elle ne **s'apaisera** que quand
nous lui aurons donné ce que nous avons de plus cher.»
35   Et le chant d'espoir **retentit:**

---

[1] *silkworms.* [2] *nets.* [3] *thorns.* [4]*flesh.* [5] *wild boar.*

Ebe nin flê nin bâ
Ebe nin flê nin nan
Ebe nin flê nin dja
Yapen' sè ni djà wali
40   Quelqu'un appelle son fils
Quelqu'un appelle sa mère
Quelqu'un appelle son père
Les belles filles se marieront.

    Et chacun donna ses bracelets d'or et d'°ivoire, et tout ce qu'il avait   *cogn.*
45 pu sauver.
    Mais le sorcier les **repoussa** du pied et montra le jeune prince, le
bébé de six mois: «Voilà, dit-il, ce que nous avons de plus précieux.»
    Et la mère, effrayée, **serra** son enfant sur son cœur. Mais la mère
était aussi la reine et, droite au bord de °l'abîme, elle leva l'enfant   *cogn.* (le précipice)
50 souriant au-dessus de la tête et le °lança, dans l'eau mugissante.   *cogn.*
    Alors des hippopotames, d'énormes hippopotames émergèrent et,
se plaçant les uns à la suite des autres, formèrent un pont et sur ce pont
miraculeux, le peuple en fuite passa en chantant:

Ebe nin flê nin bâ
55   Ebe nin flê nin nan
Ebe nin flê nin dja
Yapen' sè ni djà wali
Quelqu'un appelle son fils
Quelqu'un appelle sa mère
60   Quelqu'un appelle son père
Les belles filles se marieront.

    Et la reine Pokou passa la dernière et trouva sur °la rive son peuple   le bord
prosterné.
    Mais la reine était aussi la mère et elle °put dire seulement «baouli»,   *inf.* pouvoir
65 ce qui veut dire: l'enfant est mort.
    Et c'était la reine Pokou et le peuple °garda le nom de Baoulé.   = adopta

APRES LA LECTURE

VERIFICATION

D'après le contexte, quel est le sens des mots suivants?

1. (l. 2) **paisible** (*cf.* la paix)   (a) calme   (b) nombreux   (c) heureux
2. (l. 10) **fuir** (*cf.* la fuite)   (a) gagner leur vie   (b) voyager   (c) partir très vite
3. (l. 12) **sans trêve**   (a) sans savoir où ils allaient   (b) sans s'arrêter   (c) sans manger
4. (l. 12) **talonné** (*cf.* le talon)   (a) attaqué   (b) tué   (c) suivi de très près
5. (l. 19) **entonner**   (a) commencer à chanter   (b) répéter   (c) inventer
6. (l. 24) **exténués**   (a) n'ayant plus de nourriture   (b) très fatigués   (c) ayant perdu beaucoup de membres de la tribu
7. (l. 24) **amaigris** (*cf.* maigre)   (a) dont les ressources sont maigres   (b) devenus plus maigres   (c) qui n'a plus de ressources
8. (l. 26) **mugir** (*cf.* mugissant)   (a) couler abondamment   (b) devenir rouge   (c) faire un bruit très fort
9. (l. 28) **consternés** (*cf.* la consternation)   (a) contents   (b) affligés   (c) condamnés
10. (l. 33) **s'apaiser** (*cf.* la paix)   (a) devenir violent   (b) devenir calme   (c) devenir sombre
11. (l. 35) **retentir**   (a) résonner   (b) finir   (c) répéter
12. (l. 46) **repousser**   (a) rejeter   (b) toucher   (c) rassembler
13. (l. 48) **serrer**   (a) tenir   (b) lever   (c) presser
14. (l. 63) **prosterné**   (a) assis   (b) debout   (c) incliné

Réponses: 1. a   2. c   3. b   4. c   5. a   6. b   7. b   8. c   9. b   10. b   11. a 12. a   13. c   14. c

COMPREHENSION

1. Où est-ce que le peuple Baoulé vivait il y a très longtemps?
2. Comment était leur vie?
3. Qu'est-ce qui est arrivé un jour?
4. Qu'est-ce que les Baoulé ont fait?
5. En route, quel obstacle est-ce qu'ils ont rencontré?
6. Pourquoi est-ce que le sorcier dit: «L'eau est devenue mauvaise»? Comment était l'eau avant la fuite de la tribu?
7. Qu'est-ce que le sorcier demande à la tribu pour calmer l'eau? Qu'est-ce qu'il demande à la reine?
8. Qu'est-ce que la reine a fait pour aider son peuple à traverser le fleuve?
9. Quel est le sens du mot «baouli»?
10. Qu'est-ce que cette légende explique?

INTERPRETATION

1. Trouvez dans le texte les adjectifs qui décrivent les participants de l'action:

   a. la tribu avant la fuite
   b. la tribu pendant la fuite
   c. les ennemis (les conquérants)
   d. la reine
   e. la mère

2. Qu'est-ce qui est demandé à la reine? Comment définissez-vous cet acte? Est-ce que cela vous fait penser à d'autres récits dans la tradition occidentale où il est question de sacrifice?

3. Est-ce que le sacrifice de l'enfant a été utile? Comment?

4. Pourquoi est-ce que la reine a trouvé son peuple prosterné?

5. Le chef de la tribu est une femme. Quel geste indique que la reine est d'abord une mère? Est-ce important pour l'histoire? Est-ce que cette légende aurait le même effet sur vous si le chef était un homme?

6. Parmi les thèmes qui suivent, quels sont ceux qui caractérisent le mieux ce mythe?

   l'espoir, l'exil, la fuite, le malheur, la naissance du héros ou de l'héroïne, l'origine, la perte, la promesse, la punition, la quête, la récompense, la rédemption, le retour, le sacrifice, la vengeance

7. Dans cette légende, on suit un peuple en exode. Connaissez-vous d'autres récits du même genre? Est-ce qu'il y a des ressemblances avec le récit biblique d'Adam et Eve? Quels thèmes est-ce que ces récits ont en commun? (la vie idyllique, le malheur, l'exil, le voyage, etc.) Est-ce que vous y voyez une progression semblable? Quels obstacles apparaissent? Quelles solutions se présentent?

STYLE ET LANGUE

1. Faites la liste des expressions de temps qui se trouvent au début de certains paragraphes.

2. Faites la liste des petits mots par lesquels presque tous les autres paragraphes commencent et qui marquent la progression du récit.

3. Regardez le temps des verbes. Quel est le temps utilisé dans les deux premiers paragraphes? Dans le reste du texte, quel est le temps utilisé le plus souvent? Pourquoi y a-t-il ce changement?

4. Dans cette légende, on observe la répétition de mots, d'expressions et de constructions grammaticales. Trouvez des exemples de ces répétitions. Quels effets est-ce qu'elles produisent?

5. L'auteur introduit deux chants dans le récit. Quel nom est-ce qu'il donne à chacun de ces chants? Quel est le rôle de ces chants dans le récit?

6. Les sons ont aussi une grande importance. Retrouvez les mots et expressions qui évoquent des sons.

7. L'art de raconter une légende: en vous inspirant des réponses aux questions précédentes, dressez une liste des éléments stylistiques qui sont caractéristiques d'une légende.

ACTIVITES

1. En Côte d'Ivoire cette légende était destinée à être racontée à la tribu. A vous, maintenant, de la raconter. Groupez-vous par 3 ou 4. Dans chacun des groupes, chaque étudiant choisira une partie du récit.

2. Racontez ou inventez l'histoire d'un(e) de vos ancêtres devenu(e) figure de légende dans votre famille.

INTERTEXTUALITE

Thème	L'Afrique	Diop, «Le Prix du chameau» (10)
Traitement:	Récit mythique sur l'origine du nom	Diop, «Le Prix du chameau» (10)

7

Plume au restaurant

HENRI MICHAUX

OBJECTIF

Vous allez chercher dans ce récit, d'apparence absurde, un message symbolique.

AVANT LA LECTURE

Ouverture

A. Qui sont les personnes qui se trouvent en général dans un restaurant?

le propriétaire du restaurant (le chef de l'établissement)
le maître d'hôtel (le garçon principal)
le garçon/la serveuse
les clients (le client/la cliente)
les consommateurs (le consommateur / la consommatrice)

Complétez les blancs par la personne appropriée:

Le client entre dans un restaurant.

1. _____ lui dit bonjour, l'accompagne à une table et lui donne la carte.
2. _____ consulte la carte pour voir si son plat favori y figure aujourd'hui.
3. _____ apporte du pain.
4. _____ commande seulement un hors-d'œuvre et un dessert car il n'y a pas de côtelettes (*chops*).
5. _____ consomme deux bouteilles d'eau minérale.

6. A la fin du repas, _____ tend (donne) au _____ un billet de cent francs pour régler l'addition.

B. Dans un restaurant, le chef d'établissement vous accuse de faire quelque chose (par exemple, de vouloir partir sans régler l'addition, de voler des serviettes / une assiette / un verre, etc.) Vous êtes innocent(e). Vous expliquez pourquoi.

1. Jouez la scène avec un(e) autre étudiant(e).
2. Puis décrivez la scène et vos sentiments à un(e) autre étudiant(e).

Vous trouverez dans le texte suivant du vocabulaire qui vous sera utile pour parler de cette situation et de vos sentiments.

> Le propriétaire d'un restaurant accuse Jean-François de voler une assiette. Il est très gêné (*embarrassed*) car il se sent coupable (*guilty*). D'abord il n'avoue pas (*confess*). Il nie (*denies*) l'accusation, mais le chef de l'établissement se fâche et lui dit: «Si vous ne me rendez pas l'assiette, je vais appeler la police et vous serez puni (*punished*).»

Note contextuelle

Comprenons la hiérarchie dans différents services de police, du grade le plus bas au grade le plus élevé.

un agent de police / un policier
un commissaire de police
un agent de la sûreté (la police du territoire, sorte de F.B.I.)
un chef de la Sûreté
un agent de la Secrète (les Services secrets)
un chef de la Secrète

Stratégies de langue

A. Apprenez à comprendre comment une longue phrase est construite.

Premier exemple (ll. 6–8):

. . . J'ai demandé °à tout hasard une côtelette, pensant que peut-être il   sans savoir
y en avait, ou que sinon on en trouverait aisément dans le °voisinage,   quartier
mais prêt à demander tout autre chose °si les côtelettes faisaient défaut.   s'il n'y avait pas de côtelettes

Cette longue phrase est construite autour de deux idées principales liées par la conjonction **mais,** qui exprime le contraste ou l'opposition:

J'ai demandé une côtelette **mais** j'étais prêt à demander tout autre chose.

La première idée est développée par le participe présent **pensant** qui introduit deux raisons:

> J'ai demandé une côtelette, **pensant que** . . . **ou** [pensant] **que** . . .

— Quelles raisons est-ce que Plume donne?

La seconde idée dépend d'une condition introduite par **si.**

— A quelle condition est-ce que Plume aurait été prêt à commander quelque chose d'autre?

Deuxième exemple (ll. 21–22):

> . . . Je ne l'ai pas regardée, parce que °j'ai la vue fort basse, et que je n'avais pas mon °pince-nez sur moi, . . .

je ne vois pas bien

cogn.

Notez que, dans cette phrase, les deux raisons données sont introduites par **parce que** . . . **et** [parce] **que** . . .

B. Apprenez à reconnaître le participe présent.

«en lui tend**ant** l'appareil» (l. 58) = *while handing him the receiver*

Trouvez dans le texte d'autres exemples du participe présent:

être (l. 5)
penser (l. 6)
relever (l. 17)
avoir (ll. 40, 50, 57)
revenir (l. 45)
tendre (l. 58)
pousser (l. 60)

Stratégies de lecture

A. Avant de lire dans le détail, survolez (*scan*) le texte pour:

1. dresser la liste des différentes personnes citées.
2. chercher la phrase qui est répétée plusieurs fois.

B. Utilisez les questions suivantes pour vous guider dans votre lecture:

1. Qu'est-ce que Plume a commandé?
2. Est-ce que cela figurait sur la carte?
3. Pourquoi est-ce qu'il s'excuse?

4. Combien de fois est-ce qu'il s'excuse?
5. Qui sont les gens qui viennent le trouver?
6. Est-ce que ses explications sont toujours les mêmes?
7. Quelle solution propose-t-il chaque fois?
8. Est-ce qu'elle est acceptée? Pourquoi?
9. Qu'est-ce qui arrive à la fin?

LECTURE

Henri Michaux, *Plume au restaurant*

Plume déjeunait au restaurant, quand le maître d'hôtel s'approcha, le regarda sévèrement et lui dit d'une voix basse et mystérieuse: «Ce que vous avez là dans votre assiette ne figure *pas* sur la carte.»

Plume s'excusa aussitôt.

5 — Voilà, dit-il, étant pressé, je n'ai pas pris la peine de consulter la carte. J'ai demandé à tout hasard une côtelette, pensant que peut-être il y en avait, ou que sinon on en trouverait aisément dans le voisinage, mais prêt à demander tout autre chose si les côtelettes faisaient défaut. Le garçon, sans se montrer particulièrement étonné, °s'éloigna et me   *cf.* loin
10 l'apporta peu après et voilà . . .

Naturellement, je la paierai le prix qu'il faudra. C'est un beau morceau, °je ne le nie pas. Je le paierai son prix sans hésiter. Si j'avais su,   je ne dis pas le contraire
j'aurais °volontiers choisi une autre viande ou simplement un œuf, de   avec plaisir
toute façon maintenant je n'ai plus très faim. Je vais vous °régler im-   payer
15 médiatement.

Cependant le maître d'hôtel ne bouge pas. Plume se trouve atrocement gêné. Après quelque temps relevant les yeux . . . hum! c'est maintenant le chef de l'établissement qui se trouve devant lui.

Plume s'excusa aussitôt.

20 — °J'ignorais, dit-il, que les côtelettes ne figuraient pas sur la carte.   Je ne savais pas
Je ne l'ai pas regardée, parce que j'ai la vue fort basse, et que je n'avais pas mon pince-nez sur moi, et puis, lire me fait toujours un mal atroce. J'ai demandé la première chose qui m'est venue à l'esprit, et plutôt pour °amorcer d'autres propositions que par goût personnel. Le garçon sans   commencer
25 doute préoccupé n'a pas cherché plus loin, il m'a apporté ça, et moi-même d'ailleurs tout à fait [1]distrait °je me suis mis à manger, enfin . . .   j'ai commencé
je vais vous payer à vous-même puisque vous êtes là.

[1] *absent-minded.*

Cependant, le chef de l'établissement ne bouge pas. Plume se sent de plus en plus gêné. Comme il lui tend un °billet, il voit tout à coup la — billet de banque
30 ²manche d'un uniforme; c'était un agent de police qui était devant lui.
Plume s'excusa aussitôt.

— Voilà, il était entré là pour se reposer un peu. Tout à coup, on lui crie °à brûle-pourpoint: «Et pour Monsieur? Ce sera . . . ?» — «Oh . . . — soudain
°un bock», dit-il. «Et après? . . .» cria le garçon fâché; alors plutôt pour — une bière
35 s'en débarrasser que pour autre chose: «Eh bien, un côtelette!».

Il n'y °songeait déjà plus, quand on la lui apporta dans une assiette; — pensait
alors, ma foi, comme c'était là devant lui . . .

— Ecoutez, si vous vouliez essayer d'arranger cette affaire, vous seriez bien gentil. Voici pour vous.

40 Et il lui tend un billet de cent francs. Ayant entendu °des pas — le bruit des pieds
s'éloigner, il se croyait déjà libre. Mais c'est maintenant le commissaire de police qui se trouve devant lui.

Plume s'excusa aussitôt.

— Il avait pris un rendez-vous avec un ami. Il l'avait °vainement — sans succès
45 cherché toute la matinée. Alors comme il savait que son ami en revenant du bureau passait par cette rue, il était entré ici, avait pris une table près de la fenêtre et comme d'autre part °l'attente pouvait être longue et qu'il — *cf.* attendre
ne voulait pas avoir l'air de °reculer devant la dépense, il avait com- — refuser de payer trop cher
mandé une côtelette; pour avoir quelque chose devant lui. Pas un
50 instant il ne songeait à consommer. Mais l'ayant devant lui, machinalement, sans se rendre compte le moins du monde de ce qu'il faisait, il s'était mis à manger.

Il faut savoir que pour rien au monde il n'irait au restaurant. Il ne déjeune que chez lui. C'est un principe. Il s'agit ici d'une pure distrac-
55 tion, comme il peut en arriver à tout homme °énervé, une inconscience — *cf.* le nerf (agité)
°passagère; rien d'autre. — temporaire

Mais le commissaire, ayant appelé au téléphone le chef de la sûreté: «Allons, dit-il à Plume en lui tendant l'appareil. Expliquez-vous une bonne fois.
60 C'est votre seule chance °de salut.» Et un agent le poussant bru- — d'être sauvé
talement lui dit: «°Il s'agira maintenant de marcher droit, hein?» Et — Il faudra
comme les ³pompiers faisaient leur entrée dans le restaurant, le chef de l'établissement lui dit: «Voyez quelle °perte pour mon établissement. — *cf.* perdre
Une vraie catastrophe!» Et il montrait la salle que tous les consomma-
65 teurs avaient quittée °en hâte. — vite

Ceux de la Secrète lui disaient: «°Ça va chauffer, nous vous pré- — Ça va être mauvais pour vous
venons. Il vaudra mieux confesser toute la vérité. Ce n'est pas notre première affaire, croyez-le. Quand ça commence à prendre °cette — cet aspect
tournure, c'est que c'est grave.»
70 Cependant, ⁴un grand rustre d'agent par-dessus son épaule lui di-

---

² *sleeve.* ³ *firemen.* ⁴ *a big bully of a policeman.*

sait: «Ecoutez, je n'y peux rien. C'est l'ordre. Si vous ne parlez pas dans
l'appareil, je °cogne. C'est entendu? Avouez! Vous êtes [5]prévenu. Si je   *fam.* frappe
ne vous entends pas, je cogne.»

[5] *warned.*

APRES LA LECTURE

VERIFICATION

A **qui** or à **quoi** est-ce que les pronoms en caractères gras se réfèrent?

l. 10   et me **l'**apporta
l. 21   je ne **l'**ai pas regardée
l. 29   il **lui** tend un billet
l. 34   «Oh . . . un bock», dit-**il**
l. 41   **il** se croyait déjà libre
l. 44   il **l'**avait vainement cherché
l. 46   **il** était entré
l. 53   **il** n'irait au restaurant
l. 58   «Allons, dit-**il** à Plume
l. 63   le chef de l'établissement **lui** dit
l. 66   nous **vous** prévenons
l. 67   Ce n'est pas **notre** première affaire

COMPREHENSION

En répondant aux questions suivantes, vous pourrez vérifier vos réponses aux
questions de **Stratégies de lecture (B.)**:

1. Plume a commandé   (a) un bifteck.   (b) des œufs.   (c) une côtelette.

2. (a) C'était sur la carte.   (b) Ce n'était pas sur la carte.   (c) Le garçon le lui a
   proposé.

3. Plume croit qu'il est accusé   (a) d'avoir choisi un plat qui n'était pas sur la
   carte.   (b) de ne pas l'avoir payé.   (c) de ne pas l'avoir mangé.

4. Comme solution il propose   (a) de commander un autre plat.   (b) de régler
   l'addition tout de suite.

5. Plusieurs personnes viennent le voir: (a) le chef de l'établissement, (b) le maître
   d'hôtel, (c) le commissaire de police, (d) un agent de police. Dans quel ordre?
   D'abord, _____, puis _____, ensuite _____ et enfin _____.

6. Il s'était déjà expliqué quatre fois   (a) en répétant la même chose   (b) en variant ses explications.

7. A la fin   (a) on trouve une solution.   (b) on lui demande de payer.   (c) on lui demande de s'expliquer encore une fois.

Réponses: 1. c   2. b   3. a   4. b   5. b, a, d, c   6. b   7. c

INTERPRÉTATION

Après avoir relu le texte, répondez aux questions suivantes:

1. A quoi est-ce que cette scène vous fait penser?   (a) à une scène réaliste d'un consommateur au restaurant.   (b) à un mauvais rêve.   (c) à un tribunal avec un accusé et des accusateurs.

2. Quel est le premier détail qui indique que la situation a quelque chose d'étrange?

3. Sur quel ton est-ce que le maître d'hôtel parle à Plume? Est-ce que Plume a raison de se sentir accusé à ce moment-là?

4. Quand est-ce qu'on s'excuse en général? Pourquoi Plume s'excuse-t-il? A-t-il raison de vouloir s'excuser?

5. Est-ce qu'il y a une certaine progression dans la liste des personnages qui viennent trouver Plume? Pourquoi?

6. Comparez les quatre récits de Plume. Qu'est-ce qui change? Qu'est-ce qui ne change pas? Y a-t-il des constantes (des éléments qui reviennent tout le temps)?

7. Cherchez les expressions qui montrent que la stratégie que Plume adopte pour se défendre est toujours la même: la non-préméditation.

8. Pourquoi Plume ne raconte-t-il pas toujours la même histoire?

9. A votre avis, est-ce qu'il y a une explication qui serait la vraie?

10. S'il n'y en a pas, qu'est-ce qui va maintenant arriver à Plume?

11. En offrant de l'argent, qu'est-ce que Plume croit (et nous dit) de la société?

12. Finalement, Plume a-t-il commis un crime ou non? Est-ce qu'il a désobéi, d'une certaine façon, à un règlement?

13. Comparez ce que le maître d'hôtel semble reprocher à Plume au début et ce que le chef de la Sûreté semble lui reprocher à la fin. Est-ce tout à fait la même chose?

14. A la fin du récit Plume comprend-il clairement les raisons de sa culpabilité?

STYLE ET LANGUE

A. On peut comparer ce texte à une pièce de théâtre composée de scènes.

1. Pouvez-vous identifier ces scènes?
2. Par quelle phrase commence chacune des scènes?

3. A l'intérieur de chaque scène, quel est le mot qui introduit un nouvel obstacle? (Il y a deux mots dans le texte qui ont cette fonction.)

B. Quelles sont les différentes voix narratives du texte? (Quelles sont les différentes personnes qui parlent?) Retrouvez:

1. les parties où Plume parle.
2. les parties où le narrateur parle.
3. les parties où ce n'est ni Plume ni le narrateur qui parle.

C. Quelles sont les techniques utilisées pour créer l'effet d'absurdité et d'étrangeté? Quels sont les éléments illogiques de l'histoire?

D. En fait, «Plume au restaurant» est un texte qui, comme une **fable** ou une **parabole,** a un **sens symbolique.** Il met en scène l'individu contre la société.

1. Plume est le nom du personnage. A quoi est-ce que ce nom vous fait penser? Plume serait-il n'importe quel homme ou n'importe quelle femme? Quelle serait sa situation dans l'existence? Pourquoi se sentirait-il coupable?
2. A votre avis, pourquoi est-ce que les autres personnages n'ont pas de nom?
3. Qu'est-ce que Michaux veut nous dire sur le statut de l'individu dans la société moderne?

E. Lisez cette brève notice biographique sur Michaux:

> Henri Michaux est un poète né à Namur, en Belgique, en 1899. Son premier recueil important, *Qui je fus,* est publié en 1927. Dès cette époque, ses écrits expriment une révolte inspirée par l'hostilité qu'il ressent de la part du monde. En 1928, il effectue un long voyage autour du monde. Il séjourne en particulier en Amérique du Sud et en Extrême-Orient. C'est à l'issue de ce voyage qu'il publie, en 1932, *Un Barbare en Asie.* Ses œuvres évoquent cependant beaucoup plus le monde intérieur, imaginaire et fantastique, ainsi que la difficulté de vivre, que l'horizon quotidien. Il crée un personnage devenu célèbre, Monsieur Plume, qui, de façon très symbolique, ne cesse de se heurter au monde extérieur (*Plume,* 1937).

Dans cette notice, on dit que Michaux est poète. Est-ce que «Plume au restaurant» correspond à l'idée que vous vous faites de la poésie? Justifiez votre réponse.

ACTIVITES

1. Racontez à la première personne la scène ll. 32–37 et la scène ll. 44–56.
2. Transformez ce texte en une pièce que vous allez jouer en classe. Distribuez les rôles de chaque scène et écrivez les dialogues. Vous pouvez imaginer des scènes supplémentaires si vous voulez. Les acteurs (et les actrices!) doivent dé-

cider ensemble comment ils veulent interpréter la pièce. une comédie avec des gags amusants? une comédie absurde? une tragédie où l'ambiance devient de plus en plus menaçante à mesure que la peur de Plume augmente?

3. Imaginez-vous à la place de Plume dans le texte. Qu'est-ce que vous auriez dit? Qu'est-ce que vous auriez fait? (Commencez par: Si j'avais été à la place de Plume, j'aurais . . . , je serais . . . , etc.)

4. Maintenant, faites un court portrait moral de Plume, en imaginant que c'est un de vos amis (vous le voyez donc de l'intérieur).

5. Imaginez que vous étiez l'un des consommateurs au restaurant. Racontez la scène et décrivez cet inconnu étrange (vous le voyez donc de l'extérieur).

INTERTEXTUALITE

Thème:	L'individu et la société	Ferron, «Retour à Val-d'Or» (8)
		Prassinos, «La Gomme» (9)
Traitement:	La satire sociale	Sallenave, *Un Printemps froid* (18)
		Sarraute, *Tropismes* (13)
	L'humour et l'absurde	Prassinos, «La Gomme» (9)
	La répétition comme forme narrative	Diop, «Le Prix du chameau» (10)
		Redonnet, «Ist et Irt» (4)

8

Retour à Val-d'Or

JACQUES FERRON

OBJECTIF

Vous allez lire un texte qui montre comment un discours d'apparence réaliste peut contenir des éléments de conte moral et mettre en question la société.

AVANT LA LECTURE

Ouverture

A. Pourquoi travaillons-nous? Qui peut ne pas travailler? Est-ce que toutes les sociétés ont la même attitude envers le travail?

B. Organisez un débat autour du thème suivant: une personne que vous connaissez a décidé de ne plus travailler. Formez deux groupes: ceux / celles qui approuvent et ceux / celles qui désapprouvent.

1. Si vous croyez qu'il est nécessaire de travailler, expliquez à l'autre groupe pourquoi cette personne doit retourner au travail.
2. Si vous croyez que la personne a raison de cesser de travailler, justifiez cette attitude.

Notes contextuelles

Dans ce conte canadien, les allusions culturelles au contexte du Canada francophone sont nombreuses. Il est important de savoir en particulier les faits suivants:

1. Jusqu'à la Deuxième Guerre mondiale, la société canadienne était une société essentiellement agricole encore très attachée au souvenir de son passé rural. L'Abitibi était une des régions, au nord du pays, où l'on avait encouragé les Canadiens à s'installer pour cultiver les terres dans des conditions souvent très difficiles au début du siècle.

2. La tradition catholique a beaucoup influencé la communauté canadienne française: les prêtres, les curés (*priests*) jouaient un rôle important dans cette société. En particulier, l'Eglise a encouragé les familles nombreuses (avec beaucoup d'enfants). Ces familles vivaient souvent dans une grande pauvreté.

3. Cherchez sur cette carte du Québec les endroits suivants: Abitibi, Senneterre, Malartic, Val-d'Or et Montréal.

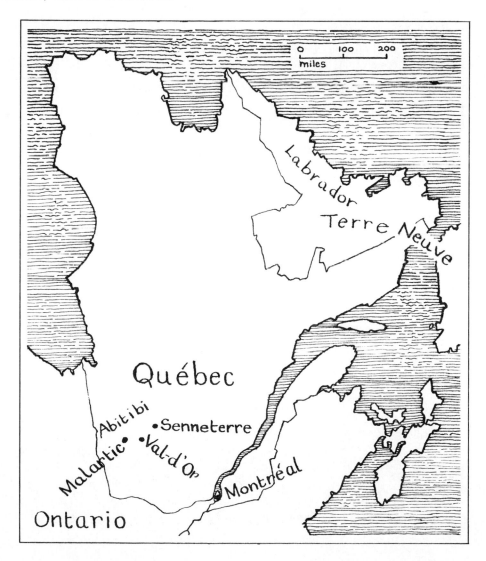

Stratégies de langue

Apprenez à reconnaître:

1. Les constructions avec **faillir** + **infinitif. Faillir** peut être utilisé au lieu de l'adverbe **presque** (*almost*).

   Exemples:
   Il a failli partir avec sa femme. = Il est presque parti avec sa femme.
   Il a failli ne pas partir (= rester) avec sa femme. = Il est presque resté avec sa femme.
   (l. 9):   [il] faillit ne pas aller travailler (= rester à la maison) = il resta presque à la maison.

2. Des construction poétiques:

   (ll. 20–21):   «La fiole [petite bouteille] elle déboucha [ouvrit],
   le parfum elle répandit [mit] sur la tête de son mari,»

   L'objet (la fiole; le parfum) précède le sujet et le verbe.

   (l. 27):   «Le propriétaire de s'amener,» = Le propriétaire s'amena (= arriva)
   (l. 44):   «Et de s'habiller en toute hâte.» = Et elle s'habilla en toute hâte.

   La construction poétique **de** + **infinitif** rend l'action plus vivante.

3. Un temps littéraire:

   (l. 28):   «. . . lorsqu'il eut vu . . .» = . . . quand il avait vu . . .
   (l. 32):   «Quand il eut séché sa salive, . . .» = Quand il avait séché sa salive (cessé de parler), . . .
   eut: passé simple de l'auxiliaire **avoir** employé dans un temps littéraire (le passé antérieur)

4. Le subjonctif:

   Notez les formes à l'imparfait du subjonctif des verbes **s'arrêter** (l. 29; l. 38) et **parler** (l. 39). On pourrait remplacer cet imparfait du subjonctif par le présent du subjonctif sans changer le sens de ces lignes.

   Exemple:
   l. 29: «. . . qu'il ne s'arrêtât jamais. = . . . qu'il ne s'arrête jamais.

   Notez aussi l'utilisation du subjonctif après **vouloir que.**

Stratégie de lecture

Voici le premier paragraphe du texte. Lisez-le en faisant attention aux expressions de temps.

Une nuit, le mari s'éveilla; sa femme °accoudée le regardait. Il   *cf.* le coude
demanda: «Que fais-tu là?» Elle répondit: «Tu es beau, je t'aime.» Le
lendemain, au °petit jour, elle dormait profondément. Il la °secoua, il   début du jour / *inf.* secouer
avait faim. Elle dit: (pousser brusquement)

5   — Dors encore; je te ferai à dîner.
— Et qui ira travailler?
— Demain, tu iras. Aujourd'hui, reste avec moi. Tu es beau, je
t'aime.

1. Quels mots indiquent la chronologie des événements?
2. Quelle phrase est répétée? Par qui? Quand?
3. Qu'est-ce qu'on peut déjà deviner à propos des personnages?
4. A votre avis, quelle pourrait être la suite de cette histoire?

Maintenant lisez le texte sans vous arrêter aux mots que vous ne connaissez pas.

LECTURE

Jacques Ferron, *Retour à Val-d'Or*

Une nuit, le mari s'éveilla; sa femme accoudée le regardait. Il demanda: «Que fais-tu là?» Elle répondit: «Tu es beau, je t'aime.» Le
lendemain, au petit jour, elle dormait profondément. Il la secoua, il
avait faim. Elle dit:

5   — Dors encore; je te ferai à dîner.
— Et qui ira travailler?
— Demain, tu iras. Aujourd'hui, reste avec moi. Tu es beau, je
t'aime.

Alors, lui, qui était surtout laid, faillit ne pas aller travailler. Il faisait
10 bon au °logis; ses enfants éveillés le regardaient de leurs yeux de [1]biche;   *cf.* le logement
il aurait aimé les prendre dans ses bras et les °bercer. Mais c'était l'au-   balancer
tomne; il pensa au prix de la vie; il se rappela les autres enfants, trois ou
quatre, peut-être cinq, morts en Abitibi, fameux pays. Et il partit sans
déjeuner.

15   Le soir, il se hâta de revenir; ce °fut pour trouver la maison froide.   *inf.* être
Sa femme et les enfants avaient passé la journée au lit, sous un °amas de   *cf.* amasser
couvertures. Il ralluma le feu. Quand la maison fut réchauffée, les enfants °se glissèrent en bas du lit. Puis la femme se leva, joyeuse. Elle   sortirent du

[1]*doe.*

tenait dans sa main une petite fiole de parfum, achetée quelques années
20 auparavant, une folie si agréable qu'elle l'avait conservée intacte. La fiole
elle déboucha, le parfum elle répandit sur la tête de son mari, sur la
sienne, sur celle des enfants; et ce fut soir de fête. Seul le mari °boudait. — *ne voulait pas s'amuser*
Mais durant la nuit il se réveilla; sa femme penchée disait: «Tu es beau,
je t'aime.» Alors il °céda. — *ne résista plus*

25   Le lendemain, il n'alla point travailler ni les jours suivants. Après
une semaine, sa provision de bois °épuisée, il avait entrepris de °démolir — *finie / cogn.*
un [2]hangar °attenant à la maison. Le propriétaire de s'amener, furieux. — *contre*
Cependant, lorsqu'il eut vu de quoi il s'agissait, il °sermonna douce- — *cf. le sermon*
ment. Il parlait bien, ce propriétaire! Elle aurait voulu qu'il ne s'arrêtât
30 jamais. Il lui enseigna que l'homme a été créé pour travailler et autres
°balivernes du genre. Elle acquiesçait; que c'était beau, ce qu'il disait! — *bêtises semblables*
Quand il eut séché sa salive, il lui demanda: «Maintenant, laisseras-tu
travailler ton mari?»

    — Non, répondit-elle, je l'aime trop.

35   — Mais cette femme est folle, s'écria le propriétaire.

    Le mari n'en était pas sûr. On °fit venir des curés, des médecins, des — *inf. faire*
[3]échevins. Tous, ils y allèrent d'un °boniment. Ah, qu'ils parlaient bien! — *discours trompeur*
La femme aurait voulu qu'ils ne s'arrêtassent jamais, au moins qu'ils
parlassent toute la nuit. Seulement quand ils avaient fini, elle disait:
40 «Non, je l'aime trop.» Eux la jugeaient folle. Le mari n'en était pas sûr.

    Un soir, la neige °se mit à tomber. La femme qui, depuis leur — *commença à*
arrivée à Montréal, [4]n'avait osé sortir, terrifiée par la ville, s'écria:

    — Il neige! Viens, nous irons à Senneterre.

    Et de s'habiller en toute hâte.

45   — Mais les enfants? demanda le mari.

    — Ils nous attendront; la Sainte Vierge les °gardera. Viens, mon — *cogn.*
mari, je ne peux plus rester ici.

    Alors il jugea lui-même que sa femme était folle et °prit les enfants — *inf. prendre*
dans ses bras. Elle était sortie pour l'attendre dans la rue. Il la regarda
50 par la fenêtre. Elle courait en rond devant la porte, puis s'arrêtait, ne
pouvant plus attendre.

    — Nous irons à Malartic, criait-elle, nous irons à Val-d'Or!

    Un taxi passait. Elle y monta.

[2]*shed.* [3]*city magistrates.* [4]*had not dared.*

APRES LA LECTURE

VERIFICATION

A **qui** ou à **quoi** se réfèrent les pronoms en caractères gras?

l. 3   Il **la** secoua
l. 5   je **te** ferai
l. 9   **lui** . . . faillit
l. 17   **Il** ralluma
l. 21   La fiole **elle** déboucha
l. 22   sur **celle** des enfants
l. 29   qu'**il** ne s'arrêtât jamais
l. 30   Il **lui** enseigna
l. 34   je **l'**aime trop
l. 37   qu'**ils** parlaient bien!
l. 40   **Eux** la jugeaient
l. 43   **nous** irons à Senneterre

COMPREHENSION

A. Répondez aux questions suivantes (plusieurs réponses sont quelquefois possibles):

1. Qui sont les personnages principaux?

   a. la femme
   b. la femme et son mari
   c. les enfants
   d. le propriétaire

2. Où habitent-ils?

   a. en ville
   b. à la campagne
   c. dans la banlieue

3. Ont-ils toujours habité là?

   a. oui
   b. non
   c. on ne le sait pas

4. Sont-ils . . .

   a. riches?
   b. pauvres?
   c. ni riches ni pauvres?

5. Qu'est-ce que la femme demande à son mari au début?

   a. de lui faire à manger
   b. de rester avec elle
   c. de ne pas aller travailler
   d. de s'occuper des enfants

6. Le mari

   a. cède-t-il à sa femme tout de suite?
   b. cède-t-il après un peu de temps?
   c. ne cède-t-il jamais?

7. Qu'est-ce que la femme demande à son mari à la fin?

   a. de lui parler sans arrêt
   b. de couper du bois pour faire du feu
   c. de partir avec elle et les enfants
   d. de partir avec elle sans les enfants

8. Le mari cède-t-il à cette deuxième demande?

   a. oui
   b. non
   c. on ne le sait pas

9. Finalement,

   a. le mari retourne travailler pour que sa femme et ses enfants puissent manger.
   b. la femme part et laisse mari et enfants.
   c. la famille retourne en Abitibi.

10. Quelle phrase résume le mieux ce récit?

   a. C'est un conte moral sur les dangers de la paresse.
   b. C'est un conte sur un homme qui aime trop une femme qui est folle, et qui finit par être malheureux.
   c. C'est un conte satirique sur le conflit entre les valeurs conventionnelles de la société et le désir individuel.

B. Maintenant que vous avez compris le sens général de l'histoire, faites-en un court résumé.

INTERPRETATION

1. Voici un mari qui est laid. Pourquoi est-ce que sa femme lui répète qu'il est beau? A votre avis, est-ce qu'elle le pense vraiment?
2. Est-ce que cette femme a le sens des réalités? Qu'est-ce qu'elle désire? Comment la jugez-vous? La jugeriez-vous différemment si elle était riche?
3. Si vous étiez le mari, feriez-vous ce que le mari du conte a fait?
4. A quel moment est-ce que le mari décide que sa femme est folle? Pourquoi?
5. Tout le monde juge la femme folle. Et vous? Expliquez votre opinion.
6. Les motivations des personnages sont-elles claires? Pourquoi?
7. A votre avis, pourquoi est-ce que la femme retourne à Val-d'Or? Est-ce que ce nom évoque un autre lieu mythique?
8. Des personnages secondaires apparaissent dans ce conte. Qui sont-ils? Quels aspects de la société représentent-ils?
9. Faites la liste des noms propres qui sont mentionnés dans le récit. Y a-t-il des noms de personnes?
10. Pourquoi est-ce que l'auteur dit «le mari», «la femme», «le propriétaire», etc., au lieu de les appeler par leur nom? Quel est l'effet recherché?
11. Les contes moraux ont presque toujours une fonction sociale. Est-ce que la morale de ce conte est claire? Peut-on proposer plusieurs interprétations différentes? Lesquelles?
12. Plusieurs détails évoquent plus spécifiquement la société canadienne. Lesquels?
13. A votre avis, est-ce que ce texte contient une satire de la société canadienne uniquement? Y a-t-il une satire de la société occidentale en général et de certaines de ses valeurs?

STYLE ET LANGUE

1. Répétition: La femme répète plusieurs fois «Tu es beau, je t'aime.» D'autres phrases sont aussi répétées dans ce récit. Faites-en la liste. A votre avis, quelle est la fonction de ces répétitions?
2. Progression du récit: Faites la liste des mots qui introduisent chaque paragraphe. Comment est-ce qu'ils marquent la progression du récit?
3. Comparez ce récit à des contes de fées que vous connaissez. Pensez en particulier à la technique narrative (la manière dont le récit progresse). Quelles caractéristiques est-ce que ces contes ont en commun? Est-ce qu'ils commencent et est-ce qu'ils finissent d'une façon semblable?
4. La simplicité caractérise le style de Jacques Ferron. Cette simplicité reflète le réalisme apparent du récit. Trouvez-en des exemples dans les conversations et les descriptions.

5. Cependant, il y a aussi dans le texte un bon nombre de constructions et de tournures recherchées et poétiques. Donnez-en des exemples. (Référez-vous à **Stratégies de langue**).

ACTIVITE

Ecrivez un petit conte ou un court récit contenant une critique sociale. Racontez les événements dans une perspective chronologique.

INTERTEXTUALITE

Thèmes:	Le Canada	Brochure touristique, «Destination Québec» (1)
		Roy, *La Détresse et l'enchantement* (31)
		Vigneault, «Mon Pays» (17)
	L'individu et la société	Michaux, «Plume au restaurant» (7)
		Prassinos, «La Gomme» (9)
Traitement:	La satire sociale	Michaux, «Plume au restaurant» (7)
		Sallenave, *Un Printemps froid* (18)
		Sallenave, *Conversations conjugales* (5)
		Sarraute, *Tropismes* (13)
	Récit en forme de conte	Diop, ''Le Prix du Chameau'' (10)
		Redonnet, «Ist et Irt» (4)

9

La Gomme

GISÈLE PRASSINOS

OBJECTIF

Vous allez voir comment un discours imaginaire peut être organisé autour du passage du sens propre au sens figuré, et inversement.

AVANT LA LECTURE

Ouverture

Jeu de rôles: dans la rue, un artiste dessine des portraits rapides. Vous lui demandez de faire le vôtre. Vous lui posez des questions pendant qu'il vous dessine et vous discutez votre portrait.

Utilisez les termes suivants: un dessin, dessiner, un crayon, effacer ou gommer (*to erase*), une gomme (*an eraser*).

Stratégies de langue

Apprenez à reconnaître:

A. *Le vocabulaire du corps.* Vous ne connaissez peut-être pas les mots **la peau** (*skin*) et **la chair** (*flesh*), mais vous en connaissez d'autres. Pouvez-vous trouver, dans le dessin suivant, un mot correspondant à chaque numéro?

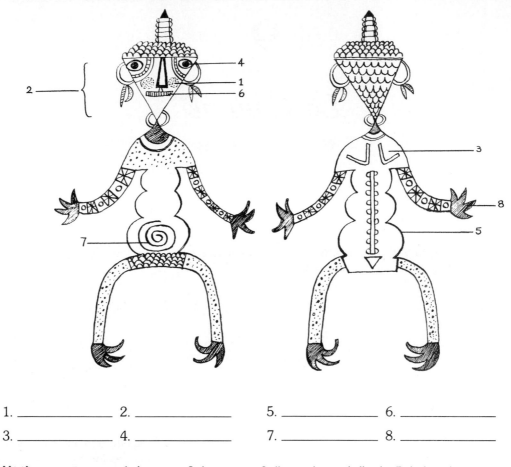

1. _____   2. _____   5. _____   6. _____

3. _____   4. _____   7. _____   8. _____

Vérifiez vos réponses: 1. la joue   2. le visage   3. l'omoplate   4. l'œil   5. la hanche
6. la bouche   7. le ventre   8. la main

B. *Le sens littéral et le sens figuré d'un même mot.*

Certains mots peuvent avoir deux ou plusieurs sens:

1. On peut dire, au sens «propre» ou concret:

ou   Le dessin est **effacé** (*erased*).
     La disquette est **effacée.**

2. Mais **effacé(e)** a aussi un sens moins concret, plus abstrait, un sens «figuré»:

    Cette personne est **effacée** = Cette personne est timide, réservée, **sauvage.**

C. *Un suffixe.*

Le suffixe **-âtre** ajouté à l'adjectif est l'équivalent du suffixe *-ish* en anglais:

(ll. 21–22) des taches blanch**âtres** = *whitish spots*

D. *Les constructions avec certaines expressions.*

(l. 11) **sans doute** + . . . : inversion obligatoire du sujet et du verbe
(l. 17) **à mesure que** (*as*) + . . . : inversion littéraire du sujet et du verbe
(l. 21) **il arriva que** (*it happened that*) + . . . : construction impersonnelle

Stratégies de lecture

A. Lisez d'abord le premier paragraphe:

ON A TOUJOURS DIT DE MOI: «ELLE EST EFFACEE».
     «Effacée . . . » Enfant, ce mot m'évoquait un portrait dessiné au
crayon et °s'éclipsant sous la friction d'une gomme. J'imaginais, entre   disparaissant
les ¹pelures roulées de caoutchouc, quelque chose de °blême comme   pâle
5 une très vieille photographie.

¹*rolled eraser shavings.*

1. Regardez le dessin fait par l'auteur qui accompagne le texte (p. 60). Décrivez-le. Quelle est votre réaction? Le trouvez-vous beau, laid, curieux, bizarre, comique, réaliste, poétique, mystérieux, etc.?
2. Regardez le titre. Quel est le rapport entre le dessin et le titre?
3. Lisez la première phrase du texte: «On a toujours dit de moi: ‹Elle est effacée› ». Est-ce que l'adjectif **effacée** est employé au sens propre ou au sens figuré?
4. Lisez le reste du paragraphe. Dans quel sens est-ce que l'auteur utilise le mot **effacée**?

B. Pour faciliter votre lecture, ce texte a été divisé en trois parties (**I, II** et **III**). Une bonne stratégie pour ce genre de texte est de lire chaque partie et de répondre immédiatement aux questions correspondantes (dans COMPREHENSION) avant de passer à la partie suivante.

LECTURE

Gisèle Prassinos, *La Gomme*

I.

ON A TOUJOURS DIT DE MOI: «ELLE EST EFFACEE».

«Effacée . . .» Enfant, ce mot m'évoquait un portrait dessiné au crayon et s'éclipsant sous la friction d'une gomme. J'imaginais, entre les pelures roulées de caoutchouc, quelque chose de blême comme une très
5 vieille photographie.

J'ai joué docilement mon rôle de modeste, de sauvage. Dans les réunions où, jeune fille, on m'envoyait de force pour me «civiliser», je demeurais °à l'écart, silencieuse. Dans les °salons, les bals, je °me tenais de préférence derrière un °pilier ou [1]l'encoignure d'une porte.
10   On me salua encore quelque temps puis je °fus oubliée.

Sans doute avait-on réellement cessé de me voir car des individus, hommes et femmes, [2]me heurtaient et ne s'excusaient pas. Des groupes, désireux de s'isoler pour des conversations secrètes, venaient se placer tout près de l'endroit où j'étais cachée sans °se soucier de ma présence.
15 Je n'entendais rien de ce qu'ils disaient, °sinon une [3]bousculade de paroles qui me mettaient mal à l'aise.

Mais pourquoi ces gens-là, °à mesure que passaient les années, devenaient-ils toujours plus gros, plus grands, plus nombreux à °m'étouffer et moi plus petite? Et pourquoi, adulte enfin, me retrouvais-
20 je °immanquablement parmi ces foules sans l'avoir voulu?
II.

Il arriva qu'au retour d'une soirée, je remarquai des °taches blanchâtres sur mon corps. Certaines ressemblaient à des mains, d'autres à un morceau de hanche, de ventre ou d'omoplate.

Plus tard, je °m'aperçus qu'en rentrant de mes promenades, je rap-
25 portais des traces d'espèces différentes. C'était, imprimées tout le long de moi, les images °brouillées de fragments d'hommes ou d[4]attelages, °figés dans leur course. Au début, tout cela disparaissait le lendemain pour se renouveler à l'occasion. Ce qui n'est plus le cas aujourd'hui, les °gravures s'accumulent.

Glosses (right margin):
- isolée / = réunions / restais
- *cogn.*
- *inf.* être
- faire attention à
- excepté
- pendant que
- m'empêcher de respirer
- = toujours
- marques
- *inf.* s'apercevoir
- pas claires
- immobilisés
- *cogn.* (= dessins)

[1]*corner.*   [2]*bumped into me.*   [3]*a jumble.*   [4]*horse-drawn carriages.*

30   Maintenant, les choses de la nature elles-mêmes se °plaisent à me   *inf* plaire
tourmenter. Le tronc d'un arbre, une portion de nuage obscur, la direction de la pluie, demeurent °inscrits sur ma peau. Depuis quelques   *p.p.* inscrire
jours, je vois celle-ci [5]s'écailler aux endroits °atteints. Au-dessous, la   *p.p.* atteindre (toucher)
chair qui semble [6]brûlée, s'en va peu à peu en [7]poussière. Je
35   °m'amenuise.   deviens plus mince (petite)

III.
«Elle est effacée . . .» disaient-ils. Non . . . pas encore mais il est
certain qu'on °cherche à m'°annuler.   on veut / *cogn.* (*cf.* nul)
Ce soir, je me suis dit qu'il serait moins humiliant d'°agir moi-   *cf.* l'acte, l'action
même et de la manière la plus concrète.
40   Avant d'aller dormir, j'ai pris par °dérision ma gomme d'écolière et,   *cogn.*
°campée devant un °miroir, j'ai commencé à la promener sur ma joue.   installée / *cogn.*
Quel étonnement de constater que l'opération réussissait si bien. Mon
visage n'est déjà plus symétrique. Un léger vide °creuse son côté droit   *cf.* un creux (trou)
en [8]sillages parallèles comme de [9]griffes sur un °plâtre humide. Mon œil   *cogn.*
45   est usé, °scellé, c'est celui d'une morte. De même un coin de ma bouche   fermé
ne °s'écartera plus jamais.   s'ouvrira

Ce ne sera pas long. Demain je °poursuivrai mon °ouvrage et   continuerai / travail
chaque jour qui viendra, jusqu'à enfin °m'anéantir totalement et sans   me faire disparaître
l'intervention de personne.

[5]*scale off.* [6]*burned.* [7]*dust.* [8]*furrows.* [9]*scratches.*

APRES LA LECTURE

VERIFICATION

A. **Mots apparentés** (*cognates*).
Trouvez les mots anglais qui ont un sens similaire et qui correspondent à:

s'éclipser (l. 3)
ressembler à (l. 22)
tourmenter (l. 31)
un miroir (l. 41)
symétrique (l. 43)

B. **Faux amis** (*false cognates*).
Les mots suivants ont deux sens: un sens apparenté et un autre sens. Donnez pour
chaque mot un équivalent anglais des deux sens:

	Cognates	*False cognates*	
sauvage	_____	_____	(l. 6)
saluer	_____	_____	(l. 10)
une espèce	_____	_____	(l. 25)

COMPREHENSION

I. Première partie (ll. 1–20)

1. Retrouvez les adjectifs qui décrivent la narratrice: (a) comme enfant, (b) comme jeune fille.
2. Y a-t-il des adjectifs qui nous permettent de faire son portrait physique?
3. Pourquoi est-ce que la narratrice allait dans des réunions et des bals? Etait-elle heureuse d'y aller? Qu'est-ce qu'elle y faisait?
4. Quelles attitudes est-ce que les autres personnes avaient envers elle dans ces réunions?
5. Quelle réaction est-ce que les autres personnes provoquaient chez la narratrice devenue adulte?
6. Faut-il comprendre sa vision des autres personnes symboliquement ou au sens littéral?

II. Deuxième partie (ll. 21–35)

1. Qu'est-ce que la narratrice remarque un soir?
2. Quelle est l'origine des premières traces?
3. Est-ce que ces traces disparaissent?
4. Quelle est l'origine des nouvelles traces?
5. Qu'est-ce qui arrive à la peau et au corps de la narratrice?

III. Troisième partie (ll. 36–49)

1. A la ligne 36, est-ce que le mot «effacée» est utilisé au sens littéral, au sens figuré ou aux deux sens à la fois?
2. Comment est-ce que la narratrice explique ce qui lui arrive?
3. Pourquoi est-ce qu'elle prend alors sa gomme d'écolière?
4. Qu'est-ce qu'elle fait avec sa gomme?
5. Est-ce qu'elle va recommencer? Pourquoi?

INTERPRETATION

1. Pensez au double sens du mot «effacée». Comment se fait dans le texte l'évolution d'un sens vers l'autre?

2. Relevez tous les mots qui évoquent la disparition, comme l'adjectif «effacée». Comment interprétez-vous cette obsession de l'effacement, de la disparition?

3. Comment comprenez-vous la modification de l'apparence physique de la narratrice? Est-ce qu'on pourrait interpréter la dernière action comme une forme de suicide? Pourquoi?

4. Retrouvez les différents moments du raisonnement qui guide les actions de la narratrice. Ce raisonnement est extrêmement logique, pourtant la conclusion est absurde. Pourquoi?

5. On dit du personnage mythologique de Narcisse qu'il est mort parce qu'il était amoureux de sa propre image. A votre avis, est-ce qu'on peut dire que «La Gomme» est une sorte d'inversion de la légende de Narcisse?

6. Dans ce texte, il y a une opposition entre «on» et «je». Selon vous, qui est «on»?

7. C'est une femme qui parle. Quels sentiments exprime-t-elle? Est-ce que le fait qu'une femme les exprime donne au texte un sens particulier?

8. Est-ce qu'un homme aurait eu les mêmes expériences? Aurait-il exprimé les mêmes sentiments? Aurait-il réagi de la même façon?

9. Revenons maintenant au dessin qui accompagne le texte. Que représente-t-il? A votre avis, est-ce qu'il est amusant, troublant, fantastique, effrayant, insensé? Est-ce qu'il reflète l'état d'esprit de la narratrice?

10. Quelle est votre réaction à cette histoire? Est-elle la même que votre réaction au dessin?

STYLE ET LANGUE

A. *Sens littéral / sens figuré*

Au début, la narratrice dit qu'elle est effacée. A la fin du texte, elle est en train de s'effacer. Qu'est-ce qui est arrivé au sens du mot «effacée» entre le début et la fin?

Pouvez-vous reconnaître s'il s'agit du sens littéral (L) ou du sens figuré (F) dans les exemples suivants?

1. a. Le temps est sec.
   b. Sa réponse a été sèche.
2. a. Il parle sur un ton coupant.
   b. Ce couteau est coupant.
3. a. Cette histoire est sombre.
   b. Le salon est sombre.
4. a. Ce papier est transparent.
   b. Ses intentions sont transparentes.
5. a. La porte est ouverte.
   b. Ces gens ont l'esprit ouvert.

6. a.   C'est une personne froide.
   b.   La pluie est froide.
7. a.   Le soleil est brillant.
   b.   Sa conversation est brillante.

Réponses: 1. L / F   2. F / L   3. F / L   4. L / F   5. L / F   6. F / L   7. L / F

B. *Utilisation des temps et progression narrative*

Relevez les expressions temporelles qui structurent la progression du récit (ll. 21–49). Quels sont les temps des verbes qui correspondent à chaque partie, dans cette progression?

ACTIVITES

1. Comment est-ce que vous vous voyez? Essayez de faire votre autoportrait, physique d'abord, mais aussi psychologique. Est-ce que, comme la narratrice, vous vous sentez tout(e) petit(e) au milieu des gens qui vous entourent? Etes-vous effacé(e)? Ou bien au contraire est-ce qu'on vous remarque toujours? Est-ce que vous essayez souvent d'attirer l'attention des autres?

2. Imaginez une courte histoire dans laquelle un adjectif essentiel (l'adjectif clé) aura deux sens: un sens propre (physique) et un sens figuré ou symbolique. Vous pouvez, comme l'auteur de «La Gomme», partir du sens figuré et retourner au sens littéral.

INTERTEXTUALITE

Thème:	La femme «effacée»	Sallenave, *Un Printemps froid* (*18*)
Traitement:	Passage du réel au fantastique	Michaux, «Plume au restaurant» (*7*)

10

Le Prix du chameau

BIRAGO DIOP

OBJECTIF

Vous allez identifier le sens symbolique d'un conte africain et étudier le rôle de la répétition dans sa structure.

AVANT LA LECTURE

Ouverture

A. Comment imaginez-vous la vie dans un village africain, au sud du Sahara? Aidez-vous des mots suivants pour en parler.

1. **Le logement, la nourriture et les animaux:**
   la case (*hut*)
   le toit de chaume (*straw*)
   l'enclos (*space surrounded by a fence*)
   le mil (*millet,* a common cereal)
   la calebasse (*gourd*)
   le berger (*shepherd*) et son troupeau (*herd*): la vache, le bœuf, le veau (*calf*), la génisse (*heifer*), le taureau (*bull*), le taur (*dér.* de taureau), le chameau (*camel*), l'âne (*donkey*). (Il y a dans le texte un paragraphe (ll. 70–74) qui décrit ces animaux).

2. **Les vêtements:**
   le pagne (*loin cloth*)
   le boubou (*long, flowing gown*)
   (Voir le texte, ll. 62–63)

3. **La religion:**

un musulman / une musulmane

la religion musulmane, introduite par les Maures (*Moors*)

le muezzin: l'homme religieux qui monte sur le minaret de la mosquée et appelle les fidèles (*faithful*) à la prière (*prayer*) plusieurs fois par jour. (Voir ll.
6–8)

B. Si vous connaissez un récit religieux, un mythe ou un conte dans lequel un personnage **perd la vue** (devient **aveugle**), présentez-le aux autres étudiant(e)s. A votre
avis, quel est le sens symbolique de **la cécité** (la perte de la vue)?

Note contextuelle

Regardez la carte d'Afrique ci-après. Situez le désert du Sahara, le Sénégal, la Côte
d'Ivoire, le Cameroun et la Haute-Volta (aujourd'hui le Burkina Faso). Ce sont des
pays francophones où vivent les bergers peuhl (nom d'un groupe ethnique important).

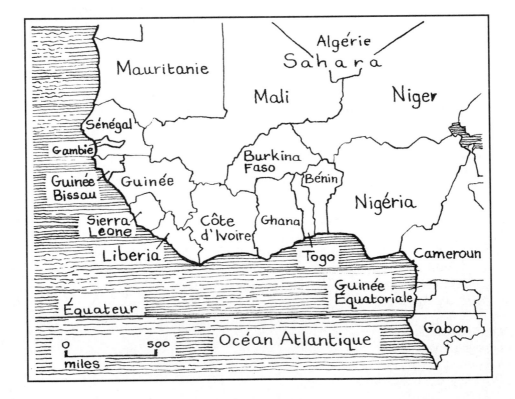

Stratégies de langue

Apprenez à reconnaître la manière dont certains mots sont formés.

1. Le suffixe **ée** indique souvent la quantité.

   Exemple:
   un bras   une brassée (l. 121)

   A votre tour, complétez:
   un poing (*fist*)   _____ (l. 61)
   une calebasse   _____ (l. 61)

2. Le préfixe **mal** indique une idée négative.

   Exemple:
   malfaisant (l. 143)   (*contraire de*) bienfaisant

3. Le préfixe **dé** indique souvent le contraire de quelque chose.

   Exemples:
   débaptiser (l. 144)   (*contraire de*) baptiser
   détacher   (*contraire d'*) attacher (l. 92)

Voici des verbes qui commencent par le préfixe **dé**. Trouvez les verbes auxquels ils correspondent:

   délier (*contraire de*)   _____ (l. 3)
   déposséder (*contraire de*)   (l. 87)
   déserrer (*contraire de*)   _____ (l. 107)

Stratégies de lecture

Le premier paragraphe du récit est constitué de deux longues phrases qui vous paraîtront peut-être difficiles. Nous allons vous guider en distinguant les éléments importants des éléments secondaires de ces deux phrases. Cette stratégie pourra vous servir pour d'autres textes.

A. Lisez d'abord les mots en caractères gras:

Un vent violent, °arrachant les toits de chaume, °**s'était abattu sur le village de Keur-N'Diatjar et portait** °au plein de son sein **un** [1]**tourbillon qui** °reliait le ciel et la terre. [2]Sillonnant les sentes et les venelles et [3]raclant les enclos **le tourbillon avait laissé ses traces dans toutes les cours des maisons du village.**

détachant avec force / était descendu
en son centre
mettait ensemble

[1]*whirlwind.* [2]*Blowing down the paths and lanes.* [3]*brushing by.*

1. Est-ce que ce genre de tourbillon est connu dans la région où vous habitez?
2. Résumez en une phrase ce qui est arrivé au village.

B. Lisez maintenant tout le paragraphe.

1. Quels sont les mots qui suggèrent la violence du vent?
2. Quels sont ses effets?

C. Maintenant, lisez le texte. Vous allez rencontrer plusieurs passages descriptifs très riches en vocabulaire. Il suffit de comprendre le sens général des descriptions. Ne vous y arrêtez pas, et n'essayez pas de les traduire. L'important pour vous est de suivre le développement du récit.

LECTURE

Birago Diop, *Le Prix du chameau*

Un vent violent arrachant les toits de chaume s'était abattu sur le village de Keur-N'Diatjar et portait au plein de son sein un tourbillon qui reliait le ciel et la terre. Sillonnant les sentes et les venelles et raclant les enclos le tourbillon avait laissé ses traces dans toutes les cours des 5 maisons du village.

Les rayons de soleil qui frappaient °la nuque de Bilal le muezzin tourné vers l'Orient pour l'appel des fidèles à la prière de Tisbar s'étaient °refroidis. Le soleil °entamant son chemin descendant s'était °terni et le ciel était devenu noir.

10 Le vent et le tourbillon qu'il avait entraîné laissaient °dans leur sillage tout le village de Keur-N'Diatjar dans les ténèbres.

Tous les habitants étaient devenus aveugles quand le soleil s'alluma de nouveau avant de °s'abîmer au couchant.

Tous.

15 Tous, sauf Barane, fils de Mor-le-Vieux et frère de Penda et de Faty, Barane qui ce jour-là était resté au champ depuis le matin jusque après le passage du vent et du tourbillon.

Barane avait regagné la °demeure paternelle au milieu des cris et des lamentations auxquelles seul ne participait pas son père Mor-le-Vieux.

20 Et pour Barane tout seul la nuit s'était terminée après le dernier chant du coq.

Aux premières ardeurs des rayons du jour, Mor-le-Vieux avait appelé son fils:

— Barane, que fait le village? Dis-le-moi, toi qui y vois encore.

le cou

cf. froid / commençant / cf. terne (sombre)

derrière eux

tomber à l'ouest (là où le soleil se couche)

maison

25 — Père, tu entends d'ici les pleurs et les °gémissements. Chacun °tâtonne cherchant ses °effets, sa porte ou °les siens.

lamentations
cherche avec les mains /
vêtements / sa famille

— Barane, dit le père, °d'ici que nous retrouvions le sentier des champs il nous faudra un long °apprentissage. Avant que les ¹greniers ne soient complètement vides, va vendre le chameau qui nous reste. Va,
30 et vends-le avec de la chance.

avant que
cf. un apprenti

* *
*

Et Barane °s'en fut sur les sentes et les chemins à travers les pays où les gens y voyaient encore comme lui.

s'en alla

* *
*

Les pays des sables qu'il °parcourut n'étaient sans doute pas plus °florissants que les terres qui entouraient le village de Keur-N'Diatjar,
35 car ni les cultivateurs, ni les bergers, ni les ²pêcheurs n'offrirent à Barane de lui acheter son chameau.

inf. parcourir (traverser)
= riches (cf. la fleur)

* *
*

Et Barane s'en alla plus loin, plus loin vers l'Est. Il °franchit le grand fleuve et rencontra un soir une longue caravane de bœufs lourdement chargés.

traversa

40 — Voilà un chameau °qui ferait bien mon affaire, déclara le Chef de la caravane. Est-il à vendre? demanda-t-il à Barane.

qui me serait utile

— Il est à vendre, répondit Barane.

— Combien en veux-tu?

— Que m'en offres-tu?

45 — Je t'en donne trois bœufs avec leur °charge de mil.

cf. chargé (l. 42)

— C'est tout? interrogea Barane.

— Quatre bœufs avec leur charge.

— C'est tout, rien de plus?

— Oui, c'est tout. Et je trouve que c'est beaucoup, affirma le Chef
50 de la caravane.

— Ce n'est pas assez pour moi, déclara Barane.

Quatre bœufs lourdement chargés de mil, le prix de son chameau sans aucun doute. Mais le père Mor-le-Vieux lui avait recommandé de vendre l'animal «avec de la chance», et le Chef de la caravane n'avait pas
55 ajouté à son offre les seuls mots: «*ak barké*».

* *
*

Et Barane s'en était allé plus loin, plus loin encore . . .

Il avait traversé le Pays où les femmes ³vannaient du sable-d'or au bord de l'eau, toute jeune encore, fraîche, claire et turbulente du fleuve.

On lui avait offert pour son chameau, dans les villages où ce n'était
60 que chants et danses nuit et jour, fêtes et °ripailles à longueur de lune, des ⁴pépites grosses comme le pouce, des ⁵poignées et des ⁶calebassées de poudre d'or. On lui avait offert des pagnes °teints à l'indigo des plus beaux bleus et des boubous °ouvragés et ornés °sur toutes les coutures.

banquets

inf. teindre (colorer)
décorés / partout

---

¹*granaries.* ²*fishermen.* ³ *were panning for gold.* ⁴*nuggets* ⁵*handfuls.* ⁶*amount that can be held in the shell of a calabash gourd.*

On lui avait offert des greniers de mil et des ânes gros et gras pour
65   charger ce mil.

Mais aucun de ceux qui voulaient acquérir sa bête contre ces for-
tunes ne lui avait dit qu'il l'achetait «avec de la chance» et Barane n'avait
pas voulu °céder son chameau.   vendre

Et Barane s'en était allé plus loin, plus loin encore.

***

70   Il avait rencontré d'immenses troupeaux qui descendaient vers le
Vaste Fleuve avec leurs veaux °gambadants, leurs °génisses aux flancs   qui sautaient / jeunes vaches
°reluisants et aux [7]fesses rebondies, leurs taurs déjà °assagis, leurs vaches   brillants / calmes
aux [8]mamelles pleines comme des [9]outres, leurs taureaux au [10]fanon
traînant jusqu'à terre.

75   Des Chefs maures, des bergers peuhl lui avaient offert taurs, génis-
ses, vaches pleines et vaches °suitées contre son chameau.   accompagnées de leurs veaux

Mais ils n'avaient pas ajouté à leurs prix les mots *«ak barké»*, et
Barane n'avait pas voulu se séparer de sa bête.

Et Barane s'en était allé plus loin, plus loin encore.

***

80   Loin, loin vers l'Est, au pays des pierres mortes et des montagnes
rouges, Barane rencontra au milieu du jour, °ployant sous un [11]fagot   courbé sous
d'épineux, un °vieillard °aux reins ceints de [12]haillons.   *cf.* vieux, vieille / portant autour
— Où te mènent tes pas, mon fils? °s'enquit [13]en chevrotant le   de la taille des . . .
Vieillard après les salutations.   demanda

85   — Je vais vendre cet animal, expliqua Barane.

— Je ne crois pas que tu puisses trouver °acquéreur dans ce pays où   *cf.* acquérir (acheter)
je suis le moins pauvre, moi qui ne possède que ce fagot d'acacia que j'ai
eu «avec de la chance».

— Veux-tu m'acheter mon chameau? proposa Barane.

90   — Je ne pourrais te l'acheter que contre ce bois mort *«ak barké»*, dit
le Vieillard.

— Tiens, il est à toi, dit Barane en °tendant la corde attachée au nez   donnant
du chameau.

Et Barane, le fils de Mor-le-Vieux, céda son chameau au Vieillard
95   °loqueteux pour un fagot d'épineux. Car le Vieillard avait ajouté au   en haillons (l. 82)
marché les mots que Mor-le-Vieux avait °exigés en °sus du prix: «avec   demandés avec insistance / plus
de la chance.»

***

Son fagot d'épineux sur la tête Barane s'en retourna sur ses longs
pas.

100   Il arriva à Keur-N'Diatjar à la fin d'une longue journée plus triste
encore que celle où il en était parti. Une journée grise et froide où le
Soleil lui-même °grelottait et °s'emmitoufflait dans le Ciel du Couchant.   tremblait de
                                                                            froid / s'enveloppait

***

---

[7]*round buttocks.* [8]*udders.* [9]*goatskin bottles.* [10]*dewlap.* [11]*a bundle of thorny
branches, brambles.* [12]*rags.* [13]*in a quavering voice.*

— Père, j'ai vendu le chameau, dit Barane en rentrant dans la case familiale où mourait un maigre feu que semblaient °couver Mor-le-
105   Vieux et ses deux filles Penda et Faty.   [°entretenir avec attention]

Le froid était °à couper au couteau.   [°extrême]

Les cases du village semblaient serrer plus fort leurs enclos °ainsi que des pagnes autour des tailles des femmes pour se tenir plus chaud.   [°comme]

— Combien as-tu vendu le chameau, fils? s'informa Mor-le-Vieux.
110   Où en est le prix?

— Le prix est dans la cour, père. Je l'ai vendu pour un fagot d'épineux.

— Contre un fagot d'épineux??? °s'ahurit Mor-le-Vieux.   [°s'exclama]

— Oui, père, un fagot de bois mort. J'ai vendu ton chameau au seul
115   acheteur qui m'a offert son prix en y ajoutant «avec de la chance» comme tu me l'avais demandé.

— Notre misère ne peut être plus grande, avec l'aide de Dieu, car elle semble avoir °atteint ses limites, se résigna Mor-le-Vieux. Le feu se °meurt, mon fils; ton fagot est donc le bienvenu. Porte-nous quelques   [°*inf.* atteindre (toucher à)]   [°*inf.* mourir]
120   °brindilles.   [°petites branches]

Barane alla chercher une brassée de bois mort.

Il cassa deux brindilles et °attisa les [14]braises mourantes.   [°ralluma]

Le bois gémit et craqua. °Une flambée s'éleva en même temps que les cris que poussèrent Mor-le-Vieux et ses deux filles: «J'y vois! J'y vois!   [°Des flammes s'élevèrent]
125   J'y vois!!!»

Mor-le-Vieux °prit une brindille. Penda prit un brindille. Faty prit   [°*inf.* prendre]
une brindille. Le père et les sœurs de Barane allumèrent les brindilles au
°foyer flambant et °rougeoyant et les approchèrent de leurs yeux qui   [°feu / *cf.* rouge]
°renaissaient en effet à la lumière.   [°*inf.* renaître]
130   Ils y voyaient à nouveau.

La famille de Mor-le-Vieux n'attendit pas la tombée de la nuit pour crier la nouvelle à travers le village.

Et tous ceux du village, grands et petits, vieux et jeunes, hommes et femmes, °vinrent, aveugles, tâtonnant de leurs cannes ou bras tendus   [°*inf.* venir]
135   dans la demeure de Mor-le-Vieux et s'en retournèrent chez eux ayant
°recouvré la vue après avoir allumé au foyer de Mor-le-Vieux et ap-   [°retrouvé]
proché de leurs yeux morts une brindille du fagot d'acacia du Vieillard loqueteux.

Et chaque père de famille, chaque mère, tous les hommes et toutes
140   les femmes apportèrent ce qu'ils avaient de plus cher et de plus beau à la famille de Mor-le-Vieux.

Mais pour °conjurer le sort et éloigner à jamais de leurs demeures   [°exorciser]
les esprits malfaisants, les habitants de *Keur-N'Diatjar* (le Village-de-ceux-qui-voient) débaptisèrent leur village et l'appelèrent *N'Goumbe* (Cé-
145   cité).

---

[14]*cinders.*

APRES LA LECTURE

COMPREHENSION

1. Comment les habitants du village ont-ils perdu la vue?
2. Pourquoi Barane n'a-t-il pas perdu la vue?
3. Qu'est-ce que le père, Mor-le-Vieux, demande à son fils?
4. Décrivez en une phrase chaque pays que Barane traverse pendant son voyage.
5. Décrivez en une phrase chaque personne ou groupe de personnes que Barane rencontre dans son voyage.
6. Pourquoi est-ce que Barane n'accepte pas ce qu'on lui offre pour le chameau?
7. Finalement, à qui vend-il son chameau? Pourquoi?
8. Est-ce qu'il rapporte beaucoup d'argent à sa famille? Dites à votre manière ce qu'il rapporte.
9. Comment est-ce que son père le reçoit à son retour?
10. Qu'est-ce qui arrive quand Barane rallume le feu de la maison familiale?
11. Qu'est-ce qui arrive aux habitants du village? Quelle est leur réaction?

INTERPRETATION

1. Est-ce que le fait de perdre la vue dans ces circonstances est réaliste ou mystérieux? Qu'est-ce qui est suggéré au commencement de cette histoire?
2. Quelle conclusion tirez-vous du fait que Mor-le-Vieux est le seul habitant du village qui ne participe pas aux lamentations?
3. Le père avait dit: « . . . d'ici que nous retrouvions le sentier des champs il nous faudra un long apprentissage.» (ll. 27–28). Que veut-il dire?
4. Est-ce que Barane a conservé la vue uniquement parce qu'il n'était pas au village durant la tempête? Justifiez votre opinion.
5. Quels principes guident Barane pendant son voyage?
6. Pourquoi est-ce Barane qui sauve le village?
7. Les villageois ont-ils retrouvé seulement la vue au sens physique? Est-ce qu'il y a une autre façon de «voir»?
8. Le récit explique-t-il clairement pourquoi les villageois retrouvent la vue? Quel est le rapport entre le feu et la vue que les villageois retrouvent?
9. Quel est le symbolisme du changement de nom du village? Qu'est-ce que les villageois ont donc appris?
10. A votre avis, à quel(s) genre(s) littéraire(s) appartient ce texte? Est-ce un récit comique? un récit satirique? un récit dramatique? une allégorie? une fable? un mythe? un texte descriptif?

STYLE ET LANGUE

La répétition

Comme beaucoup de contes ou de paraboles, ce récit est construit à partir de répétitions (répétitions de mots, de situations, etc.).

1. Quels mots sont répétés par l'auteur pour insister sur le fait que tous les habitants, sauf Barane, sont devenus aveugles?
2. Quels mots sont répétés par l'auteur pour insister sur la distance parcourue par Barane?
3. Barane essaie plusieurs fois de vendre son chameau. Comment est-ce que l'auteur varie sa technique narrative (conversations, descriptions, récits d'actions, etc.) pour éviter la monotonie de la simple répétition?
4. Les éléments naturels jouent un grand rôle dans ce texte (le vent, le soleil, le feu, la terre). Cherchez les références aux différents éléments.
5. Retrouvez les références au cycle du jour et de la nuit.

ACTIVITE

Imaginez le récit d'un voyage dans lequel un animal joue un rôle important.

INTERTEXTUALITE

Thèmes:	L'Afrique	Dadié, «La Légende Baoulé» (6)
	L'homme et Dieu	Clément, «Les Ennuis d'argent» (24)
		Rousseau, *Confessions* (22)
	Le pauvre et le riche	Le Clézio, *L'Extase matérielle* (32)
Traitement:	Le merveilleux	Dadié, «La Légende Baoulé» (6)
	La répétition comme forme narrative	Michaux, «Plume au restaurant» (7)
		Redonnet, «Ist et Irt» (4)

11

Histoire de la mer

JEAN CAYROL

OBJECTIF

Vous allez voir comment un auteur introduit le merveilleux dans un contexte moderne.

AVANT LA LECTURE

Ouverture

Imaginez que vous avez l'occasion d'aller vivre seul(e) sur une île déserte, loin du monde de la technologie moderne. Vous avez tout le temps d'observer les animaux qui y vivent. Supposez que vous apprenez à communiquer avec eux. Qu'est-ce que vous avez à leur dire? Qu'est-ce qu'ils ont à vous apprendre? Parlez de votre «expérience» avec vos camarades de classe.

Notes contextuelles

Références littéraires

Le texte que vous allez lire vous rappellera sans doute un conte que vous connaissez: *Alice au pays des merveilles*. Quelles sont les caractéristiques de l'héroïne, Alice? Est-ce qu'elle est adulte? Comment commence son aventure? Quel rôle jouent les animaux dans cette aventure?

Il y a aussi une référence à Ophélie, aimée d'Hamlet dans la pièce de Shakespeare, qui s'est suicidée en se jetant dans une rivière. On la voit, les cheveux mêlés d'herbes et d'algues.

Références exotiques

La jeune héroïne, Géraldine, se trouve sur la plage d'une île exotique. Il y a des palmiers (*palm trees*), une tortue géante (*giant turtle*), de petites sardines, du sable brûlant (*burning sand*).

Stratégies de langue

A. *Les phrases longues* sont une des caractéristiques de ce texte. Pour en comprendre le sens général, il faut apprendre à reconnaître les éléments principaux de ces phrases.

Considérons, par exemple, la phrase suivante (11. 62–66). Seuls les éléments en caractères gras sont importants:

A chaque arrêt, **elle dessinait les lettres de son prénom** au cas où quelqu'un l'apercevrait de là-haut, pour qu'on ne perde pas sa trace, **mais elle s'arrêta** car, sur ce sable brûlant, elle suffoquait: le soleil gardait encore une force irrésistible.

Les autres éléments donnent des raisons qui expliquent les deux actions principales:

1. Trouvez la raison pour laquelle «elle dessinait les lettres de son prénom».
2. Trouvez la raison pour laquelle «elle s'arrêta».

B. Apprenez à reconnaître différentes façons de *comparer:*

«On aurait dit . . .» (l. 8, l. 81)
«comme . . .» (l. 47, l. 86)
«comme si . . .» (l. 5)
«pareils à . . .» (l. 76)
«ressembler à . . .» (l. 92)
«sembler (être)» (l. 50)

A la première lecture d'un texte, pour comprendre le sens général, il n'est pas nécessaire de s'arrêter aux comparaisons.

Stratégies de lecture

La présentation de ce texte suit un plan particulier en raison des stratégies employées. La lecture se fera en quatre étapes (*stages*).

Première étape

Il est bon de survoler (*scan*) un texte pour avoir une idée générale du sujet. On peut alors choisir de l'aborder en concentrant son attention sur un passage qui n'est pas nécessairement situé au début. C'est ce que nous allons faire ici. Vous allez maintenant lire les lignes suivantes (25–42) dans lesquelles Géraldine a une conversation avec une tortue:

25   La tortue ne l'°effrayait pas; elle en avait vu dans les aquariums; elle en avait possédé une toute petite qui se promenait sous le lit et avait fait son °nid sous le radiateur; elle ne sortait que lorsqu'on lui présentait une feuille de salade. Plutôt intéressée, Géraldine lui sourit:
   — Tu es très vieille . . .
30   — J'ai deux cents ans passés.
   — Moi, j'ai dix ans. Où est-on ici?
   — Dans l'île des tortues.
   — Tu es seule?
   — Les autres sont parties.
35   — Où?
   — Tu sais, elles n'aiment plus °vieillir ensemble, alors elles se °dispersent. °Autrefois, nous étions plus de dix mille. Aujourd'hui, il ne reste que les impotentes, quelques malades, des °blessées et la Reine qui va sur ses cinq cents ans; elle °est aveugle, °se cogne partout; sa carapace
40   est °fêlée. Elle est infernale. Alors, les jeunes nous ont quittées. C'est la première fois que je vois une bête comme toi sans poil et sans °duvet. Es-tu bonne à manger?

Glosses (right margin):
- *inf.* effrayer (faire peur)
- lit
- *cf.* vieux, vieille
- cogn. / Avant
- *cf.* blesser (faire mal)
- ne voit pas / n'évite pas les obstacles
- presque cassée
- petits poils

A. Répondez aux questions suivantes:

1. Est-ce que Géraldine a peur de la tortue? Pourquoi?
2. La tortue sait parler. Trouvez-vous cela normal? Est-ce que Géraldine trouve cela normal? Comment pourriez-vous expliquer ce fait?
3. Qu'est-ce que l'on sait d'autre sur cette tortue?
4. Qui habite l'île?
5. Qu'est-ce qu'on apprend sur le monde des tortues?
6. Est-ce que la tortue a l'habitude des humains? Pourquoi?
7. Comment interprétez-vous la dernière question posée par la tortue: «Es-tu bonne à manger?»?

B. Travail d'imagination:

1. Avec des camarades, imaginez un scénario (amusant, fantastique ou catastrophique) qui explique comment Géraldine est arrivée dans l'île des tortues.
2. Imaginez ensuite ce qui se passe après la conversation de Géraldine et de la tortue.

Deuxième étape

Revenons maintenant au début du texte (ll. 1–24). Vous allez d'abord apprendre comment Géraldine est arrivée dans l'île après l'accident de l'avion dans lequel elle voyageait avec ses parents (il y a une allusion à cet accident ll. 22–24).

Pour comprendre le sens général de la description détaillée qui suit, lisez **d'abord** la première phrase de chaque paragraphe et le monologue de Géraldine (ll. 17–21); lisez **ensuite** l'ensemble de ce passage:

Géraldine se réveilla, le corps °déposé sur le sable par des vagues longues et douces; à peine si °le ressac la faisait bouger.

    Une °déchirure à son bras, sous l'effet de l'eau °salée, lui donna une souffrance intolérable; la [1]chair °cuisait, [2]épongée de tout sang, mais les

5 deux lèvres de la °plaie presque blanche s'°entrouvraient comme si un [3]fer rouge la brûlait encore. Son visage était couvert d'algues brunes °au thalle membraneux qui °enrubannaient ses °mèches; elles l'aveuglaient et, en se °desséchant, °durcissaient autour du front en couronne. On aurait dit une petite Ophélie marine, décolorée . . .

10   Elle voulut se relever et °vit qu'elle n'était pas seule: une énorme tortue la surveillait de son œil rond et la [4]flairait de son °bec °corné et [5]râpeux.

    Alors Géraldine appela; d'abord, ce °furent des cris °d'épouvante. Le sable qu'elle avait avalé en roulant de vague en vague avait enflammé

15 sa gorge, puis ce furent des °geignements, entrecoupés de °sanglots dont elle ne sentait pas l'eau sur ses joues.

    — Maman, maman, ne te cache pas. Tu sais bien que je n'aime pas être toute °mouillée. Papa, montre-toi, où es-tu? Ce n'est pas du caprice, je ne veux pas jouer. J'ai mal, j'ai froid . . . S'il te plaît, j'aimerais

20 une tartine avec de la marmelade d'orange et beaucoup de beurre dessus, j'ai faim . . . Non, je mangerai ce que tu voudras . . .

    La petite Géraldine ne pouvait se relever; à côté d'elle, un fauteuil d'avion °ballotté par °le flot descendant, intact avec son [6]cendrier ouvert et, déjà, °l'étoffe séchait.

Marginal glosses:
- cf. posé
- les vagues
- blessure / cf. le sel
- inf. cuire
- blessure / cf. ouvrir
- = membraneuses (*cogn.*)
- cf. un ruban / cheveux / cf. aveugle
- cf. sec, sèche / cf. dur
- inf. voir
- cogn. / dur
- inf. être / de terreur
- lamentations / cf. sangloter (pleurer)
- contr. sèche
- balancé / la mer
- le tissu

[1] *flesh.* [2] *drained.* (cf. *une éponge*) [3] *iron.* [4] *was sniffing.* [5] *rough.* [6] *ashtray.*

Répondez aux questions suivantes:

1. Comment est-ce que Géraldine est arrivée sur la plage?
2. Qu'est-ce qui est arrivé à son bras?
3. Qu'est-ce qui se trouve dans ses cheveux?
4. A qui est-ce qu'elle ressemble? Pourquoi?
5. Quelle est sa réaction quand elle voit la tortue?
6. Qui est-ce qu'elle appelle?
7. Pourquoi y a-t-il là un fauteuil d'avion?

Troisième étape

Vous pouvez maintenant passer à la fin du récit. Pour faciliter votre lecture, cette fin a été divisée en deux parties.

A. Lisez les lignes 43 à 58 (juste après la conversation entre Géraldine et la tortue):

Soudain, Géraldine entendit tout près d'elle un tic-tac régulier; elle se retourna et °vit son propre réveil rond et °doré. Il avait perdu une des
45 boules de cristal sur lesquelles il °reposait. Elle regarda l'heure: il était quatre heures vingt. Et pourtant la lumière °s'assombrissait. Machinalement, elle [7]remonta le mécanisme comme elle le faisait chaque soir avant de s'endormir. Quelle heure était-il? La tortue s'était °éloignée. Géraldine °eut brusquement peur sur cette plage déserte; le réveil °s'était
50 tu. Les troncs des palmiers morts et roulés par °la houle semblaient des bêtes à longs poils, prêtes à °bondir. Elle °renouvela ses appels, mais comme elle ne pouvait °remuer les jambes à demi °enfouies dans le sable, elle écouta le silence (avant, c'était un jeu d'enfant au moment de la sieste), un silence [8]épiant et frôleur.
55   — Je n'aime pas la nuit dehors.
        Géraldine se mit à crier:
        — Tortue, tortue, est-ce que c'est dimanche aujourd'hui? Est-ce que les gens ont quitté la plage?

inf. voir / *cf.* l'or
cf. être posé
inf. s'assombrir (*cf.* sombre)

cf. loin
inf. avoir / *inf.* se taire
les vagues
sauter (comme un lion) / *cf.* nouveau
bouger / = dans

[7] *wound up.* [8]*épier = to spy on; frôler = to brush by (reference to creatures surrounding her).*

B. Répondez aux questions suivantes:

1. Qu'est-ce que Géraldine entend?
2. Qu'est-ce qu'elle fait avec cet objet?
3. Qu'est-ce que cet objet lui rappelle?
4. Où est la tortue?
5. Quelle est la réaction de Géraldine?
6. Est-ce qu'elle peut marcher?
7. Pourquoi est-ce qu'elle appelle la tortue?

C. Avant de lire le reste du texte (ll. 59–96) regardez les questions suivantes qui vous aideront à comprendre cette dernière partie:

1. Où est-ce que Géraldine écrit son prénom? Pourquoi?
2. Pourquoi est-ce qu'elle retourne dans l'eau?
3. Qu'est-ce qu'elle voit autour d'elle?
4. Quelle est sa réaction initiale?

5. Pourquoi est-ce qu'elle se fatigue du spectacle des poissons?
6. Qu'est-ce que la tortue lui apporte?
7. Est-ce que Géraldine a déjà mangé cela?
8. Quelle est l'attitude de la tortue envers Géraldine?

A qui parler? Quoi faire? Elle °tapotait le sable de sa main, puis
60 °écrivit son prénom: Géraldine. Une vaguelette effaça les lettres. Alors,
elle °tenta de glisser sur le sol mais cela lui demandait des efforts °inouïs:
elle avançait lentement, se déplaçant avec °maladresse et lourdeur. A
chaque arrêt, elle dessinait les lettres de son prénom au cas où quelqu'un
l'apercevrait de là-haut, pour qu'on ne perde pas sa trace, mais elle
65 s'arrêta car, sur ce sable brûlant, elle suffoquait: le soleil gardait encore
une force irrésistible. Alors elle °revint sur le bord humide où venaient
°s'étaler les vagues dans une ^{9}écume pleine de bulles, °léchant ses jambes
blessées, son petit corps °dénudé et brillant, ses cheveux °foncés sous le
poids de l'eau. Elle se sentait si bien dans le trou °frangé d'eau qu'elle
70 faisait, °une mince cuvette, ^{10}chatouillée par les puces de mer, un vrai lit
°douillet, agréable par sa °tiédeur, et soudain elle se vit entourée d'une
bande de minuscules poissons d'un argent vif, au dos bleu sombre. Ils
la recouvraient, glissaient sur les épaules, sous les bras, °s'enfonçaient
dans sa °chevelure, chatouillant °sa nuque. Elle riait de ce bain d'une
75 épaisseur vivante et °fugace. Géraldine prit dans la main une poignée de
ces poissons °pareils à des pièces d'argent. Les sardines s'immobilisèrent, heureuses de vivre dans une °paume humaine et chaude, s'infiltrant
entre les doigts, jouant avec leurs mouvements. Elles étaient familières,
et Géraldine riait devant cette invasion amicale et si rapide. Ces milliers
80 °d'éclairs qui °s'éteignaient et se rallumaient lui faisaient une °armure
légère et °remuante. On aurait dit qu'elles connaissaient la petite fille
depuis longtemps.

L'une d'elles se blessa à un ^{11}ongle; son œil rond contempla le
doigt qui l'avait °effleurée, le ^{12}mordilla.
85 — Allez-vous-en, ça me tourne la tête.

Et le banc de poissons °disparut comme il était venu, au milieu d'un
grand °frémissement de l'eau qui paraissait °bouillonner à leur passage.

La vieille tortue revint. Elle tenait dans °son museau un fruit qu'elle
jeta aux pieds de Géraldine:
90 — Prends-le vite à cause des vagues.

Géraldine °se régala avec cette nourriture °fondante et °juteuse,
d'un goût de miel un peu °rance. La chair ressemblait par sa consistance
à du beurre frais.

— Où sont tes parents?
95 La fillette ne répondit pas et continua à dévorer °à belles dents ce
produit d'une terre inconnue.

^{9}*foam full of bubbles.* ^{10}*tickled.* ^{11}*nail.* ^{12}*nibbled.*

---

cf. taper
inf. écrire
essaya / très grands
cf. maladroit(e)

inf. revenir
s'étendre / caressant
cf. nu(e) / *contr.* clairs
cogn. (bordé)
un petit bassin
cf. doux / *cf.* tiède

entraient
cf. les cheveux / son cou

fugitive
comme

cogn. (la main)

de lumières / *inf.*
  s'éteindre / *cogn.*
inf. remuer

touchée légèrement

inf. disparaître
cf. frémir (bouger
  légèrement) / *cf.* bouillir
sa bouche

mangea avec plaisir / très
  tendre / *cf.* le jus
cogn.

avec grand appétit

Quatrième étape

Lisez maintenant le texte tout entier, sans l'aide des notes dans la marge et des traductions.

LECTURE

Jean Cayrol, *Histoire de la mer*

Géraldine se réveilla, le corps déposé sur le sable par des vagues longues et douces; à peine si le ressac la faisait bouger.

Une déchirure à son bras, sous l'effet de l'eau salée, lui donna une souffrance intolérable; la chair cuisait, épongée de tout sang, mais les
5 deux lèvres de la plaie presque blanche s'entrouvraient comme si un fer rouge la brûlait encore. Son visage était couvert d'algues brunes au thalle membraneux qui enrubannaient ses mèches; elles l'aveuglaient et, en se desséchant, durcissaient autour du front en couronne. On aurait dit une petite Ophélie marine, décolorée . . .
10 Elle voulut se relever et vit qu'elle n'était pas seule: une énorme tortue la surveillait de son œil rond et la flairait de son bec corné et râpeux.

Alors Géraldine appela; d'abord, ce furent des cris d'épouvante. Le sable qu'elle avait avalé en roulant de vague en vague avait enflammé sa
15 gorge, puis ce furent des geignements, entrecoupés de sanglots dont elle ne sentait pas l'eau sur ses joues.

— Maman, maman, ne te cache pas. Tu sais bien que je n'aime pas être toute mouillée. Papa, montre-toi, où es-tu? Ce n'est pas du caprice, je ne veux pas jouer. J'ai mal, j'ai froid . . . S'il te plaît, j'aimerais une
20 tartine avec de la marmelade d'orange et beaucoup de beurre dessus, j'ai faim . . . Non, je mangerai ce que tu voudras . . .

La petite Géraldine ne pouvait se relever; à côté d'elle, un fauteuil d'avion ballotté par le flot descendant, intact avec son cendrier ouvert et, déjà, l'étoffe séchait.
25 La tortue ne l'effrayait pas; elle en avait vu dans les aquariums; elle en avait possédé une toute petite qui se promenait sous le lit et avait fait son nid sous le radiateur; elle ne sortait que lorsqu'on lui présentait une feuille de salade. Plutôt intéressée, Géraldine lui sourit:

— Tu es très vieille . . .
30 — J'ai deux cents ans passés.

— Moi, j'ai dix ans. Où est-on ici?

— Dans l'île des tortues.

— Tu es seule?

— Les autres sont parties.

35 — Où?

— Tu sais, elles n'aiment plus vieillir ensemble, alors elles se dis-
persent. Autrefois nous étions plus de dix mille. Aujourd'hui, il ne reste
que les impotentes, quelques malades, des blessées et la Reine qui va sur
ses cinq cents ans; elle est aveugle, se cogne partout; sa carapace est
40 fêlée. Elle est infernale. Alors, les jeunes nous ont quittées. C'est la
première fois que je vois une bête comme toi sans poil et sans duvet.
Es-tu bonne à manger?

Soudain, Géraldine entendit tout près d'elle un tic-tac régulier; elle
se retourna et vit son propre réveil rond et doré. Il avait perdu une des
45 boules de cristal sur lesquelles il reposait. Elle regarda l'heure: il était
quatre heures vingt. Et pourtant la lumière s'assombrissait. Machinalement, elle remonta le mécanisme comme elle le faisait chaque soir avant
de s'endormir. Quelle heure était-il? La tortue s'était éloignée. Géraldine eut brusquement peur sur cette plage déserte; le réveil s'était tu.
50 Les troncs des palmiers morts et roulés par la houle semblaient des bêtes
à longs poils, prêtes à bondir. Elle renouvela ses appels, mais comme
elle ne pouvait remuer les jambes à demi enfouies dans le sable, elle
écouta le silence (avant, c'était un jeu d'enfant au moment de la sieste),
un silence épiant et frôleur.

55 — Je n'aime pas la nuit dehors.

Géraldine se mit à crier:

— Tortue, tortue, est-ce que c'est dimanche aujourd'hui? Est-ce
que les gens ont quitté la plage?

A qui parler? Quoi faire? Elle tapotait le sable de sa main, puis
60 écrivit son prénom: Géraldine. Une vaguelette effaça les lettres. Alors,
elle tenta de glisser sur le sol mais cela lui demandait des efforts inouïs:
elle avançait lentement, se déplaçant avec maladresse et lourdeur. A
chaque arrêt, elle dessinait les lettres de son prénom au cas où quelqu'un
l'apercevrait de là-haut, pour qu'on ne perde pas sa trace, mais elle
65 s'arrêta car, sur ce sable brûlant, elle suffoquait: le soleil gardait encore
une force irrésistible. Alors elle revint sur le bord humide où venaient
s'étaler les vagues dans une écume pleine de bulles, léchant ses jambes
blessées, son petit corps dénudé et brillant, ses cheveux foncés sous le
poids de l'eau. Elle se sentait si bien dans le trou frangé d'eau qu'elle
70 faisait, une mince cuvette, chatouillée par les puces de mer, un vrai lit
douillet, agréable par sa tiédeur, et soudain elle se vit entourée d'une
bande de minuscules poissons d'un argent vif, au dos bleu sombre. Ils
la recouvraient, glissaient sur les épaules, sous les bras, s'enfonçaient
dans sa chevelure, chatouillant sa nuque. Elle riait de ce bain d'une
75 épaisseur vivante et fugace. Géraldine prit dans la main une poignée de
ces poissons pareils à des pièces d'argent. Les sardines s'immobilisèrent,
heureuses de vivre dans une paume humaine et chaude, s'infiltrant entre
les doigts, jouant avec leurs mouvements. Elles étaient familières, et

Géraldine riait devant cette invasion amicale et si rapide. Ces milliers
80   d'éclairs qui s'éteignaient et se rallumaient lui faisaient une armure légère
et remuante. On aurait dit qu'elles connaissaient la petite fille depuis
longtemps.

   L'une d'elles se blessa à un ongle; son œil rond contempla le doigt
qui l'avait effleurée, le mordilla.

85   — Allez-vous-en, ça me tourne la tête.

   Et le banc de poissons disparut comme il était venu, au milieu d'un
grand frémissement de l'eau qui paraissait bouillonner à leur passage.

   La vieille tortue revint. Elle tenait dans son museau un fruit qu'elle
jeta aux pieds de Géraldine:

90   — Prends-le vite à cause des vagues.

   Géraldine se régala avec cette nourriture fondante et juteuse, d'un
goût de miel un peu rance. La chair ressemblait par sa consistance à du
beurre frais.

      — Où sont tes parents?

95   La fillette ne répondit pas et continua à dévorer à belles dents ce
produit d'une terre inconnue.

APRES LA LECTURE

INTERPRÉTATION

   1. A quel moment est-ce qu'on comprend que l'on est passé du monde réel au
      monde irréel?
   2. Quelles sont les caractéristiques principales de ce monde irréel?
   3. Comment est-ce que Géraldine se sent dans ce monde qu'elle découvre?
      Y a-t-il une évolution?
   4. A votre avis, pourquoi est-ce que l'auteur a choisi une petite fille comme per-
      sonnage? Est-ce que cela contribue à créer le merveilleux, comme dans *Alice au
      pays des merveilles?*

STYLE ET LANGUE

   1. La description tient une place importante dans ce texte. Quel est le temps des
      verbes utilisé pour la description? Et le temps des verbes utilisé pour l'action?
      Regardez de près le deuxième paragraphe.
   2. Pourquoi, à votre avis, y a-t-il beaucoup d'adjectifs dans ce texte? Quelquefois,
      deux adjectifs sont utilisés ensemble, par exemple, ll. 1–2: «des vagues longues

et douces». Trouvez d'autres exemples de ce procédé. Quelle impression est ainsi produite?

ACTIVITES

1. Imaginez une conversation avec un animal favori.
2. Supposez que, comme Géraldine, vous êtes sur une île déserte et qu'un animal exotique vous adresse la parole. Imaginez la conversation.

INTERTEXTUALITE

Traitement: Le merveilleux Dadié, «La Légende Baoulé» (6)
Diop, «Le Prix du chameau» (10)

III

DISCOURS DESCRIPTIFS

12 POESIE   * **Arthur Rimbaud,** *Le Dormeur du val*

13 ROMAN   ** **Nathalie Sarraute,** *Tropismes* (extrait)

14 NOUVELLE   * **Alain Robbe-Grillet,** *La Plage*

15 NOUVELLE   ** **Corinna Bille,** *Vendanges*

16 ROMAN   ** **Henri Bosco,** *L'Enfant et la rivière* (extrait)

12

Le Dormeur du val

ARTHUR RIMBAUD

OBJECTIF

Vous allez lire un poème dans lequel le thème n'est pas présenté de manière explicite mais révélé à travers une description précise.

AVANT LA LECTURE

Note contextuelle

Arthur Rimbaud (1854–1891) avait seize ans quand il a écrit ce poème inspiré par la guerre de 1870 entre les Français et les Prussiens. «Le Dormeur du val» est un poème que tous les jeunes Français apprennent à l'école secondaire.

Stratégies de lecture

1. Lisez le titre. Qu'est-ce qu'il évoque pour vous? Qu'est-ce que vous pensez trouver dans ce poème?
2. Lisez le poème deux fois.

LECTURE

Arthur Rimbaud, *Le Dormeur du val*

C'est un trou de °verdure où chante une rivière
°Accrochant follement aux herbes des ¹haillons
D'argent; où le soleil, de la montagne fière,
°Luit: c'est un petit val qui °mousse de rayons.

5 Un soldat jeune, bouche ouverte, tête nue,
Et °la nuque baignant dans le frais ²cresson bleu,
Dort; il est étendu dans l'herbe, sous °la nue,
Pâle dans son lit vert où la lumière pleut.

Les pieds dans les °glaïeuls, il dort. Souriant comme
10 Sourirait un enfant malade, °il fait un somme:
Nature, °berce-le chaudement: il a froid.

Les parfums ne font pas °frissonner °sa narine;
Il dort dans le soleil, la main sur sa poitrine
Tranquille. Il a deux trous rouges au côté droit.

cf. vert
inf. accrocher (attacher)

Brille/*inf.* mousser (*cf.* la mousse)

le cou
le ciel

fleurs jaunes
il dort
inf. bercer (un enfant pour l'endormir)

trembler/son nez

¹ *rags.* ² *watercress.*

APRES LA LECTURE

APPRECIATION

A. Répondez aux questions suivantes:

1. Quels verbes et quelles expressions confirment l'idée que le soldat dort?
2. Comment est-ce que le poète décrit la nature? Quels sont les détails qui décrivent (a) la végétation, (b) la lumière, (c) la situation géographique?
3. Quelles impressions est-ce que ces détails donnent? (une impression de joie, de bonheur, de tristesse, etc.)
4. Quelles couleurs dominent? Quelle impression est créée par ces couleurs?
5. Quels détails sont utilisés pour décrire le soldat? Quelles impressions sont créées par les vers 5 à 9?

6. Quel est l'effet du vers 11? A quel mot est-ce que «froid» est opposé dans ce vers? Pouvez-vous deviner pourquoi le poète demande à la Nature de bercer «l'enfant»? Pourquoi est-ce que le soldat a froid?

7. Qu'est-ce que le vers 14 nous révèle enfin?

8. Y avait-il déjà dans les vers 1 à 10 des détails qui permettaient d'anticiper la présence de la mort?

B. Relisez le poème, puis répondez aux questions suivantes:

1. Est-ce que la description du dormeur du val est le véritable objectif du poème? Sinon, quel est son objectif?

2. Comment est-ce que Rimbaud utilise la description pour mettre en évidence l'horreur de la guerre?

3. Est-il important que le soldat soit jeune? Pourquoi?

4. Est-ce que Rimbaud utilise les mots «la mort» ou «la guerre» dans le poème? Pourquoi?

STYLE ET LANGUE

1. Ce poème a la forme classique du sonnet. En combien de strophes (*stanzas*) est-il divisé? Combien de vers (*lines*) a-t-il dans chaque strophe?

2. Chaque vers est un alexandrin composé de 12 pieds (*syllables*). Comptez les pieds de chaque vers de la première strophe.

3. Vérifiez comment les rimes sont disposées à la fin des vers (exemple: strophe 1, a,b,a,b)

4. A l'intérieur de ce sonnet d'apparence classique, la composition est très souple. Vous remarquerez que, plusieurs fois, la phrase ne se termine pas à la fin du vers mais au vers suivant (exemple: vers 3 et 4). On appelle cela **un enjambement** ou **un rejet** (*a run-on line*). Faites la liste de ces enjambements. Quels sont les mots qu'ils mettent en relief?

5. Au vers 14, vous remarquerez comment le vers est divisé en deux parties iné-gales. Quel est l'effet produit?

6. Les inversions sont une caractéristique du style poétique. Il y en a deux dans ce texte:

Vers 1, 2 et 3:

>   . . . une rivière
> Accrochant follement aux herbes des haillons
> D'argent;

> =   . . . une rivière
> accrochant follement des haillons d'argent aux herbes

Vers 3 et 4:

. . . le soleil, de la montagne fière,
Luit

= . . . le soleil luit de (*from*) la montagne fière

7. Les images sont une autre caractéristique de la poésie. Comment interprétez-vous l'image de la rivière qui accroche des haillons d'argent aux herbes? (vers 1, 2, 3) Expliquez aussi: «un petit val qui mousse de rayons» (vers 4). Trouvez d'autres images et expliquez-les.

8. En poésie on trouve des mots rarement employés en prose: **luire** = briller et **la nue** = le ciel.

Maintenant que vous pouvez mieux apprécier ce poème, lisez-le à haute voix.

ACTIVITE

Ecrivez un poème ou un court texte dans lequel le message pacifiste (ou écologique, ou autre) sera exprimé à travers la description.

INTERTEXTUALITE

Thème: La guerre et la mort   Vercors, «Le Cheval et la mort» (23)

13

Tropismes

NATHALIE SARRAUTE

OBJECTIF

Vous allez lire un texte descriptif qui est aussi une satire sociale.

AVANT LA LECTURE

Ouverture

Vous avez sans doute passé du temps dans un grand centre commercial où vous avez observé d'autres acheteurs. Choisissez un personnage typique d'acheteur ou d'acheteuse qui **furète** partout (**fureter** = chercher avec curiosité dans l'espoir de découvrir quelque chose), regarde les **vitrines** (*windows*) avec attention, etc. Suivez-le / la en imagination et décrivez son comportement.

Note contextuelle

Ce texte est tiré d'un ouvrage publié en 1957, intitulé *Tropismes,* qui est devenu un classique de ce que l'on a appelé le «nouveau roman» (voir Robbe-Grillet, 14).

Stratégies de lecture

A. Lisez d'abord les mots en caractères gras des deux premiers paragraphes. Cela vous permettra de découvrir le contexte de cette description.

On les voyait marcher le long des vitrines, leur °torse très droit   *cogn.*
légèrement °projeté en avant, leurs jambes °raides un peu °écartées, et   *cogn. / rigides / séparées*
leurs petits °pieds cambrés sur leurs talons très hauts frappant durement   *voir dessin*
le [1]trottoir.

5   Avec leur sac sous le bras, leurs °gantelets, leur petit «°bibi» régle-   *cf.* gants / petit chapeau (*humor.*)
mentaire juste comme il faut incliné sur leur tête, leurs °cils longs et   *voir dessin*
rigides °piqués dans leurs °paupières °bombées, leurs yeux durs, **elles**   plantés / *voir dessin* / rondes
trottaient le long des boutiques, s'arrêtaient °tout à coup, furetaient   soudainement
d'un œil °avide et connaisseur.   = plein de désir

[1] sidewalk.

B. Répondez aux questions suivantes:

1. A votre avis, qui est «on» dans le premier paragraphe (l'auteur, le lecteur / la
   lectrice, ou quelqu'un d'autre?

2. A qui est-ce que le pronom «les» (l. 1) se réfère? Comment est-ce que le second paragraphe précise l'identité de «les»? Qui sont «elles»? Où sont-elles?
   Qu'est-ce qu'elles font?

C. Pour mieux comprendre la description détaillée des deux premiers paragraphes,
regardez les dessins ci-dessous et utilisez le vocabulaire du texte pour compléter les
phrases suivantes:

Elles ont le torse . . .
Elles ont les jambes . . .
Elles ont les pieds . . .
Elles ont les cils . . .
Elles ont les yeux . . .
Sur la tête, elles ont . . .

LECTURE

Nathalie Sarraute, *Tropismes*

On les voyait marcher le long des vitrines, leur torse très droit légèrement projeté en avant, leurs jambes raides un peu écartées, et leurs petits pieds cambrés sur leurs talons très hauts frappant durement le trottoir.

5 Avec leur sac sous le bras, leurs gantelets, leur petit «bibi» réglementaire juste comme il faut incliné sur leur tête, leurs cils longs et rigides piqués dans leurs paupières bombées, leurs yeux durs, elles trottaient le long des boutiques, s'arrêtaient tout à coup, furetaient d'un œil avide et connaisseur.

10 Bien °vaillamment, car elles °étaient très résistantes, elles avaient depuis plusieurs jours couru à la recherche à travers les boutiques d'«un petit ¹tailleur sport», en gros tweed à dessins, «un petit dessin comme ça, je le vois si bien, il est à petits °carreaux gris et bleus . . . Ah! vous n'en avez pas? où pourrais-je en trouver?» et elles avaient recommencé 15 leur °course.

Le petit tailleur bleu . . . le petit tailleur gris . . . Leurs yeux °tendus furetaient à sa recherche . . . Peu à peu °il les tenait plus fort, °s'emparait d'elles impérieusement, devenait indispensable, devenait un °but en soi, elles ne savaient plus pourquoi, mais qu'à tout prix il leur fallait attein-20 dre.

Elles allaient, elles trottaient, °grimpaient courageusement (plus rien ne les arrêtait) par des escaliers sombres, au quatrième ou au cinquième étage, «dans des maisons spécialisées, qui font du tweed anglais, où on est sûr de trouver cela», et, un peu °agacées (elles com-25 mençaient à se fatiguer, elles allaient perdre courage), elles °suppliaient: «Mais non, mais non, vous savez bien ce que je veux dire, à petits carreaux comme ça, avec des °raies en diagonale . . . mais non, ce n'est pas ça, ce n'est pas ça du tout . . . Ah! vous n'en avez pas? Mais où puis-je en trouver? J'ai regardé partout . . . Ah peut-être encore là? Vous 30 croyez? Bon, je vais y aller . . . Au revoir . . . Mais oui, je regrette beaucoup, oui, pour une autre fois . . .» et elles souriaient tout de même, aimablement, °bien élevées, bien °dressées depuis de longues années, quand elles avaient couru encore avec leur mère, pour ²combiner, pour «se °vêtir de rien», «car une jeune fille, déjà, a besoin 35 de tant de choses, et il faut savoir ³s'arranger.»

---

¹ *casual suit.* ² *mix and match.* ³ *two meanings: (a) to make the best of what you have (b) to take care of your appearance.*

Notes marginales :

- (l. 10) °vaillamment / °étaient : courageusement / résistaient bien à la fatigue
- (l. 13) °carreaux : cf. un carré
- (l. 15) °course : cf. courir
- (l. 16) °tendus : cf. la tension
- (l. 17) °il / °s'emparait : = le tailleur / les possédait
- (l. 18) °but : objectif (à atteindre)
- (l. 21) °grimpaient : montaient
- (l. 24) °agacées : irritées
- (l. 25) °suppliaient : imploraient
- (l. 27) °raies : lignes
- (l. 32) °bien élevées / °dressées : polies (élever un enfant) / = formées (on dresse un animal de cirque)
- (l. 34) °vêtir : cf. le vêtement

APRES LA LECTURE

COMPREHENSION

1. Est-ce que la scène se passe dans un centre commercial ou dans un quartier de magasins?
2. Qu'est-ce que ces acheteuses cherchent dans les magasins? Est-ce que c'est facile à trouver? Qu'est-ce qu'elles font pour trouver ce qu'elles cherchent?
3. Est-ce qu'elles abandonnent facilement? Combien de temps est-ce qu'elles passent à chercher ce qu'elles veulent? Est-ce qu'elles le trouvent finalement?

INTERPRETATION

Après avoir relu le texte, répondez aux questions suivantes:

1. Nathalie Sarraute aurait pu utiliser «elle» au lieu de «elles.» Quel est l'effet de ce pluriel? Est-ce que l'effet aurait été le même si elle n'avait décrit qu'une femme?
2. Généralement, un portrait littéraire contient des détails physiques et des détails psychologiques. Trouvez les détails physiques donnés dans le texte. Trouvez les détails psychologiques. Sont-ils nombreux? Est-ce que l'auteur attribue à ses personnages des motifs complexes et variés? Pourquoi?
3. Regardez en particulier les deux premiers paragraphes. Notez les verbes et les expressions qui décrivent le mouvement. A quoi / à qui est-ce que ces verbes et expressions vous font penser?
4. Quelle impression générale est donnée par les verbes «trotter», «fureter», «aller», «grimper», «courir»? Est-ce que ces verbes sont répétés? Pourquoi?
5. Comment est-ce que l'auteur regarde ses personnages? Avec sympathie? Avec humour? Avec moquerie? etc. Justifiez votre réponse.
6. Les dernières lignes complètent le portrait de ces femmes. Quelle a été leur éducation? Est-ce que ces détails vous aident à les situer dans un groupe social? Lequel?
7. Derrière ce portrait se cache une satire sociale. Sur quels aspects de la société porte la critique de l'auteur? Quels sont les passages qui suggèrent une critique du conformisme? du matérialisme?
8. Quelle est votre réaction à ce texte? Est-ce que votre réaction aurait été différente si ce texte, qui fait la satire d'un certain comportement de femme, avait été écrit par un homme?

STYLE ET LANGUE

Passages descriptifs, paroles «rapportées», jugement implicite:

1. Qui parle dans les passages entre guillemets (*quotation marks*)? Est-ce que c'est toujours la même voix?
2. Comment est-ce que ces paroles rapportées sont intégrées au texte? (Isolées comme dans un dialogue ou intégrées dans la phrase?)
3. Est-ce qu'il y a d'autres fragments de phrases qui auraient pu être également mis entre guillemets?
4. Est-ce que la différence entre les descriptions objectives (un regard extérieur) et l'évocation des pensées des acheteuses est toujours très évidente?
5. L'auteur ne formule aucun jugement explicite sur ses personnages. Trouvez des exemples de techniques stylistiques employées pour suggérer l'obsession et la futilité du comportement. (Choix des mots, répétitions, construction des phrases, utilisation du monologue et non du dialogue, etc.)

ACTIVITE

Faites le portrait humoristique ou satirique d'une personne obsédée par la recherche d'un objet qu'elle veut acheter.

INTERTEXTUALITE

Thèmes:	Les achats	Roy, *La Détresse et l'enchantement* (31)
	L'importance du vêtement et de l'apparence	Sallenave, *Conversations conjugales* (5) Colette, «La Petite Bouilloux» (25)
Traitement:	La satire sociale	Ferron, «Retour à Val-d'Or» (8) Prassinos, «La Gomme» (9)
	Le non-dit	Duras, *Nathalie Granger* (33) Sallenave, *Un Printemps froid* (18)

14

La Plage

ALAIN ROBBE-GRILLET

OBJECTIF

Vous allez lire une «nouvelle» dans laquelle l'extrême objectivité de la description est la raison même du texte. L'intention de l'auteur est d'obliger les lecteurs à **voir** les choses comme elles sont. Il n'y a pas d'autre message.

AVANT LA LECTURE

Notes contextuelles

Alain Robbe-Grillet et Nathalie Sarraute (13) ont été appelés des «nouveaux romanciers». Leur intention était d'utiliser un vocabulaire neutre pour éliminer la subjectivité entre la réalité décrite et les lecteurs.

«La Plage» est une nouvelle tirée d'un livre intitulé *Instantanés* (1962). Un instantané est une photographie qui saisit l'instant, sans manipulation esthétique.

Ouverture

Fermez les yeux et prenez le temps d'imaginer trois personnages qui marchent lentement sur une longue plage de sable. D'un côté il y a le mouvement de la mer, de l'autre côté **une falaise** (*cliff*). Il y a des oiseaux sur la plage. Imaginez le progrès lent des personnages et les traces que les pattes des oiseaux laissent sur le sable.

Stratégies de lecture

A. Lisez maintenant la nouvelle que nous présentons sans notes dans la marge pour vous permettre d'apprécier la simplicité du texte et de mettre en application les stratégies de lecture que vous avez apprises.

B. Vous allez remarquer que l'auteur lui-même a coupé son texte en parties indiquées par des blancs, et que nous avons numérotées de **I** à **VI**.

C. A la fin de chaque partie, arrêtez-vous pour remplir le tableau dans COMPREHEN-SION. Un modèle vous est proposé pour la première partie. Vous indiquerez pour les autres les éléments nouveaux qui se rapportent aux enfants, à la plage, au ciel, etc.

LECTURE

Alain Robbe-Grillet, *La Plage*

I.

Trois enfants marchent le long d'[1]une grève. Ils avancent, [2]côte à côte, se tenant par la main. Ils ont [3]sensiblement la même taille, et sans doute aussi le même âge: une douzaine d'années. Celui du milieu, cependant, est un peu plus petit que les deux autres.

5   [4]Hormis ces trois enfants, toute la longue plage est déserte. C'est une bande de sable assez large, uniforme, [5]dépourvue de roches isolées comme de trous d'eau, [6]à peine inclinée entre la falaise abrupte, qui paraît [7]sans issue, et la mer.

Il fait très beau. Le soleil éclaire le sable jaune d'une lumière vio-
10 lente, verticale. Il n'y a pas un nuage dans le ciel. Il n'y a pas, non plus, de vent. L'eau est bleue, calme, sans la moindre ondulation venant [8]du large, bien que la plage soit ouverte sur la mer libre, jusqu'à l'horizon.

Mais à intervalles réguliers, une vague soudaine, toujours la même, née à quelques mètres du bord, [9]s'enfle brusquement et [10]déferle aus-
15 sitôt, toujours sur la même ligne. On n'a pas alors l'impression que l'eau avance, puis se retire; c'est, au contraire, comme si tout ce mou-vement s'exécutait sur place. Le [11]gonflement de l'eau se produit d'abord comme une légère dépression, du côté de la grève, et la vague [12]prend un peu de recul, dans un [13]bruissement de [14]graviers roulés;
20 puis elle [15]éclate et [16]se répand, [17]laiteuse, sur la pente, mais pour regagner seulement le terrain perdu. C'est à peine si une montée plus forte, çà et là, vient [18]mouiller un instant quelques décimètres sup-plémentaires.

---

[1] = une plage. [2]l'un à côté de l'autre. [3]à peu près. [4]A l'exception de. [5]sans roches isolées et sans trous d'eau. [6]légèrement. [7] = sans sortie. [8]de la pleine mer. [9]devient plus grosse. [10]roule. [11]cf. gonfler (= enfler). [12]roule un peu vers l'arrière. [13]bruit léger. [14]petites pierres. [15]se casse en fragments. [16]coule largement. [17]cf. le lait. [18]rendre humide.

Et tout reste de nouveau immobile, la mer, plate et bleue, exacte-
25 ment arrêtée à la même hauteur sur le sable jaune de la plage, où
marchent côté à côte les trois enfants.

II.

Ils sont blonds, presque de la même couleur que le sable: la peau un
peu plus foncée, les cheveux un peu plus clairs. Ils sont habillés tous les
trois de la même façon, culotte courte et chemisette, l'une et l'autre en
30 [19]grosse toile d'un bleu [20]délavé. Ils marchent côte à côte, se tenant par
la main, en ligne droite, parallèlement à la mer et parallèlement à la
falaise, presque à égale distance des deux, un peu plus près de l'eau
pourtant. Le soleil, [21]au zénith, ne laisse pas d'ombre à leur pied.
Devant eux le sable est tout à fait [22]vierge, jaune et [23]lisse depuis le
35 rocher jusqu'à l'eau. Les enfants s'avancent en ligne droite, à une vitesse
régulière, sans faire le plus petit [24]crochet, calmes et se tenant par la
main. Derrière eux le sable, à peine humide, est marqué des trois lignes
d'[25]empreintes laissées par leurs pieds nus, trois successions régulières
d'empreintes semblables et pareillement espacées, bien creuses, [26]sans
40 bavures.
Les enfants regardent droit devant eux. Ils n'ont pas un coup d'œil
vers la haute falaise, sur leur gauche, ni vers la mer dont les petites
vagues éclatent périodiquement, sur l'autre côté. [27]A plus forte raison
ne se retournent-ils pas, pour contempler derrière eux la distance par-
45 courue. Ils poursuivent leur chemin, d'un pas égal et rapide.

III.

Devant eux, une troupe d'oiseaux de mer [28]arpente le rivage, juste
à la limite des vagues. Ils progressent parallèlement à la marche des
enfants, dans le même sens que ceux-ci, à une centaine de mètres environ. Mais, comme les oiseaux vont beaucoup moins vite, les enfants se
50 rapprochent d'eux. Et tandis que la mer efface au fur et à mesure les
traces des pattes étoilées, les pas des enfants demeurent inscrits avec
netteté dans le sable à peine humide, où les trois lignes d'empreintes
continuent de s'allonger.
La profondeur de ces empreintes est constante: à peu près deux
55 centimètres. Elles ne sont déformées ni par [29]l'effondrement des bords
ni par un trop grand [30]enfoncement du talon, ou de la pointe. Elles ont
l'air découpées [31]à l'emporte-pièce dans une couche superficielle, [32]plus
meuble, du terrain.
Leur triple ligne ainsi se développe, toujours plus loin, et semble en
60 même temps [33]s'amenuiser, se ralentir, [34]se fondre en un seul trait, qui
sépare la grève en deux bandes, sur toute sa longueur, et qui se termine

[19]*gros tissu (dont on fait les jeans).* [20]*qui a perdu sa couleur.* [21]*au plus haut dans le ciel.* [22]*= sans traces.* [23]*sans trous.* [24]*détour.* [25]*cogn.* [26]*très nettes* [27]*(ici) Par conséquent.* [28]*marche avec raideur sur.* [29]*la démolition.* [30]*cf. enfoncer (= entrer dans, pénétrer).* [31]*par une machine.* [32]*moins résistante.* [33]*cf. menu(e) = petit(e).* [34]*devenir une seule ligne.*

à un menu mouvement mécanique, là-bas, exécuté comme sur place: la descente et la remontée alternative de six pieds nus.

65 Cependant à mesure que les pieds nus s'éloignent, ils se rapprochent des oiseaux. Non seulement ils gagnent rapidement du terrain, mais la distance relative qui sépare les deux groupes diminue encore beaucoup plus vite, comparée au chemin déjà parcouru. Il n'y a bientôt plus que quelques pas entre eux . . .

70 Mais, lorsque les enfants paraissent enfin sur le point d'atteindre les oiseaux, ceux-ci tout à coup battent des ailes et s'envolent, l'un d'abord, puis deux, puis dix . . . Et toute la troupe, blanche et grise, décrit une courbe au-dessus de la mer pour venir se reposer sur le sable et se remettre à l'arpenter, toujours dans le même sens, juste à la limite des vagues, à une centaine de mètres environ.

75 A cette distance, les mouvements de l'eau sont quasi imperceptibles, si ce n'est par un changement soudain de couleur, toutes les dix secondes, au moment où [35]l'écume éclatante brille au soleil.

IV.

Sans s'occuper des traces qu'ils continuent de découper, avec précision, dans le sable vierge, ni des petites vagues sur leur droite, ni des
80 oiseaux, tantôt volant, tantôt marchant, qui les précèdent, les trois enfants blonds s'avancent côte à côte, d'un pas égal et rapide, se tenant par la main.

Leurs trois visages [36]hâlés, plus foncés que les cheveux, se ressemblent. L'expression en est la même: sérieuse, réfléchie, préoccupée peut-
85 être. Leurs traits aussi sont identiques, bien que, visiblement, deux de ces enfants soient des garçons et le troisième une fille. Les cheveux de la fille sont seulement un peu plus longs, un peu plus bouclés, et ses membres à peine un peu plus graciles. Mais le costume est tout à fait le même: culotte courte et chemisette, l'une et l'autre en grosse toile d'un
90 bleu délavé.

La fille se trouve à l'extrême droite, du côté de la mer. A sa gauche, marche celui des deux garçons qui est légèrement plus petit. L'autre garçon, le plus proche de la falaise, a la même taille que la fille.

Devant eux s'étend le sable jaune et uni, à perte de vue. Sur leur
95 gauche se dresse [37]la paroi de pierre brune, presque verticale, où aucune issue n'apparaît. Sur leur droite, immobile et bleue depuis l'horizon, la surface plate de l'eau est bordée d'un [38]ourlet [39]subit, qui éclate aussitôt pour se répandre en mousse blanche.

V.

Puis, dix secondes plus tard, [40]l'onde qui se gonfle creuse à nouveau
100 la même dépression, du côté de la plage, dans un bruissement de graviers roulés.

---

[35]*parties blanches sur les vagues.* [36]*bruns à cause du soleil.* [37]*le mur.* [38]*l'ourlet est la partie qui finit le bas d'une robe, d'un pantalon, etc.* [39]*soudain.* [40]*l'eau (poét.).*

La vaguelette déferle; l'écume laiteuse gravit à nouveau la pente, regagnant les quelques décimètres de terrain perdu. Pendant le silence qui suit, de très lointains coups de cloche résonnent dans l'air calme.

105 «Voilà la cloche», dit le plus petit des garçons, celui qui marche au milieu.

Mais le bruit des graviers que la mer aspire couvre le trop faible [41]tintement. Il faut attendre la fin du cycle pour percevoir à nouveau quelques sons, déformés par la distance.

110 «C'est la première cloche», dit le plus grand.

La vaguelette déferle, sur leur droite.

Quand le calme est revenu, ils n'entendent plus rien. Les trois enfants blonds marchent toujours à la même cadence régulière, se tenant tous les trois par la main. Devant eux, la troupe d'oiseaux qui

115 n'était plus qu'à quelques [42]enjambées, gagnée par une brusque [43]contagion, bat des ailes et prend son vol.

Ils décrivent la même courbe au-dessus de l'eau, pour venir se reposer sur le sable et se remettre à l'arpenter, toujours dans le même sens, juste à la limite des vagues, à une centaine de mètres environ.

VI.

120 «C'est peut-être pas la première, reprend le plus petit, si on n'a pas entendu l'autre, avant . . .

— On l'aurait entendue pareil», répond son voisin.

Mais ils n'ont pas, pour cela, modifié leur allure; et les mêmes empreintes, derrière eux, continuent de naître, au fur et à mesure, sous

125 leurs six pieds nus.

«Tout à l'heure, on n'était pas si près», dit la fille.

Au bout d'un moment, le plus grand des garçons, celui qui se trouve du côté de la falaise, dit:

«On est encore loin.»

130 Et ils marchent ensuite en silence tous les trois.

Ils se taisent ainsi jusqu'à ce que la cloche, toujours aussi peu distincte, résonne à nouveau dans l'air calme. Le plus grand des garçons dit alors: «Voilà la cloche.» Les autres ne répondent pas.

Les oiseaux, qu'ils étaient sur le point de rattraper, battent des ailes

135 et s'envolent, l'un d'abord, puis deux, puis dix . . .

Puis toute la troupe est de nouveau posée sur le sable, progressant le long du rivage, à cent mètres environ devant les enfants.

La mer efface à mesure les traces étoilées de leurs pattes. Les enfants, au contraire, qui marchent plus près de la falaise, côte à côte, se

140 tenant par la main, laissent derrière eux de profondes empreintes, dont la triple ligne s'allonge parallèlement aux bords, à travers la très longue grève.

Sur la droite, du côté de l'eau immobile et plate, déferle, toujours à la même place, la même petite vague.

[41]*bruit léger de la cloche.* [42]cf. *la jambe.* [43]cf. *contagieux / se.*

APRES LA LECTURE

COMPREHENSION

Complétez le tableau suivant en y ajoutant les éléments descriptifs appropriés.
Vous n'êtes pas obligé(e) de faire des phrases.

Parties	Enfants	Plage	Ciel	Mer	Oiseaux	Sons
I. ll. 1–26	trois se tiennent par la main marchent côte à côte taille âge	longue déserte sable uniforme jaune falaise	soleil violent pas de nuages pas de vent	plate bleue calme une vague régulière		le bruit du gravier
II. ll. 27–45						
III. ll. 46–77						
IV. ll. 78–98						
V. ll. 99–119						
VI. l. 120 jusqu'à la fin						

INTERPRÉTATION

1. Relisez le texte en notant les mots, les expressions et les phrases qui sont répétés plusieurs fois pour décrire:

   a. les trois enfants
   b. le sable
   c. la mer
   d. les empreintes
   e. le mouvement des oiseaux

Quel effet est créé par ces répétitions avec variations?

2. Comment est-ce que l'emploi répété du mot «même» renforce cet effet? Est-ce qu'il y a d'autres mots qui contribuent aussi à créer cet effet?
3. Quels sont les éléments en mouvement dans cette description? Quelle impression est créée par la description de ces mouvements (agitation, calme, lenteur, violence, sérénité, etc.)?
4. Est-ce qu'il y a des sons? Lesquels? A quels moments dans la description? Qu'est-ce qui domine, le silence ou les sons?
5. A votre avis, où se trouve le narrateur? Est-ce que son regard est immobile ou mouvant?
6. Est-ce que le narrateur exprime des réactions affectives ou des jugements devant cette scène? Justifiez votre réponse.
7. Quels rapports voyez-vous entre les différentes parties de cette nouvelle et le titre du livre *Instantanés*?
8. Diriez-vous que cette description est objective, subjective, réaliste, hyper-réaliste, fantastique, poétique, lyrique, etc.?
9. Traditionnellement, les lecteurs d'une nouvelle s'attendent à une histoire. Est-ce que la première partie de la description crée un suspense et vous prépare pour une histoire? Est-ce que la suite de la nouvelle satisfait votre attente ou non? Pourquoi? Savez-vous qui sont ces enfants? où ils vont? et pourquoi ils sont sur la plage? Ont-ils une psychologie? des sentiments? des pensées?
10. Maintenant que vous avez compris ce texte, fermez les yeux de nouveau et revoyez la scène en imagination, mais cette fois-ci selon Robbe-Grillet.

ACTIVITÉ

Pensez à une scène et écrivez un «instantané».

INTERTEXTUALITE

Traitement: La description   Bille, «Vendanges» (15)
                                                         Cayrol, *Histoire de la mer* (11)
                                                         Rimbaud, «Le Dormeur du val» (12)

                             Progression narrative: Michaux, «Plume au restaurant» (7)
                             répétition   Redonnet, «Ist et Irt» (4)
                             et variations

15

Vendanges

Corinna Bille

OBJECTIF

Vous allez lire une nouvelle dans laquelle la description tient une place importante. Elle permet de créer le suspense jusqu'à la fin.

AVANT LA LECTURE

Ouverture

1. la vigne
2. le cep
3. la grappe
4. la tige
5. le raisin
6. la brante
7. la cuve
8. le tonneau
9. le seau

A. Les vendanges. Regardez cette illustration. Décrivez ce que vous voyez en vous aidant du vocabulaire suivant:

la vendange (*grape-picking*), vendanger, un vendangeur (= un ouvrier), une vendangeuse (= une ouvrière)

la vigne (*vineyard*), un cep (*vine stock*), une grappe (*bunch of grapes*), la tige (*stem*), le raisin, un grain de raisin

sulfater les vignes (= mettre un produit chimique sur les vignes contre les maladies); cueillir le raisin; fouler le raisin (= écraser (*crush*) le raisin avec les pieds)

une brante (mot suisse = récipient en bois porté sur le dos, servant à transporter les raisins), la cuve (*vat*), le tonneau ou la tonne (*barrel*), le seau (*pail, bucket*)

les grappes flétries (= qui ne sont plus très fraîches), le raisin pourri (*rotten*)

B. La saison des vendanges. Les vendanges ont toujours lieu à la fin de l'été et parfois au début de l'automne.

Notes contextuelles

La Suisse et le Valais

Le Valais est un canton suisse (la Suisse est divisée en cantons) situé le long de la frontière française au nord du lac Léman. Sierre est la ville principale. On y parle le français, mais chaque vallée a son dialecte, son **patois.**

Référence biblique

(l. 27) «Des chars de *Jugement dernier.*» (char = *cart*)

L'image fait référence au jugement de l'homme par Dieu à la fin du monde, c'est-à-dire après l'apocalypse. Pendant le jugement dernier, **les élus** (*cf.* l'élection) seront séparés des **maudits** (*cf.* la malédiction).

Stratégie de langue

Le corps

Dans le texte, plusieurs termes relatifs au corps sont employés. Apprenez à les reconnaître:

Le menton (*chin*); le front (*forehead*); les joues (*cheeks*); le cou (*neck*);
la paume (*palm*); l'ongle (*nail*); le talon (*heel*); la taille (*waist*); le genou (*knee*)
(*cf.* s'agenouiller); la démarche (*gait*).

Stratégies de lecture

A. Le premier paragraphe

Lisez les deux premières phrases:

> Ils ne la remarquèrent pas °tout d'abord. Puis ce fut son silence qui °rendit sa présence plus réelle, comme une °autre °l'aurait accentuée par son rire ou sa voix.

= d'abord
inf. rendre / = autre personne / l' = sa présence

1. Est-ce qu'on sait qui sont ces «Ils»?
2. Quels mots indiquent que le personnage principal de cette histoire va être une femme?
3. Quel est l'effet créé par l'utilisation de ces pronoms («ils», «la») au lieu de substantifs, dans les premières lignes du texte?

Lisez le reste du paragraphe:

> . . . Pas très différente de ses compagnes: une belle fille, avec des yeux qui ne se donnent pas, un menton bien rond et une bouche qui, seule dans le visage, se permet de rêver.

L'auteur dit que la jeune fille n'est pas «très différente de ses compagnes». Pourtant, il y a des détails qui indiquent qu'elle ne fait pas vraiment partie du groupe, qu'il y a chez elle un élément de mystère. Quels sont ces détails?

B. En lisant le texte en entier, vous allez souligner: (1) les phrases ou expressions qui indiquent que la jeune fille n'est pas tout à fait comme les autres et qu'elle est isolée, (2) les phrases ou expressions qui suggèrent l'existence d'un mystère, (3) les phrases ou expressions qui suggèrent que le mystère est lié au regard. Cette stratégie vous permettra de mieux percevoir le suspense du récit.

C. Nous avons divisé le texte en quatre parties (I–IV). Ces parties ne correspondent pas toujours aux paragraphes de l'auteur. Si vous désirez vérifier votre compréhension pendant votre lecture, vous pouvez répondre aux questions qui correspondent à chaque partie (voir COMPREHENSION).

LECTURE

Corinna Bille, *Vendanges*

I.

Ils ne la remarquèrent pas tout d'abord. Puis ce fut son silence qui rendit sa présence plus réelle, comme une autre l'aurait accentuée par son rire ou sa voix. Pas très différente de ses compagnes: une belle fille, avec des yeux qui ne se donnent pas, un menton bien rond et une
5 bouche qui, seule dans le visage, se permet de rêver.

«Elle n'est pas d'ici», dirent-ils. Elle °secoua sa torpeur et °se mit à parler. Elle habitait un village du Bas-Valais, elle était venue à Sierre
II. pour les vendanges . . . On la laissa tranquille. Une bonne ouvrière. Elle cassait la grappe de l'ongle et la °recueillait avec délicatesse dans sa
10 paume. Toujours fragile une grappe. Quand c'était trop dur, elle °tranchait la tige à l'aide d'un petit couteau qu'elle [1]aiguisait chaque jour avant de partir. On ne voyait guère de raisins pourris, cette année-là; ils se révélaient intacts dans la main, glacés et couverts de °gouttelettes °à l'aube, chauds comme des lampes à midi. Si un grain roulait, elle le
15 ramassait vite et le mettait dans le seau avec un peu de terre. Il ne faut rien perdre.

Le seau rempli, elle allait le vider dans la brante. Un instant il y avait, entre elle et l'homme qui foulait, une °brume légère. A ce moment-là, elle le regardait. L'homme s'étonnait de ces yeux fixés sur lui. Elle
20 repartait. Les feuilles °heurtaient son [2]tablier, sa taille °virait, elle °rejoignait ses compagnes.

Autour d'elle, on parlait souvent patois, ce qui l'isolait davantage. Mais elle écoutait avec la même attention grave qu'elle mettait à vendanger, et quand elle s'agenouillait devant un cep dont les grappes
25 traînaient sur le sol, c'était avec une ferveur étrange.

Sur la route, les chars passaient avec un bruit immense, un bruit qu'ils ne faisaient pas le reste de l'année. Des chars de *Jugement dernier*. Ils étaient °alourdis par les cuves et les tonneaux. Elle regardait celui qui les °menait, puis détournait la tête.

30 Le matin, les vignes de la plaine demeuraient des heures dans l'ombre et le froid, tandis que celles de la montagne étaient toutes baignées d'une °clarté qui avançait en descendant vers les vendangeurs. Ils la recevaient enfin sur eux. Elle les rassurait comme s'ils avaient appris soudain qu'ils faisaient partie des élus et non des maudits.

35 Le soir, quand on rentrait, la jeune fille marchait à côté des autres, les joues poudrées de sulfate, avec dans le corps ce mouvement dansant qu'elle avait eu tout le jour en °circulant à travers les ceps. Quelquefois,

---

[1]*sharpened.* [2]*apron.*

Marginal glosses:

- (l. 6) sortit de sa passivité / commença
- (l. 9) prenait
- (l. 11) coupait
- (l. 13) *cf.* la goutte (d'eau) / au lever du jour
- (l. 18) vapeur
- (l. 20) touchaient / tournait
- (l. 21) *cf.* rejoindre
- (l. 28) *cf.* lourd(e)
- (l. 29) conduisait
- (l. 32) *cf.* clair(e)
- (l. 37) marchant

ils revenaient par la ville. Ils éprouvaient de la fierté. La grande rue
s'emplissait °de ténèbres et de feux, mais le ciel à l'ouest était encore — d'ombre
40 clair comme une grappe.

Elle °logeait à Muraz, chez une sœur de sa mère qui regrettait de — habitait
l'avoir °accueillie sous son toit. «Elle °gagne aux vignes, sûr, mais c'est — reçue chez elle / = gagne de l'argent
quand même du °dérangement», disait la vieille femme à ses voisines. — = travail supplémentaire pour moi
Heureusement, ce ne serait que pour trois semaines.

45 °La veillée, la jeune fille la passait debout, °sur le seuil, à contempler — = Le soir / devant la porte
ce qui °bougeait dans la rue, avec cette dignité, cette assurance que — passait
donne une longue journée de travail. Elle °dévisageait les passants. — regardait avec insistance le visage des
«C'est une [3]effrontée», pensait sa tante. Celle-ci avait peur de tout, ces
soirs-là. «Les gens ne sont pas comme d'habitude . . .» Ils vivaient une
50 autre vie, nocturne, pleine de mystère et de passion. On le devinait °rien — seulement à
qu'à voir °défiler les hommes au front brillant, à la démarche de som- — passer
nambule. Et le °vacarme qu'ils se permettaient de °mener, comme en — grand bruit / faire
plein jour! Ils tapaient sur les [4]douves, ils lavaient les tonnes à grande
eau. Et cette fille, sa nièce, qui restait là en extase, les yeux agrandis °à — = parce qu'elle les tenait
55 force de les tenir ouverts. C'est vrai qu'ils étaient beaux ces yeux et qu'ils
ne °cillaient pas, malgré la fatigue. Et quand la lune s'élevait au-dessus — se fermaient
du Corbetschgrat, car la lune est toujours là pour les vendanges, mais
grande comme on ne se souvenait pas de l'avoir vue, la vieille femme
°éblouie se cachait. — émerveillée (frappée comme par une intense lumière)

III.   La jeune fille finissait, elle aussi, par rentrer. Une fois, sa tante la
surprit en °pleurs dans la cuisine. — *cf.* pleurer

— Qu'as-tu?

— Rien.

— Quand on pleure, c'est qu'on a quelque chose.

65 — Je me décourage, voilà.

Le lendemain, elle repartit aux vignes avec le même °élan que les — enthousiasme
autres jours, cette °allégresse qui la faisait paraître plus grande que ses — joie
compagnes. Elle respirait °à longs traits l'air froid de ce pays d'automne, — profondément
heureuse d'être là, d'avoir devant elle un jour entier qui lui apporterait
70 peut-être ce qu'elle désirait. Sur la route, près du °verger, quelques — jardin d'arbres fruitiers
[5]noix étaient tombées. Elle les écrasait d'un coup de talon, puis les
°croquait en prenant bien soin d'en enlever la peau. «Les noix sur les — mangeait
chemins sont à ceux qui les ramassent», disaient les vendangeuses.

Mais la jeune fille voyait autour d'elle toutes les vignes de Sierre et
75 une angoisse °l'étreignait: celles de la Noble Contrée qui °s'étagent et se — la saisissait / se superposent
multiplient en °éventails, celles des Bernunes qui font face à la forêt de — arcs de cercle
Finges, celles des Planzettes et de Géronde, celles de Pradegg, celles de
Saint-Gignier. Jamais elle n'avait imaginé qu'il y en eût en si grand
nombre. Et tant de °collines, et sur chaque colline des vignes! Elle — petites montagnes
80 n'était pas habituée à cela, elle vivait près de Fully, avec la montagne si
proche et une plaine sans surprise qu'on découvrait °d'un seul coup. — tout de suite

[3]*brazen wench.* [4]*staves (of a barrel).* [5]*walnuts.*

Elle les °parcourut presque toutes; elle vendangea pour des mar-
chands, pour des inconnus. Maintenant, le matin, les prés et les vignes
étaient couverts de [6]gelée blanche. Elle avait mis un gros °tricot sous
85 son tablier gris et, sur la tête, un [7]fichu de serge bleu qu'elle °nouait dans
le cou. Le feuillage °s'émiettait dans sa main et les grappes flétries
perdaient leur transparence.

°= visita

lainage (*cf.* la laine)

attachait

se cassait en petits morceaux

Une nuit, il neigea. Elle vit un pays extraordinaire, blanc et or, car
les feuilles des arbres n'étaient pas toutes tombées. Ce jour-là, elle crut
90 qu'il se passerait quelque chose . . .

IV.   Mais le soir, elle revint °déçue. Il n'y avait plus de neige sur les
chemins, seulement de la [8]boue. Elle murmura: «Je ne le trouverai
jamais.»

désappointée

Elle °songea à retourner chez elle. Mais elle resta encore. Les ven-
95 danges °tiraient à leur fin. Elle offrit son aide à une voisine qui possédait
une vigne dans la hauteur. Elle monta un sentier très °raide, plein de
°cailloux, et traversa deux villages, puis elle arriva sur la grande route.
Là, près d'un mur, un char attendait. Et l'homme qui tenait °le mulet
par la °bride, ce ne fut pas elle qui le regarda, ce fut lui qui arrêta ses
100 yeux sur la jeune fille.

pensa

touchaient

incliné

pierres

la mule

cogn.

Elle °sursauta: elle ne l'avait pas vu. Elle ne l'attendait plus.
°Confuse, elle s'étonna de le trouver si semblable à ce qu'il était lors de
leur première rencontre.

cf. sauter (de surprise)

Toute surprise

— Bonjour, dit-elle.

105   Comme la première fois, ils n'eurent pas besoin de s'expliquer: ils
furent tout de suite °en confiance. Ils s'étaient rencontrés sur la route,
dans le Bas-Valais, il y avait de cela une année. Après avoir parlé un
moment ensemble, ils s'étaient dit adieu. Plus tard, elle s'aperçut qu'il ne
savait pas son nom et qu'elle °ignorait le sien. Il lui avait seulement dit
110 qu'il était du centre et qu'il travaillait aux vignes. En hiver, il
[9]braconnait. «Je vous enverrai une fois [10]une peau de renard ou de
martre . . .» Elle avait ri. Maintenant, elle n'avait plus envie de rire.

à l'aise

ne savait pas

— Je savais bien que je vous reverrais, dit-il.

«Ce n'était pas si facile», pensa-t-elle, et °elle lui en voulut d'être si
115 simple.

elle eut du ressentiment envers
lui

[6]*hoarfrost.* [7]*blue cotton scarf.* [8]*mud.* [9]*poached.* [10]*skin of a fox or a marten (sort of
weasel).*

APRES LA LECTURE

COMPRÉHENSION

I. *Introduction* (ll. 1–8, jusqu'à «On la laissa tranquille»)

   1. A quel temps sont la plupart des verbes de cette partie?
   2. Qu'est-ce que nous apprenons dans cette partie: (a) sur le personnage principal, (b) sur la raison de sa présence «ici», (c) sur le lieu où l'histoire se passe?

II. *Les vendanges* (ll. 8–60, à partir d'«Une bonne ouvrière»)

   1. Est-ce que le temps des verbes est le même que dans l'introduction? Pourquoi?
   2. Cherchez les détails qui confirment que la jeune fille était une «bonne ouvrière».
   3. Qu'est-ce qui est surprenant dans son comportement?
   4. Quels sont ses rapports avec les autres vendangeurs et vendangeuses?
   5. Pourquoi est-ce qu'elle habite chez sa tante?
   6. Quelle est l'attitude de sa tante envers elle?
   7. Qu'est-ce qu'elle fait le soir après les vendanges?

III. *Autres vendanges* (ll. 60–90, à partir d'«Une fois . . .»)

   1. Quelle est l'expression qui signale un changement de temps?
   2. Quelle est l'importance de la petite conversation entre la tante et la nièce pour notre compréhension de l'histoire?
   3. Comment est-ce que la deuxième description de la jeune fille (ll. 66–87) est différente de la première? Sur quoi est-ce que cette description insiste?
   4. A votre avis, qu'est-ce que la jeune fille attend (l. 89–90)?

IV. *Conclusion* (l. 91 jusqu'à la fin)

   1. Qu'est-ce que la phrase «Je ne le trouverai jamais» (ll. 92–93) nous apprend de nouveau dans l'histoire? Est-ce que cela confirme ce que vous pensiez?
   2. Finalement, le mystère est résolu. Qui est-ce que la jeune fille cherchait?
   3. Où avait-elle déjà rencontré cette personne?
   4. Qu'est-ce qu'il y a d'inattendu ou d'ironique dans cette seconde rencontre?
   5. A votre avis, pourquoi est-ce que la jeune fille reproche à l'homme d'être «si simple»?

INTERPRÉTATION

A. Le décor

«. . . La grande rue s'emplissait de **ténèbres** et de **feux,** mais le ciel à l'ouest était encore **clair** comme une grappe.»   (ll. 38–40)

D'une certaine façon, ces images caractérisent poétiquement l'esprit de la nouvelle.

1. Trouvez dans le texte les détails qui créent une impression de clarté (pureté, lumière).
2. Trouvez les détails qui ont un rapport symbolique avec le feu (la passion amoureuse, la violence potentielle, etc.).
3. Trouvez enfin les détails qui révèlent la présence de ténèbres peut-être inquiétantes sous la clarté (la magie, l'apocalypse, la vie nocturne, etc.).

B. La jeune fille

1. Dans le premier paragraphe l'auteur dit que la jeune fille n'est pas très différente de ses compagnes. Quels sont les détails du texte qui suggèrent qu'elle est différente en réalité? Quels sont les détails qui suggèrent qu'elle est isolée?
2. Quelle conception de l'amour a-t-elle? Qu'est-ce que les dernières lignes du texte suggèrent sur la différence fondamentale entre la jeune fille et l'homme?
3. Qu'est-ce que vous pensez de l'obstination de la jeune fille?
4. La jeune fille pense: «Ce n'était pas si facile». Comment comprenez-vous cette phrase?
5. A votre avis, est-ce que l'auteur nous propose une fin heureuse? Imaginez ce qui pourrait se passer plus tard.

STYLE ET LANGUE

Dialogues

1. Il y a peu de dialogues dans cette nouvelle, mais ils sont employés pour souligner les moments forts du récit.
2. Soulignez les parties du texte qui sont entre guillemets. Qu'est-ce que les guillemets indiquent ici? A deux moments du texte, il y a un dialogue qui n'est pas indiqué par des guillemets. Comment est-ce que l'auteur indique ces dialogues? Qui parle?
3. Le dernier dialogue contient seulement deux répliques. Quelle est son importance dans le récit? Voyez-vous un rapport avec la phrase proposée par la jeune fille aux lignes 92–93?

ACTIVITE

Vous êtes allé(e) à une soirée où vous avez rencontré quelqu'un que vous aimeriez revoir. Vous n'avez pas son adresse, mais vous vous souvenez de certains détails particuliers concernant cette personne. Imaginez comment vous allez essayer de retrouver sa trace.

INTERTEXTUALITE

Thèmes:	L'attente de l'amour	Colette, «La Petite Bouilloux» (25)
	L'amour fou	Jouhandeau, «Le Fou» (20)
	Le regard	Eluard, *Les Yeux fertiles* (21)
	L'Autre différent	Baudelaire, «L'Etranger» (29)
Traitement:	Description de la nature	Rimbaud, «Le Dormeur du val» (12) Robbe-Grillet, «La Plage» (14) Rousseau, *Confessions* (22)

16

L'Enfant et la rivière

HENRI BOSCO

OBJECTIF

Ce récit va vous aider à comprendre la fonction d'une description minutieuse dans un contexte de fable.

AVANT LA LECTURE

Ouverture

La société contemporaine est une société qui ne semble pas accorder beaucoup d'importance à la «sagesse»; à votre avis, pourquoi? En fait, qu'est-ce qu'on veut dire quand on parle de la sagesse des hommes? Quelles qualités est-ce que la sagesse évoque pour vous? Est-ce que la notion de sagesse est nécessairement liée à une croyance religieuse?

Notes contextuelles

Les notables du village

Autrefois, dans les villages français, les notables (personnages importants) étaient **le maire** (*mayor*), **le curé** (= le prêtre), **le notaire** (homme de loi s'occupant de testaments, contrats, etc), **le médecin** et **le garde champêtre** (sorte de policier de village, cf.«Plein Soleil», *texte* 28, ***Notes contextuelles***). Dans ce récit, **un ancien Navigateur** et **le buraliste,** la personne qui s'occupe d'un bureau de tabac (*State Tobacco Shop*) font aussi partie des notables. Le maître d'école, qui était un personnage important dans la vie du village, n'apparaît pas ici.

112

Les Bohémiens

Les Bohémiens (*Gypsies*) sont les membres de tribus nomades qu'on croyait originaires de la Bohême, en Europe centrale, ce qui explique leur nom. Leur **fierté** (*pride*) était proverbiale mais, dans les villages, on les jugeait dangereux et on les accusait de toutes sortes de crimes. Ils avaient en particulier la réputation d'enlever (*kidnap*) les jeunes enfants.

Dans le texte, il est question d'un jeune Bohémien conforme à ce stéréotype négatif: il **ment** (mentir = *to lie*), **jure** (jurer = *to swear*), **triche** (tricher = *to cheat*), **vole** (voler = *to steal*), l. 118. L'auteur dit (l. 119) que «pour un rien, il met la main à son couteau» (il est toujours prêt à utiliser son arme).

Stratégie de langue

Le texte que vous allez lire contient des **descriptions** très précises, des portraits physiques et moraux. Ces portraits sont le plus souvent humoristiques. Les exercices qui suivent vous permettront de mieux les comprendre.

A. Traits physiques:

Il est question dans le récit d'un personnage dont le nez est **charnu** (l. 38). L'adjectif est dérivé du substantif **la chair**. Un nez charnu est donc un nez plutôt gros.

Retrouvez les substantifs ou les adjectifs correspondants:

Adjectif	Substantif	
chevelu	_____	(l. 19)
ventru	_____	(l. 26)
barbu	_____	(l. 37)
_____	moustache	(l. 41)

B. Traits moraux:

Voici une liste de qualités et de défauts moraux. Quels sont les adjectifs correspondants?

la patience (l. 22)	patient/patiente
la bienveillance (l. 27)	_____
la résignation (l. 27)	_____
le calme (l. 51)	_____
la simplicité (l. 51)	_____

l'indulgence (l. 66)   _____

la sagesse (l. 77)   _____

le mépris (l. 84)   _____

l'orgueil (l. 128)   _____

C. Traits humoristiques:

Les personnages du récit sont représentés dans des attitudes qui révèlent leur statut social ou leur caractère. Prenons comme exemple les notables:

Notables	Détails caractéristiques
Le maire . . .	«trônait» au milieu d'un banc (l. 18) le trône = le siège du roi; trôner
Le vieux curé . . .	«croisait les mains» (l. 25) la croix = *the cross*; croiser
Le notaire . . .	«se grattait le bout du nez» (l. 29) gratter = *to scratch*
Le médecin . . .	était «coiffé d'un canotier de paille» (l. 30) un canotier = un chapeau de paille (*straw*) et . . . «essuyait son binocle d'or avec un mouchoir à carreaux» (l. 31) essuyer = *to wipe*; un mouchoir = *a handkerchief*
Le garde champêtre . . .	«portait [une] barbiche (*little beard*) militaire et un galon d'argent (*silver stripe*) entourait son képi (*cap*)» (ll. 34–35)
L'ancient Navigateur . . .	avait un «visage boucané» et les «yeux verts» (l. 39) boucané = à la peau sèche et brûlée par le soleil
Le buraliste . . .	était «boulot, moustachu et rageur» (l. 41) boulot = un peu gras; rageur = irascible

Sans avoir lu le texte, est-ce qu'on peut deviner pourquoi ces détails sont humoristiques? Reconnaissez-vous certains stéréotypes?

Stratégies de lecture

A. Lisez d'abord le début du récit:

J'entrai dans le village par le haut. Les °ruelles étaient désertes, les   petites rues
maisons paraissaient inhabitées. Et cependant, elles sentaient encore le
pain chaud et la soupe °d'épeautre. Evidemment, les gens venaient   de blé dur
°à peine d'en partir. Et maintenant ni bruit, ni lampe . . .   juste
5   Les chiens eux-mêmes, si °hargneux °sur les lisières des villages,   agressifs / = autour des
°s'en étaient allés avec leurs maîtres. Les poules dormaient. °Pas un chat.   étaient partis / *fam.* Personne
Ils avaient émigré ailleurs.   n'était là.

Je suivis la ruelle °en pente et, allant ainsi au hasard, de maison en   inclinée
maison, toujours dans le silence, soudain °je débouchai sur une petite   j'arrivai
10 ¹place.

Alors tout le mystère m'°apparut.   *inf.* apparaître

¹*village square.*

1. Où se trouve le narrateur? Qu'est-ce qu'on peut deviner de la vie des habitants de ce village? Quels détails nous renseignent?
2. Peut-on deviner ici s'il s'agit d'un récit qui se passe à notre époque ou dans le passé? Pourquoi?
3. Quelle impression générale est créée dans cette partie du récit?
4. Pourquoi est-ce que l'atmosphère est particulièrement inhabituelle?
5. Pourquoi est-ce que le narrateur parle de «mystère» (l. 11)?
6. Pouvez-vous imaginer ce qui va se passer dans la suite du récit?

B. Nous avons divisé la suite du récit en cinq parties (I–V) pour vous permettre de mieux comprendre ce qui se passe:

  I. Les villageois (ll. 12–52)
 II. La place du village (ll. 53–72)
III. La représentation: premier «acte» (ll. 73–113)
IV. La représentation: second «acte» (ll. 114–163)
 V. Commentaire (l. 164 à la fin)

Après avoir lu chaque partie, vérifiez votre compréhension en répondant aux questions qui y correspondent dans COMPREHENSION.

LECTURE

Henri Bosco, *L'Enfant et la rivière*

[Le narrateur de ce récit est un jeune garçon nommé Pascalet. A la suite d'une série de circonstances, il se trouve entraîné dans des aventures qui le conduisent loin de chez lui, en compagnie d'un jeune Bohémien. Un soir, Pascalet entre dans un village qui semble abandonné. Voici ce qu'il raconte:]

J'entrai dans le village par le haut. Les ruelles étaient désertes, les maisons paraissaient inhabitées. Et cependant, elles sentaient encore le pain chaud et la soupe d'épeautre. Evidemment, les gens venaient à peine d'en partir. Et maintenant ni bruit, ni lampe . . .

5   Les chiens eux-mêmes, si hargneux sur les lisières des villages, s'en
étaient allés avec leurs maîtres. Les poules dormaient. Pas un chat. Ils
avaient émigré ailleurs.

Je suivis la ruelle en pente et, allant ainsi au hasard, de maison en
maison, toujours dans le silence, soudain je débouchai sur une petite
10 place.

Alors tout le mystère m'apparut.

I.

Le village était là, le village tout entier, hommes et bêtes. Et il
semblait attendre.

Il semblait attendre avec confiance. C'était un village patient et °de   = honnête
15 bonne foi. °Cela sautait aux yeux, rien qu'à voir la tête des gens. Elles   C'était évident
étaient °sensées et pacifiques et il y en avait plusieurs rangs.   *cf.* le bon sens

Le premier se tenait assis, gravement sur un banc de bois. Au milieu
trônait le maire.

Le maire avait la face °glabre et les cheveux °raides et blancs. Il était   bien rasée / *contr.* bouclés
20 °endimanché. Un énorme [1]faux col amidonné sortait de sa jaquette   élégant (comme le dimanche)
°puce, et probablement °le gênait beaucoup, car il n'osait tourner la tête.   rouge très sombre / était très
°Aussi regardait-il droit devant lui avec une extrême patience, ce qui,   inconfortable
°en tant que maire, lui donnait une grande dignité.   C'est pourquoi
                                                                             comme
Devant son immobilité, les autres, par respect, restaient immobiles.

25 A sa droite, d'abord, le vieux curé. Par habitude, il croisait les mains sur
son ventre, et sa grosse figure avait pris pour la circonstance un air de
bienveillance et de résignation.

A côté de lui, le notaire, petit vieux, °maigre comme un [2]clou, à la   *contr.* gros
bouche °railleuse, se grattait le bout du nez. Il °l'avait pointu.   moqueuse (*cf.* se moquer de) /
                                                                                = le nez
30 Le médecin ventru, en veste d'alpaga, coiffé d'un canotier de paille,
essuyait son binocle d'or avec un mouchoir à carreaux, pour mieux y
voir. C'était, lui aussi, un homme °d'âge, le visage barbu et °couperosé.   âgé / rouge

Immédiatement à la gauche du maire, le garde champêtre
°sommeillait. Il semblait plus vieux que le monde, mais il portait bar-   *cf.* le sommeil
35 biche militaire, et un galon d'argent entourait son képi.

Près de lui, un vieillard °à la large carrure orgueilleusement °se   aux larges épaules / se tenait
carrait. Sur sa poitrine il étalait en un vaste °éventail sa barbe blanche.   raide
De temps à autre, il levait un grand nez charnu, pour °humer l'air; et,   arc de cercle
dans son vieux visage boucané, ses yeux verts restaient immobiles.   respirer

40 C'était l'ancien Navigateur, la gloire du village.

Sous son épaule, se cachait, boulot, moustachu et rageur, le petit
buraliste. °Sexagénaire et °retraité, il était le seul de la file qui °n'eût pas Agé de plus de 60 ans / ne
toujours de bons sentiments.   travaillant plus / n'avait

Tel était le banc des notables.

45 Derrière se °groupaient les villageois.   *cf.* le groupe

D'abord les femmes, sur trois rangs: à droite, toutes les grand-

---

[1]*detachable starched collar.* [2]*nail.*

mères, et, au centre, toutes les femmes mariées. Les jeunes filles °se serraient à gauche et ne cessaient pas de rire ou de °chuchoter.

étaient les unes contre les autres
parler à voix basse

   Derrière les femmes, les hommes. Debout sur quatre rangs. Il y en
50 avait de longs et de larges, de moustachus et de rasés. Mais la même expression de calme et de puissante simplicité °modelait leurs visages. Tous regardaient dans la même direction.

cogn.

II.

   Ils regardaient un [3]orme colossal dont °le feuillage, tel un dôme, °s'étalait sur toute la place.

les feuilles
recouvrait

55   Aux branches les plus basses on avait suspendu une multitude de petits °lampions et de grandes lanternes °vénitiennes multicolores.

cf. la lampe / = en papier

   Sous °l'ormeau se dressait un modeste théâtre de [4]toile. Et, de chaque côté de ce théâtre, en avant des notables, bien en vue, on avait °aligné les enfants, sur les bancs de l'école. Les garçons à droite, les filles
60 à gauche. Et là, ils attendaient, aussi sagement que les grandes personnes.

l'orme

cogn.

   °Pour lors le rideau du petit théâtre était baissé. Mais on pouvait y admirer une peinture. Elle représentait un [5]âne. Cet âne était assis dans un fauteuil. Il avait des lunettes et il tenait un livre. Devant lui, à
65 genoux, un petit garçon écoutait. L'âne lui faisait la °leçon. Par-dessus l'âne et l'enfant, souriait, avec indulgence et °malice, un masque °couronné de [6]lierre, qui tenait les yeux baissés.

Pour le moment

morale
(ici) humour
cf. la couronne (*cogn.*)

   Derrière le théâtre, il y avait l'église: un porche profond et plein d'ombre.
70   Et, par-dessus l'église, l'ombre, le théâtre, les villageois, les lanternes et l'orme immense, flottait le grand ciel de la lune d'avril, tout électrisé.

III.

   Je ne sais ce qui se passa d'abord, réellement. Car j'étais trop °ravi pour comprendre, et peut-être un spectacle aussi merveilleux n'avait-il
75 été composé que pour charmer les yeux et les oreilles . . .

fasciné

   On entendit d'abord, derrière le théâtre, une voix qui [7]chevrotait, mais elle était prenante et, °nourrie de sagesse. Tout de suite j'en fus touché au fond du cœur. Cette voix annonçait ce qui se préparait derrière le rideau; elle disait le nom des personnages et nous demandait de
80 les croire, car ils allaient, pour nous, rire, pleurer, haïr, aimer, c'est-à-dire vivre et mourir comme des hommes . . .

pleine de

   Après cette courte harangue, le rideau se leva sur un jardin et son jardinier. Dans ce jardin poussaient des fruits énormes; et le jardinier en était très fier, si fier qu'il regardait avec °mépris tous les autres jardiniers.
85 Il avait une jeune femme et un fils beau comme le jour. On les voyait tous deux qui couraient sous les arbres pour attraper de grands

contr. estime

---

[3]*elm.* [4]*canvas.* [5]*donkey.* [6]*ivy.* [7]*quivered.*

[8]papillons bleus. Le jardinier était fier de sa femme et de son fils presque autant que de ses melons et de ses prunes. C'est pourquoi il leur °défendait de fréquenter les petits jardiniers du voisinage; et ils obéis- · · · · · · · · *interdisait*

90 saient.

°Or, voilà qu'un beau jour passe un [9]mendiant, très fatigué, un · · · · · · *Mais*
vieux mendiant °accablé par la faim et la soif. Une pêche °pendait sur le · · · · · *souffrant de / inf. pendre*
chemin, par-dessus la [10]haie °de l'enclos. Le mendiant la cueille et · · · · · *= du jardin*
°s'apprête à la manger. Soudain, l'orgueilleux jardinier apparaît, rouge · · · · · *est sur le point de*
de colère et, se jetant sur le mendiant, ce pauvre! il lui fait °lâcher le fruit · · · · · *= laisser*

95 d'un coup de bâton. Le fruit tombe sur le chemin et le mendiant s'en va, résigné, sans se plaindre.

Or, °sachez que c'était saint Théotime qui voyageait, en ce temps- · · · · · · *inf. savoir*
là, pour ses affaires, c'est-à-dire pour celles du Bon Dieu.

100 Et, le décor °ayant changé, le Bon Dieu lui-même arrivait sur un · · · · · · *inf. avoir*
nuage. Il manifestait aussitôt la plus vive irritation, et il parlait du
jardinier en termes tels que toute l'assistance en °frémissait de peur, · · · · · · *tremblait*
particulièrement les filles. Après quoi, il s'en allait à son tour, °grondant · · · · · · *= faisant avec colère des*
de menaces, et un [11]roulement de tambour, derrière le théâtre, imitait · · · · · · *menaces*

105 le [12]tonnerre. Le Bon Dieu, irrité, allait °venger son Saint. · · · · · · *cf. la vengeance*

On revenait alors au jardin de la terre. L'enfant jouait. On le voyait
courir °sans méfiance; et cependant, juste sous le °pêcher de Théotime, · · · · · · *= avec confiance / cf. la pêche*
une vieille sorcière °le guettait avec des yeux de °braise. Elle avait ra- · · · · · · *l'observait / = feu*
massé le fruit sur son chemin.

110 Ah! quel beau fruit! Je le vois en core. °L'ayant [13]léché, la sorcière · · · · · · *Après l'avoir*
le pose, rose et tendre, au pied de l'arbre.

L'enfant passe, le voit, le mange et °tombe évanoui. La sorcière · · · · · · *perd connaissance*
tombe sur lui et l'emporte dans les airs.

IV.

Des années passent. On voit un camp de Bohémiens. C'est là °que · · · · · · *qu'habite*
115 vit l'enfant. Il a beaucoup °grandi, mais il a perdu toute sa mémoire. Car · · · · · · *inf. grandir*
la sorcière avait empoisonné le fruit. En y °mordant il y avait laissé tous · · · · · · *inf. mordre*
ses souvenirs. Aussi n'a-t-il plus un bon sentiment. C'est maintenant °le · · · · · · *le plus mauvais garçon*
pire garnement de la tribu: il ment, il jure, il triche, il vole, comme l'on
respire, et pour un rien, il met la main à son couteau. Tout le monde °le · · · · · · *a peur de lui (inf. craindre)*

120 craint.

Et ses parents?

Il les a oubliés depuis longtemps puisqu'il a perdu la mémoire. Mais
eux se souviennent toujours. Et ils sont très malheureux. °Les fruits ont · · · · · · *Bien que les fruits poussent*
beau pousser, aussi gros que °jadis, à profusion, sur tous les arbres, le · · · · · · *dans le passé*

125 jardinier ne pense même plus à les cueillir. Il a vieilli. Songez qu'il pleure
du soir au matin, °en cachette de sa femme. · · · · · · *sans le montrer à*

Son chagrin lui a fait des cheveux blancs; et il n'a plus, dans sa
poitrine, une °once d'orgueil. · · · · · · *cogn.*

[8]*butterflies.* [9]*beggar.* [10]*hedge.* [11]*roll of the drum.* [12]*thunder.* [13]*licked.*

Lui et sa femme espèrent toujours.

130 «Le petit reviendra», se disent-ils. Et ils l'attendent.

°Aussi la porte est-elle ouverte, nuit et jour, pour qu'il puisse rentrer dans la maison sans les appeler.   *C'est pourquoi (cf. l. 22)*

Mais °voilà-t-il pas qu'une nuit les Bohémiens arrivent. Ils se   *= voilà qu'*
cachent dans les bois.

135 Or, le soir même, un vieux mendiant est venu demander °l'aumône.   *la charité*
Il avait faim, il avait soif. Le jardinier s'est souvenu. Il lui a donné un
[14]panier de pêches. Le mendiant n'a pris qu'une pêche et a °mordu   *inf. mordre*
dedans sans la manger. Puis il a dit au jardinier: «Garde-la bien
°soigneusement °au chevet de ton lit, et prends patience. Un jour   *avec soin / à la tête*
140 quelqu'un la mangera.» Après quoi il °disparut. C'était saint Théotime.   *inf. disparaître*
Les Bohémiens, cachés dans le bois °ténébreux, ont vu le jardin   *sombre*
admirable. Et tous °en chœur ils se sont dit: «Le jardinier est riche. On   *ensemble*
va le voler.» Le °sort a désigné l'enfant °habile au vol.   *hasard / excellent*
La lune s'en va, la nuit tombe, la [15]chouette ulule, et l'enfant °se   *entre sans bruit*
145 faufile dans l'enclos. Il °atteint la maison, trouve la porte et, °à tâtons, il   *inf. atteindre (arriver à) / = avec les mains*
cherche la [16]serrure. Mais ses mains ne rencontrent que le vide . . . Cette
étrange maison, sans °souci des voleurs, repose, en pleine nuit, la porte   *inquiétude*
grande ouverte.
Le mauvais garnement hésite, tremble . . .

150 Il avance cependant, par °amour-propre; mais il a chaud, sa gorge   *fierté*
brûle, il meurt de soif. Soudain, il découvre une chambre. Un vieil
homme y dort sur le dos. Une °veilleuse °éclaire sa figure. Et près de lui,   *petite lampe / cf. clair(e)*
à son chevet, sur une assiette °peinte, il y a une pêche, juteuse °à point,   *inf. peindre / à la perfection*
où deux dents, semble-t-il, ont °à peine mordu.   *pratiquement pas*

155 L'enfant voleur °tend sa main vers le fruit et le porte à sa bouche.   *avance*
Quel goût! Quelle °douceur! Mais ce n'est pas un fruit! Cela vous   *cf. doux, douce*
°emplit tout le corps, [17]cela vous tire toute l'âme! Où suis-je? . . . Il   *= remplit (cf. plein)*
crie! . . .
Le bon vieux s'éveille. Sa femme °accourt . . .   *vient en courant*

160 Ah! c'est leur fils. Il est là, il les voit, il les reconnaît, il °sanglote.   *pleure*
Le Bon Dieu apparaît dans son nuage et [18]hoche la tête °de satis-   *avec*
faction.
Le rideau tombe.

V.

En ce temps-là, dans nos villages, les gens avaient encore l'esprit
165 simple et, quand ils prenaient du plaisir, ils le prenaient bien. Cette
simplicité d'esprit leur permettait de comprendre tout de suite le sens
profond des °contes; et, s'ils étaient ravis de leur naïveté, c'est qu'elle   *récits*
°s'accordait à leur propre sagesse. °Réduite à quelques pensées claires,   *était en accord avec / inf. réduire*
cette sagesse peut nous sembler °courte; et cependant elle est le °trésor   *limitée / cogn.*
170 épuré d'une antique expérience.

[14]*basketful.* [15]*owl.* [16]*lock.* [17]*it revives your soul.* [18]*nods.*

Ce vrai savoir, s'il °vit réellement, n'est pas °morose. Il appelle souvent et inspire °la fantaisie des hommes. Alors il devient, comme dans ce conte, un °divertissement, et ce qu'il enseigne est si beau que la sagesse nous enchante.

> existe / ennuyeux
> l'imagination
> amusement

175   Visiblement, cette nuit-là, elle enchanta toutes les têtes du village. Durant toute la °représentation, le maire resta bouche °bée. Le curé, lui, °bayait aux anges et, quand le Bon Dieu apparut, il °se signa. Le notaire et le médecin se déclarèrent satisfaits. Le Navigateur, quatre fois, °faillit se lever de colère pour aller °étrangler la sorcière exécrable et les °perfides
180 Bohémiens. On eut quelque peine à le retenir. Les villageois par rangs entiers manifestèrent de puissantes émotions. Il y eut des ho! et des ha! qui °grondèrent °en sourdine et ils °trahissaient la colère, l'indignation ou la pitié. Les enfants, eux, ne disaient rien, mais ils °écarquillaient étrangement les yeux. Le drame les hypnotisait. Un magicien les avait
185 pris dans son [19]filet de charmes. Ils ne regardaient plus, car ils étaient passés °de l'assistance sur la [20]scène, où ils étaient non plus eux-mêmes mais les êtres qu'ils voyaient. On ne leur jouait plus la pièce, c'étaient eux qui, merveilleusement, se la jouaient entre eux. Alignés sur leurs bancs on les voyait parfois [21]soupirer ensemble, et leurs petits visages
190 passionnés, °serrés l'un contre l'autre, s'immobilisaient dans l'°extase.

> pièce / ouverte
> = était ravi / fit le signe de la croix
> se leva presque
> cogn. / cogn.
>
> cf. l. 103 / tout bas / = exprimaient
> ouvraient
>
> des spectateurs
>
> cf. ll. 47–48 / cogn.

[19]*net.* [20]*stage.* [21]*sigh.*

APRES LA LECTURE

VERIFICATION

Mots de la même famille

Il est souvent possible de deviner le sens d'un mot en pensant à un autre mot de la même famille (exemple: **un villageois** est une personne qui habite dans **un village**). Pouvez-vous donner un mot de la même famille pour les mots suivants que vous avez vus dans le texte? Ces mots ont parfois un équivalent en anglais (*cognate*):

ll. 1–2	. . . les maisons paraissaient **inhabitées**.
ll. 19–20	Il était **endimanché**. (*allusion à ses vêtements*)
l. 45	Derrière **se groupaient** les villageois.
ll. 82–83	. . . son **jardinier**.
ll. 96–97	. . . le mendiant s'en va, **résigné** . . .

ll. 115–116	Car la sorcière avait **empoisonné** le fruit.
l. 153	. . . il y a une pêche, **juteuse** à point . . .
ll. 169–170	. . . le trésor **épuré** . . . (trésor = *cogn.*)
ll. 188–189	**Alignés** sur leurs bancs . . .
ll. 189–190	. . . leurs petits visages **passionnés** . . .
l. 190	. . . [ils] **s'immobilisaient** dans l'extase.

COMPREHENSION

I. Les villageois (ll. 12–52)

1. Quelles qualités des villageois sont immédiatement révélées (ll. 12–16)?
2. Quelle impression donne le portrait du maire? Relevez les mots importants qui «résument» le personnage.
3. Quelle(s) caractéristique(s) est-ce que ces notables ont en commun? Relevez en particulier tous les mots qui se rapportent à leur âge.
4. Quelle est l'impression dominante créée par la description de l'ensemble des notables?
5. Est-ce que «le petit buraliste» est différent des autres notables? Pourquoi?
6. Qu'est-ce qui est révélé par la façon dont les villageois et les villageoises sont assemblés sur la place?
7. Est-ce que les hommes (ll. 49–51) sont très différents des notables?

II. La place du village (ll. 53–72)

1. Qu'est-ce que les villageois regardaient? Pourquoi?
2. Quelle impression donne la description de l'arbre (ll. 53–54)?
3. Où est-ce que les enfants ont été placés? Est-ce que les garçons et les filles étaient ensemble?
4. Quelles sont les caractéristiques de ce théâtre?
5. Qu'est-ce que la peinture sur le rideau représente? Qu'est-ce qu'elle nous révèle sur le genre de spectacle qui va suivre?
6. Après avoir décrit les villageois devant le petit théâtre, l'auteur complète sa description en ajoutant l'église (derrière le théâtre) et «le grand ciel de la lune d'avril, tout électrisé» ll. 71–72 (au-dessus de l'église). Pourquoi est-ce que l'auteur ajoute ces références à l'église et au ciel?

III. La représentation: premier «acte» (ll. 73–113)

1. Qu'est-ce qui annonce que le spectacle va commencer?
2. Le narrateur dit qu'il est «touché au fond du cœur» (l. 78). Pourquoi?
3. Est-ce qu'il s'agit d'un théâtre avec de vrais acteurs ou d'un théâtre de marionnettes?

4. Qu'est-ce qui est important dans le portrait du jardinier et de sa famille (ll. 82–90)?

5. Qu'est-ce que l'épisode du mendiant révèle (ll. 91–99)?

6. Quelles sont les caractéristiques du Bon Dieu (ll. 100–105)?

7. Quelles sont les réctions des spectateurs? Quel stéréotype est renforcé dans la description des filles (l. 103)?

8. Qu'est-ce que la sorcière fait?

9. Est-ce que l'épisode de la pêche (ll. 100–113) évoque pour vous une autre histoire?

IV. La représentation: second «acte» (ll. 114–163)

1. Comment est-ce que l'enfant change? Qu'est-ce qu'il oublie?

2. Pourquoi est-ce qu'on précise que le jardinier pleure en cachette et non pas ouvertement?

3. Comment est-ce que l'orgueilleux jardinier a été transformé physiquement et moralement?

4. On dit que les parents «espèrent toujours» (ligne 129). Pourquoi est-ce que ce détail est important?

5. Pourquoi dit-on que le «jardinier s'est souvenu» (l. 136)?

6. Quel parallèle y a-t-il entre ce que saint Théotime fait avec la pêche et ce que la sorcière avait fait (ll. 110–111)?

7. Quelle est la réaction de l'enfant quand il entre dans la maison?

8. Comment est-ce qu'il reconnaît ses parents?

9. Pourquoi est-il important que le Bon Dieu réapparaisse à la fin?

V. Commentaire du narrateur (l. 164 jusqu'à la fin)

1. Qu'est-ce que «En ce temps-là» (l. 164) suggère?

2. Qu'est-ce qui caractérise le plaisir des spectateurs?

3. Comment est-ce que le narrateur définit la sagesse?

4. Selon l'auteur, qu'est-ce que le «vrai savoir» (l. 171)?

5. Quelle est, selon l'auteur, la valeur fondamentale du conte?

6. Comment est-ce que les différents spectateurs réagissent?

7. On dit que les enfants «s'immobilisaient dans l'extase» (l. 190). Comment comprenez-vous le mot «extase»? Retrouvez dans la description des spectateurs d'autres mots et expressions qui expriment une réaction comparable.

INTERPRETATION

Relisez le texte en entier, puis répondez aux questions qui suivent.

1. A votre avis, pourquoi est-ce que l'auteur commence son récit par une description aussi détaillée des villageois au lieu de nous expliquer la raison du rassemblement? Quelle est la fonction de cette description?

2. Avant la représentation, l'auteur nous explique avec précision comment les villageois sont disposés sur la place, selon la hiérarchie et la coutume ancestrale. Quelle est l'impression dominante? De quelle manière est-ce que le conte du jardinier renforce cette impression?

3. La fable qui est présentée aux villageois est un récit hautement symbolique, une sorte de parabole. Comment peut-on l'interpréter?

4. Il y a dans cette fable des allusions bibliques ou religieuses (*cf.* le jardin du bonheur = l'Eden) et des références à des personnages de contes populaires comme la sorcière. A votre avis, pourquoi?

5. Dès le début du récit, quels détails indiquent que le point de vue du narrateur n'est pas vraiment celui d'un enfant? Qui fait le commentaire final (partie V)?

6. Ce texte fait allusion à un type de société dont l'auteur semble regretter la disparition. De quel type de société est-ce qu'il s'agit?

7. D'après le texte, comment pouvez-vous résumer la vision de cet «Age d'or» du monde selon l'auteur?

8. Pourquoi est-ce que l'auteur regrette en particulier la perte de la «simplicité d'esprit»? Pourquoi cette simplicité est-elle une qualité tellement enviable?

9. Est-ce que les qualités morales illustrées dans ce récit vous paraissent désirables? Est-ce que la société américaine a la même nostalgie de la vie simple des campagnes? Quel est votre point de vue personnel?

STYLE ET LANGUE

Dans ce texte, la description précise des événements qui ont lieu sur la scène du petit théâtre ressemble beaucoup à une narration orale. L'auteur nous «raconte» véritablement la parabole du jardinier.

Dans les parties III et IV:

1. Relevez les détails qui nous rappellent qu'il s'agit de la description d'une représentation (exemple: «le rideau se leva», l. 82). Est-ce que ces détails sont nombreux?

2. Relevez des mots et expressions qui se rapportent clairement à un conte dit à haute voix (exemple: «Or, voilà qu'un beau jour . . .», l. 91).

3. Notez aussi les exclamations (exemple: «Ah! quel beau fruit!», l. 110) et l'accumulation de phrases très courtes dans certains passages (en particulier ll. 155–160). Quelle est leur fonction?

ACTIVITES

1. Racontez à votre manière la petite pièce qui a été présentée aux villageois.
2. Imaginez une fable ou une parabole qui ressemble à celle que vous venez de lire. Vous pouvez incorporer dans votre récit des idées trouvées dans des contes ou des légendes que vous connaissez ou que vous avez lus dans ce livre. Vous êtes libre de choisir le contexte (actuel ou passé).

INTERTEXTUALITE

Thèmes:	Le village	Colette, «La Petite Bouilloux» (25) Diop, «Le Prix du chameau» (10)
	Le passé mythique	Dadié, «La Légende Baoulé» (6) Ferron, «Retour à Val-d'Or» (8)
Traitement:	La fable	Diop, «Le Prix du chameau» (10) La Fontaine, «Le Héron, la Fille» (26)

IV

DISCOURS AFFECTIFS

17 POESIE   * Gilles Vigneault, *Mon Pays*

18 CORRESPONDANCE   ** Danièle Sallenave, *Un Printemps froid* (extrait)

19 COURT RECIT   ** Marcel Jouhandeau, *Le Couvent*

20 COURT RECIT   ** Marcel Jouhandeau, *Le Fou*

21 POESIE   ** Paul Eluard, *Les Yeux fertiles*

22 AUTOBIOGRAPHIE   *** Jean-Jacques Rousseau, *Confessions* (extrait)

17

Mon Pays

GILLES VIGNEAULT

OBJECTIF

Vous allez étudier un poème qui est aussi une chanson.

AVANT LA LECTURE

Ouverture

Parlez du Canada avec d'autres étudiants. Que savez-vous de son climat, de son histoire, de ses langues, de ses groupes ethniques, etc.? Aidez-vous des informations données dans «Coup d'œil sur le Québec» (1) et des remarques suivantes sur l'hiver au Canada:

> la neige peut être poudreuse: comme de la poudre
> > le poète dit: **la poudrerie** (licence poétique)

> le froid
> > le poète dit: **la froidure** (licence poétique)

> le vent peut souffler en **rafales** (*gusts*)

Note contextuelle

La notion de fidélité.

Jusqu'en 1763, la province du Québec, où Gilles Vigneault est né, appartenait à la France.
    Les descendants des **colons** français, qui habitent en majorité cette province, n'ont pas oublié leur passé français. Ils parlent encore la langue et **sont restés fi-**

126

dèles à leur héritage culturel (sur la plaque des voitures immatriculées au Québec, on peut lire la devise: «Je me souviens»).

Stratégies de lecture

1. Le poème que vous allez lire a été mis en musique. Ecoutez si possible **la chanson** avant de lire le poème. Après avoir lu et analysé le poème, réécoutez la chanson. Discutez l'interprétention du chanteur ou de la chanteuse (rythme, mélodie, etc.).
2. Lisez le poème à haute voix.

LECTURE

Gilles Vigneault, *Mon Pays*

>   Mon pays ce n'est pas un pays c'est l'hiver
>   Mon jardin ce n'est pas un jardin c'est
>   la plaine
>   Mon chemin ce n'est pas un chemin c'est
> 5   la neige
>   Mon pays ce n'est pas un pays c'est l'hiver
>
>   Dans la blanche cérémonie
>   Où la neige au vent se marie
>   Dans ce pays de poudrerie
> 10   Mon père a fait bâtir maison
>   Et je m'en vais être fidèle
>   A sa manière à son modèle
>   La chambre d'amis sera telle
>   Qu'on viendra des autres saisons
> 15   Pour se bâtir à côté d'elle
>
>   Mon pays ce n'est pas un pays c'est l'hiver
>   Mon refrain ce n'est pas un refrain c'est
>   rafale
>   Ma maison ce n'est pas ma maison c'est
> 20   froidure
>   Mon pays ce n'est pas un pays c'est l'hiver

APRES LA LECTURE

APPRECIATION

A. Discutez ensemble ce que vous avez remarqué d'inhabituel dans ce poème par rapport à un texte en prose. Aidez-vous du vocabulaire de la prosodie:

Le poème est divisé en **strophes** (**une strophe**).
Chaque strophe est composée de **vers** (**un vers**).
Les vers peuvent **rimer** ou pas (**une rime**).
Un ou plusieurs vers répété(s) régulièrement constitue(nt) **un refrain.**
Si un vers continue à la ligne suivante il y a **un enjambement** (ou **un rejet**).

B. Répondez maintenant aux questions qui suivent pour compléter vos observations sur ce poème:

1. Un même vers est souvent répété, comme le refrain d'une chanson. Lequel? Combien de fois?
2. Comment est-ce que ce poème est organisé? Quelles en sont les différentes parties? Est-ce qu'elles se ressemblent?
3. Comment est-ce que chaque vers commence dans la première et dans la dernière parties?
4. Quelle impression est-ce que cela vous donne?
5. Comment est-ce que la construction de la phrase change au vers 7?
6. Regardez la fin de tous les vers du poème. Faites une liste des derniers mots: Est-ce que les sons sont très variés? Est-ce qu'ils riment? régulièrement? irrégulièrement?
7. Quelle impression produit l'absence de ponctuation?
8. Diriez-vous que la forme du poème est complexe ou simple? Est-elle destinée à donner une impression de grande variété ou de monotonie?
9. Qu'est-ce qu'il y a de particulier dans la manière dont le poète décrit son pays dans la première et la dernière strophes?
10. Il est clair que Vigneault aime son pays. Pour quelles raisons? Est-ce que l'hiver, la neige, etc., ont ici des connotations positives ou négatives?
11. Est-ce que, normalement, on peut «venir» d'une **saison** vers une autre (vers 14)? Qu'est-ce que cette image évoque pour vous?

ACTIVITE

Quels sentiments avez-vous pour votre pays? Imitez ce poème pour les exprimer.

INTERTEXTUALITE

Thèmes:	Le Canada	Brochure touristique: «Destination Québec» (1)
		Ferron, «Retour à Val-d'Or» (8)
		Roy, *La Détresse et l'enchantement* (31)
	La nature	Bille, «Vendanges» (15)
		Rousseau, *Confessions* (22)

18

Un Printemps froid

Danièle Sallenave

OBJECTIF

Vous allez voir comment des émotions peuvent être exprimées dans le style familier d'une lettre.

AVANT LA LECTURE

Ouverture

Formez des groupes. Imaginez que vous avez reçu une lettre d'une personne que vous aimez (ou que vous n'aimez pas). Racontez aux autres étudiants du groupe ce qui est dit dans cette lettre. Exprimez les sentiments que vous éprouvez par rapport à cette lettre.

Notes contextuelles

La Mayenne est une rivière qui a donné son nom à un département agricole de l'Ouest de la France (voir «Le Couvent», *Les départements,* dans **Notes contextuelles**). Laval est la ville principale.

Le parloir. Dans les couvents, les internats (*boarding schools*) et les prisons, etc., le parloir est la salle où les visiteurs sont reçus et peuvent parler à ceux qu'ils viennent voir. Dans certaines écoles religieuses, il y avait un «petit parloir» pour les occasions ordinaires et un «grand parloir» pour les grandes occasions.

Les peupliers. Le peuplier est un arbre que l'on voit souvent dans la campagne française en particulier le long des chemins, des rivières et des canaux. Planter des peupliers était un investissement (c'est un bois utilisé pour faire des meubles et du papier).

Stratégie de lecture

A. Lisez d'abord le début de la lettre:

> Mon cher petit,
> °Cela ne fait rien, je comprends bien. Vois-tu, je ne m'y attendais pas trop: c'est comme à Noël dernier, vous avez si peu de vacances! Et je suis bien ici, très bien même.

= Ce n'est pas important

B. Lisez ensuite la formule de salutation finale:

> Je vous embrasse tous les trois.

1. Qui pourrait être «Mon cher petit»/«tu»?
2. Qui pourrait être «je»?
3. Qui pourrait être «vous»?
4. Selon vous, pourquoi est-ce que «je» parle de «Noël dernier»?
5. Selon vous, où est «ici»?

C. Maintenant lisez rapidement la lettre pour en comprendre le sens général.

LECTURE

Danièle Sallenave, *Un Printemps froid*

Mon cher petit,
Cela ne fait rien, je comprends bien. Vois-tu, je ne m'y attendais pas trop: c'est comme à Noël dernier, vous avez si peu de vacances! Et je suis bien ici, très bien même. Sais-tu que, pour mon anniversaire, les
5 sœurs (je dis les sœurs mais ce ne sont pas des religieuses, même pas des [1]infirmières non plus, ce sont «les jeunes filles» comme on les appelle ici, deux d'entre elles sont mariées et la petite est fiancée, je l'ai rencontrée l'autre jour avec le jeune homme, il est venu me dire bonjour très °poliment), donc les petites ont fait un grand gâteau. Sans les °bougies,
10 heureusement, car à mon âge, il y en aurait, hélas! trop. Et au dessert,

cf. poli(e) / chandelles (*cogn.*)

[1]*nurses.*

le champagne, enfin, du °mousseux, mais deux ou trois étaient légèrement °pompettes. Enfin, c'est encore un bon moment de passé.

    Il y a plusieurs choses qu'il faudrait que je te demande, ça n'a
d'ailleurs pas beaucoup d'importance, ce sont des questions relatives à
15 la maison de Saint-Julien. Je ne sais plus bien s'il y avait des °poiriers, au
fond du jardin. Oui, n'est-ce pas? Ou bien est-ce que ton père les avait
fait arracher après la °guerre? Mais je ne vais pas t'ennuyer maintenant
avec ça, j'ai tout noté sur un papier. Depuis fin juin (ce n'est pas un
reproche) la liste commence à être longue. Dis aussi à Madeleine de
20 m'envoyer les mesures *exactes* de Jean-François: sans quoi je ne peux pas
terminer son °pull. Remarque, °je ne m'y tiens guère, j'ai pris l'habitude
de regarder la télévision l'après-midi, il n'y a personne (elles dorment!)
au petit parloir. Le parloir! Tu te souviens, quand tu nous attendais au
parloir, et si nous avions un peu de retard, comme tu étais nerveux.
25 Dans la voiture, je disais à ton père: °doucement, ne va pas si vite, et lui:
mais tu sais bien qu'il va °s'énerver. Ah oui, pour être nerveux, tu étais
nerveux.

    Ta dernière lettre a mis *neuf jours* à me parvenir: il faut dire qu'elle
était d'abord allée à Nyons, on se demande pourquoi! J'ai beaucoup lu
30 ces temps derniers, malgré mes pauvres yeux, et pourtant la bibliothèque
laisse bien à désirer, aussi ton °envoi a-t-il été le bienvenu. J'ai surtout
aimé les nouvelles, et le roman de Thomas Hardy, du fait qu'il se passe
à la campagne, c'est tout à fait les sentiments d'autrefois. Je le passerai
à Mme Christian; les autres, n'en parlons pas.
35   Sais-tu qui m'a écrit? Mme Larue! Je n'en croyais pas mes yeux. Elle
ne va pas fort, la pauvre, enfin elle est toujours chez elle. Pour combien
de temps encore? m'écrit-elle. Ses deux fils sont aux Etats-Unis; tu vois
que je ne suis pas seule à être seule, si j'[2]ose dire. Je suis beaucoup mieux
depuis que j'ai une chambre pour moi, °à l'étage. J'ai mis la table devant
40 la fenêtre, j'ai repoussé le lit de l'autre côté (il est vrai que tu n'as jamais
vu la chambre, mais cela ne fait rien, je t'explique) ce qui fait que, quand
je suis dans mon fauteuil, j'ai °vue sur la Mayenne — quoiqu'en ce
moment, la nature ne soit pas bien gaie. Il paraît qu'au printemps on va
°raccorder la route à celle de Laval: °bien des tracas en perspective, et
45 pourvu qu'on ne coupe pas ma belle °rangée de peupliers! Quand tu
étais petit et que nous t'emmenions à la pêche, je te faisais toujours
dormir à l'ombre des peupliers, c'est une ombre qui n'est pas dangereuse.

    Si la fille de Mme Christian vient la semaine prochaine, je lui dirai
50 de m'acheter du carton, et °une vitre pour °encadrer °la jolie gravure de
Madeleine, je n'ai pas le courage de prendre °le car pour aller à Laval.
Remercie Madeleine pour moi, et dis-lui que j'ai coupé le titre: *La
maison aveugle*, c'est trop triste pour une vieille femme comme moi.
Allez je vous quitte. Soyez bien prudents sur la route, et je ne veux pas

---

[2] *dare.*

Margin glosses:

- vin imitant le champagne
- *fam.* ivres
- *cf.* la poire
- = Seconde Guerre mondiale
- = pullover / je n'y travaille pas régulièrement
- lentement
- *cf.* nerveux
- *cf.* envoyer
- en haut
- la vue de
- rattacher / beaucoup de problèmes
- *cf.* le rang
- = du verre / *cf.* le cadre / = le joli dessin
- l'autobus

55 que vous me rapportiez un cadeau, comme à chaque fois. Sur mon
   [3]étagère, c'est une véritable exposition, j'en ai presque honte. «Vos
   enfants voyagent beaucoup» m'a dit la doctoresse. Des bonbons, °à la   si vous insistez
   rigueur, des «Quality Street», la boîte est bien pratique pour ma
   °couture.   *cf.* coudre
60   Je vous embrasse tous les trois.

   [3]*shelf.*

APRES LA LECTURE

COMPREHENSION

Pour vérifier votre compréhension du sens général, répondez aux questions
suivantes:

1. Qui est «Mon cher petit»/«tu»?
2. Qui est «je»? Quel est son âge approximatif?
3. Qui est «vous»? Connaît-on leur nom?
4. Pourquoi est-ce que «je» parle de «Noël dernier»? En quel mois a-t-elle reçu la
   dernière visite des personnes à qui elle écrit? A votre avis, est-ce que ces personnes ont réellement «peu de vacances»?
5. Où est «ici»? Est-ce que «je» aime cet endroit? Est-ce qu'elle sort souvent?
   Qu'est-ce qu'elle pense des autres personnes qui se trouvent à cet endroit?
6. Quelle est l'émotion principale exprimée par l'auteur de cette lettre?

INTERPRETATION

Relisez la lettre en faisant attention à l'expression des sentiments.

A. Répondez aux questions suivantes:

Lignes 1 à 12:

1. Pourquoi est-ce que «je» parle des «jeunes filles»?
2. Qu'est-ce qu'elle apprécie chez elles?
3. Qu'est-ce qu'elle reproche indirectement à son fils?

Lignes 13 à 27:

1. Quelle est l'importance des souvenirs associés à la maison de Saint-Julien?
2. Qu'est-ce que nous apprenons sur la jeunesse du fils? Qu'est-ce qui provoque ce souvenir?

Lignes 28 à 34:

1. Comment est-ce que la mère passe son temps?
2. Qu'est-ce que ses lectures révèlent?

Lignes 35 à 48:

1. Quelle comparaison est-ce que la mère fait entre sa situation et celle de Mme Larue? Pourquoi est-ce qu'elle ajoute «si j'ose dire» (l. 38)?
2. Pourquoi est-ce que la mère décrit sa chambre?
3. Avec quel souvenir est-ce que ce paragraphe se termine?

Ligne 49 jusqu'à la fin:

1. A votre avis, est-ce que la gravure envoyée par Madeleine a vraiment fait plaisir à la mère? Justifiez votre réponse.
2. Pourquoi est-ce que la mère utilise «vous» à partir de la ligne 54 jusqu'à la fin?
3. Comment est-ce que ce dernier paragraphe renforce les sentiments exprimés dans les paragraphes précédents?

B. A votre avis, quels sentiments est-ce que cette lettre provoquera chez «tous les trois»? Est-ce qu'ils vont réagir au reproche principal qui leur est adressé? Quels sentiments est-ce que cette lettre provoque chez vous?

STYLE ET LANGUE

Le style d'une lettre entre parents ou amis ressemble souvent à celui de la langue parlée. Quelles sont les caractéristiques principales de ce style?

1. Regardez la ponctuation: les points d'exclamation, les points d'interrogation, les parenthèses, etc. Qu'est-ce que cela indique?
2. Regardez les mots et expressions en italiques. Quelle est la différence dans l'emploi des italiques pour *exactes* (l. 20), *neuf jours* (l. 28) et *La maison aveugle* (ll. 52-53)?
3. L'auteur de la lettre utilise les expressions «vois-tu» (l. 2), «Sais-tu» (l. 4 et l. 35) ou des formes impératives comme «Remarque» (l. 21). Quel effet est ainsi créé?
4. L'auteur de la lettre utilise deux façons de rapporter une conversation: ll. 25–26 «Dans . . . s'énerver» et ll. 56–57 («Vos . . . doctoresse»). Quelle différence y a-t-il entre les deux?

5. Dans la langue parlée, les mots suivent l'évolution spontanée de la pensée et ne sont pas organisés en phrases grammaticales bien définies. La langue de cette lettre est semblable. Regardez par exemple les lignes 4–9 («Sais-tu . . . un grand gâteau») et récrivez-les dans un style plus «écrit». Cherchez d'autres exemples de ce style «parlé» que vous récrirez de la même manière.

ACTIVITE

Ecrivez à un(e) ami(e) ou une(e) parent(e) une lettre dans laquelle vous lui parlez de vos émotions en lui faisant indirectement un reproche.

INTERTEXTUALITE

Thème:	Les relations humaines exprimées à travers les subtilités du langage	Bille, «Vendanges» (15) Colette, «La Petite Bouilloux» (25) Duras, *Nathalie Granger* (33)
Traitement:	Le non-dit du discours	Duras, *Nathalie Granger* (33) Sarraute, *Tropismes* (13)

19

Le Couvent

MARCEL JOUHANDEAU

OBJECTIF

Dans ce texte, vous allez prendre conscience de l'importance du contexte culturel pour la compréhension.

AVANT LA LECTURE

Ouverture

Regardez ce dessin d'un couvent. Avez-vous déjà visité un couvent? Qu'est-ce qui vous a frappé(e)? Qui y habite? Comment est la vie dans un couvent? Aidez-vous des explications données ci-dessous.

Notes contextuelles

A. Les couvents.

Au sens large, un couvent est une mai-son où des religieux (des religieuses) vivent ensemble. En général on y trouve une église (ou une chapelle) et un cloître, comme dans le dessin ci-contre. A partir du XVIIIᵉ siècle, un couvent a aussi souvent la fonction de pensionnat pour jeunes filles (une école où les élèves habitent). Ce pensionnat est dirigé par des religieuses. C'est ce deuxième sens qui nous importe ici.

B. Présence du catholicisme en France.

Aujourd'hui, la plupart des écoles privées en France sont encore des écoles catholiques. Un(e) élève sur six va dans l'enseignement privé. Contrairement aux Etats-Unis, les écoles privées ne sont généralement pas totalement indépendantes. Elles sont sous l'autorité du gouvernement.

Aux Etats-Unis on pense souvent que les Français, qui sont en grande majorité catholiques, sont aussi pratiquants. C'est faux. Une petite minorité (moins de 20 pour cent) va régulièrement à l'église. En fait, les Américains sont, de loin, les plus pratiquants de toutes les nations industrialisées.

Cela dit, l'héritage catholique est important. Même si le Français moyen ne fréquente pas les églises, on peut dire qu'il est catholique de culture.

C. Les châteaux féodaux.

Dans le texte qui suit on dit que le couvent était un château féodal (un château fort, construit au Moyen Age) avec son **donjon** (sa tour principale) et ses **salles de garde** (pour les soldats). Il ressemblait sans doute au dessin ci-contre.

Si vous allez en France, vous pourrez visiter des monuments semblables dans de très nombreuses villes. Il y en a des centaines.

D. Les départements.

On dit dans le texte que le couvent dont on parle est situé dans l'Allier. L'Allier n'est pas une ville, c'est une région ou, plus précisément, un **département** du centre de la France (une rivière lui a donné son nom). Pour des raisons administratives, la France est divisée en 95 départements.

E. Les grandes vacances.

Dans le texte, les enfants vont passer leurs vacances d'été dans l'Allier, chez leurs grands-parents. Beaucoup d'enfants français passent encore une partie de leurs vacances d'été chez des parents, à la campagne.

Stratégie de langue

Apprenez à reconnaître les termes techniques suivants:

une vigne (l. 13)	produit du raisin, utilisé pour produire du vin
une veilleuse (l. 19)	est une petite lampe qui reste allumée la nuit
l'autel (l. 25)	est, dans l'église, la table où est célébrée la messe
l'albâtre (l. 25) et le marbre (l. 26)	sont des matériaux utilisés pour la construction et la sculpture (une statue de marbre)
le trône (l. 30)	est le siège du roi

Stratégie de lecture

En lisant ce texte pour la première fois, cherchez les réponses à ces questions générales:

1. Qui parle? Est-ce que c'est un homme ou une femme? Quel détail vous l'indique?
2. Pourquoi est-ce que la narratrice et sa sœur sont envoyées par leur mère dans un couvent?
3. Où est-ce que les élèves vont chaque matin et chaque soir?
4. Qu'est-ce que les élèves admirent dans la chapelle?

LECTURE

Marcel Jouhandeau, *Le Couvent*

Nous habitions Paris l'année et l'été nous passions nos vacances dans un village de l'Allier où habitaient ma grand-mère et mon grand-père. Il y avait, à deux kilomètres de ce village, un couvent où ma mère °avait dû apprendre à lire.   = avait sans doute appris

5 Un matin, ma mère nous appela, ma sœur et moi, et nous dit: «Vous allez partir pour être °élevées par des religieuses.» Mon petit   éduquées
frère pleurait, mais comme nous ne savions rien d'aucune religion, bien que nous ayons °communié, nous étions très curieuses de ce qui allait   *cf.* la communion
nous arriver d'extraordinaire. Tout devenait problème pour nous et
10 aventure.

Un matin, un oncle vint nous prendre et °nanties d'une valise, nous   avec une
partîmes sous sa direction.

Le couvent était un château féodal entouré de vignes. On y jouait sur la terrasse d'un vieux donjon et au fond d'une cour à demi souter-
15 raine. Les classes avaient lieu dans des salles de garde dont les cheminées étaient si hautes qu'elles auraient suffi à nous contenir et à nous °abriter. — protéger
Le matin et le soir, on °gagnait l'église du village par une petite °ruelle — on allait à / *cf.* la rue
étroite comme un °couloir et éclairée seulement par les lumières des — corridor
intérieurs qui °fusaient sous les portes, par des veilleuses que les — passaient
20 °tourières disposaient avant notre passage sur les murs des jardins et par — = sœurs
la lanterne que Sœur Almée manœuvrait.

La porte de l'église par laquelle nous entrions nous était réservée et dans la chapelle où nous arrivions les premières, personne n'avait le droit de pénétrer °que les religieuses et leurs élèves. Nous y avions nos — excepté
25 stalles et un autel merveilleux, qui faisait notre admiration. En albâtre et peuplé de statues de bois °doré, il était °flanqué de deux tours de marbre — *cf.* l'or / *cogn.*
blanc au sommet desquelles habitaient, sous des coupoles °dentelées, — avec des indentations
deux personnages de grandeur naturelle: d'un côté, le roi David chan-
tant et dansant au son d'un instrument qu'il °brandissait; de l'autre, Saül — tenait en l'air
30 sur son trône.

APRES LA LECTURE

COMPREHENSION

Lignes 1 à 12:

1. Quel âge donneriez-vous à la narratrice?
2. Où habitait la narratrice? Où est-ce qu'elle passait ses vacances?
3. Comment réagissent les deux sœurs quand elles apprennent qu'elles vont partir pour être élevées par des religieuses?
4. Quelle est la réaction du petit frère? Pourquoi, à votre avis, est-ce qu'il a cette réaction?
5. Qui accompagne les deux sœurs au couvent?

Lignes 13 à 21:

1. Est-ce que le château est au milieu du village?
2. Où jouaient les élèves?
3. Où avaient lieu les classes?
4. Pourquoi est-ce que les cheminées impressionnaient les élèves?

5. Comment était éclairée la petite rue (la ruelle) qui conduisait à l'église?

Ligne 22 jusqu'à la fin:

1. Qui avait le droit d'entrer par cette porte de l'église et d'aller dans cette chapelle?
2. Pourquoi est-ce que l'autel était «merveilleux»?
3. Dans son sens le plus usuel, «merveilleux» veut dire «magnifique» ou «très bien». Au sens fort, «merveilleux» veut dire «extraordinaire», «magique». Dans quel sens est-ce que la narratrice emploie le mot?
4. Quelle est la caractéristique des statues du roi David (roi d'Israël) et de Saül (nom juif de saint Paul)?

INTERPRETATION

Après avoir relu le texte, répondez aux questions qui suivent:

1. A votre avis, comment étaient les rapports entre la narratrice et sa mère?
2. La narratrice dit qu'elle et sa sœur ne savaient rien «d'aucune religion». Pourtant, elle ajoute qu'elles avaient communié. Est-ce que c'est une contradiction?
3. Quel adjectif pourrait décrire la fascination que la narratrice éprouve devant l'autel? Est-ce que cette fascination suggère une expérience religieuse?
4. Comment est-ce que vous pourriez caractériser le style de cet autel? Est-il austère? Est-il chargé d'ornementations? Est-il baroque? Pourquoi est-ce qu'il plaît à la narratrice?

ACTIVITE

Décrivez un endroit et un moment de votre enfance qui occupent une place particulière dans votre souvenir. Essayez d'expliquer pourquoi cet endroit et ce moment sont si importants pour vous.

INTERTEXTUALITE

Thèmes:	Le sentiment religieux	Rousseau, *Confessions* (22)
	Souvenirs d'enfance	Colette, «La Petite Bouilloux» (25)
		Susini, *Plein soleil* (28)
		Roy, *La Détresse et l'enchantement* (31)

20

Le Fou

Marcel Jouhandeau

OBJECTIF

Vous allez voir comment, dans ce contexte culturel, s'expriment des sentiments complexes.

AVANT LA LECTURE

Ouverture

Mettez-vous en groupes et racontez à tour de rôle un incident qui a été pour vous cause d'une grande peur.

Stratégie de langue

Apprenez à reconnaître des expressions se rapportant à la religion:

vouer un culte à	= adorer: «je lui avais [. . .] voué un culte» (l. 7) = je l'avais adorée
prier	prier Dieu, la Sainte Vierge = faire une prière à Dieu, à la Sainte Vierge (Marie)
le diable	≑ le Démon = Satan = Lucifer = le Malin (celui qui fait le mal)
le mal	(*contraire*: le bien)
le sacristain	= la personne qui s'occupe de l'église (il nettoie, il fait de petites réparations, etc.)
le chapelet	= le rosaire
l'aube	= le vêtement blanc porté par les célébrants à la messe

le curé   = le prêtre
le troupeau   les moutons et les vaches vivent en troupeau (de façon imagée,
        on peut parler du troupeau des fidèles de l'Eglise)
le clocher   = la tour de l'église où sont les cloches

Stratégie de lecture

En lisant ce texte pour la première fois, cherchez les réponses à ces questions générales:

1. Comment s'appelle le Fou?
2. Quels sont les sentiments du Fou pour Sœur Almée? Qu'est-ce que le Fou crie
   au milieu de la nuit?
3. Quels sont les sentiments de la narratrice pour Sœur Almée? Pourquoi?
4. Pourquoi est-ce que Sœur Almée s'approche du lit de la narratrice, dans le dor-
   toir?
5. Est-ce que Biguet avait le droit d'entrer dans la chapelle?
6. Quelle est la réaction de Sœur Almée? Quelle est la réaction de la narratrice?
7. Comment les sentiments de Sœur Almée pour la narratrice sont-ils modifiés par
   cet événement?

LECTURE

Marcel Jouhandeau, *Le Fou*

[«Le Fou» vient immédiatement après «Le Couvent» dans le livre de Jouhandeau.
Dans «Le Couvent», Sœur Almée accompagnait les jeunes filles à l'église. Dans ce
récit, il y a un troisième personnage principal: le Fou.]

  Une nuit, j'entendis crier devant la porte: c'étaient des appels
d'abord °confus et puis distinctement ¹retentit le nom de Sœur Almée. *pas clairs*
  Je reconnus alors la voix de Biguet, le Fou que nous rencontrions
souvent le long des chemins, au cours des promenades et qui regardait
5 Sœur Almée avec des yeux d'°extase. *cogn.*
  Sœur Almée avait peut-être vingt-cinq ans et elle était très belle, si
belle que je lui avais dès le premier jour voué un culte °de parti pris *irraisonné*
comme à la Beauté même. Je lui obéissais par amour à elle seule et si elle
°n'eût été là, je ne serais pas restée une heure dans cette maison *n'avait pas été là*

¹*echoed.*

10 °effrayante, mais sa présence me rassurait, me plaisait, °m'enchaînait.   *qui fait peur / cf. la chaîne*
Sur un geste d'elle je me serais jetée dans le feu ou dans l'eau à sa
fantaisie et je ne sais pas de quel héroïsme je n'aurais pas été capable
pour qu'elle me °remarquât parmi son troupeau.   *remarque (subj.)*

Cette nuit-là, comme elle gardait le ²dortoir, elle vint près de mon
15 lit, parce qu'elle me voyait éveillée et elle me demanda, peut-être pour
que je °n'entendisse pas ce que disait Biguet, de réciter le chapelet à   *n'entende (subj.)*
haute voix avec elle: «Le diable °s'est emparé de ³l'âme de Biguet, mon   *a pris*
enfant. Prions la Sainte Vierge pour qu'elle nous °délivre du mal.» Et   *cogn.*
c'est à ce moment précis que, sans aucun doute, j'entendis Biguet pro-
20 clamer:

— Sœur Almée, je vous aime. Sœur Almée, vous êtes mon amour.

Le lendemain, comme nous arrivions à la chapelle avant le jour
(Sœur Almée marchait près de nous, me donnant la main), je vis, la
première, Biguet °franchir la balustrade de la chapelle ⁴interdite pour   *passer par-dessus*
25 °s'élancer vers nous. Affolée, Sœur Almée se rejeta en arrière et parce   *courir*
que j'eus la présence d'esprit de saisir un banc que je °précipitai à la   *jetai contre*
rencontre des jambes de Biguet et qui le ⁵renversa, elle eut le temps de
regagner la porte et de s'enfuir et le Sacristain et M. le Curé °celui   *= le temps*
d'accourir et d'envelopper dans une °chape et de ⁶ligoter avec les cor-   *cape*
30 dons de l'aube le Fou qu'ils emmenèrent, sans pouvoir l'empêcher de
°vociférer: «Sœur Almée, il n'y a que toi au monde pour moi. Tu es ma   *crier*
fiancée, Dieu le veut, monsieur le Curé. Il faut nous marier ce matin.»
Cependant Biguet °disparut dans l'escalier du clocher où on l'enferma et   *inf. disparaître*
jamais plus je n'ai entendu parler de lui ni ne l'ai revu. Mais Sœur
35 Almée, parce que j'avais eu l'inspiration de jeter ce banc qui l'avait
sauvée de l'approche de Biguet, me °voua une amitié maternelle.   *cf. voué, l. 7*

²*dormitory.* ³*soul.* ⁴*Voir «Le Couvent». (ll. 22–24)* ⁵*knocked him down.* ⁶*tie up.*

APRES LA LECTURE

VERIFICATION

Mots de la même famille

Vous pouvez maintenant vérifier le sens de plusieurs mots qui apparaissent dans le
texte.

Pensez au titre: «Le Fou». **Un fou, une folle,** sont des personnes qui ont perdu la
raison. Dans le texte on dit aussi que Sœur Almée, la religieuse, est **affolée** (l. 25),

c'est-à-dire très effrayée, comme rendue folle par la peur. Vous voyez ainsi le rapport entre ces mots:

> il est **fou;** elle est **folle**
> c'est **un fou;** c'est **une folle**
> **affoler** quelqu'un; être **affolé(e)**

Voyons maintenant d'autres exemples de rapports semblables:

enchaîner (l. 10)	*et*	**une chaîne**
aimer (l. 21)	*et*	**l'amour** (mon amour!)
envelopper (l. 29)	*et*	**une enveloppe**
appeler	*et*	**un appel** (l. 1)

Il y a aussi, dans le texte, des verbes dont le sens est très proche du sens de verbes qui leur ressemblent et que vous connaissez sans doute. Regardez ces verbes (ll. 21–36):

s'élancer (l. 25)	*et*	**lancer**	La NASA **lance** des satellites, mais l'oiseau **s'élance** dans le ciel.
renverser (l. 27)	*et*	**verser**	On **verse** du vin dans un verre, mais une auto **renverse** une personne.
s'enfuir (l. 28)	*et*	**fuir**	(= s'échapper) Le prisonnier a **fui:** il s'est **enfui;** il s'est échappé de la prison.
accourir (l. 29)	*et*	**courir**	**accourir** = venir en courant
enfermer (l. 33)	*et*	**fermer**	On **ferme** une porte, mais on **enferme** une personne, dans une prison, par exemple.
revoir (l. 34)	*et*	**voir**	J'ai **vu** ce film la semaine dernière et je l'ai **revu** hier soir.

COMPREHENSION

Lignes 1 à 13:

1. Comment est-ce que la narratrice sait que le Fou adore Sœur Almée?
2. Est-ce que la narratrice aime vivre au couvent? Quelle phrase l'indique?
3. Pourquoi alors est-ce qu'elle reste au couvent?
4. Relevez les mots et expressions qui nous aident à comprendre l'attitude de la narratrice envers Sœur Almée.
5. Comparez l'attitude de la narratrice et celle du Fou envers Sœur Almée.

Lignes 14 à 21:

1. Pourquoi, à votre avis, est-ce que Sœur Almée veut empêcher la narratrice d'entendre ce que dit le Fou?
2. Pourquoi est-ce que Sœur Almée demande à la narratrice de réciter le chapelet?

Lignes 22 à 36:

1. A quel moment de la journée se passe la scène?
2. Qu'est-ce que la narratrice fait pour protéger Sœur Almée?
3. Qu'est-ce que le curé et le sacristain font?
4. Qu'est-ce que le curé et le sacristain ne peuvent pas empêcher?
5. Quelle différence observez-vous entre le premier cri d'amour de Biguet (l. 21) et sa dernière déclaration (ll. 31–32)?
6. Qu'est-ce qui arrive au Fou?

INTERPRETATION

Relisez le texte dans son ensemble et répondez aux questions suivantes:

1. On dit que le Fou regarde Sœur Almée «avec des yeux d'extase». La narratrice dit qu'elle est véritablement enchaînée par la présence de la religieuse. Qu'est-ce que vous pensez de cette double fascination?
2. Dans quelle mesure est-ce que le nom de «fou» est justifié pour Biguet?
3. Trouvez-vous que le Fou est puni trop sévèrement? Quels sentiments éprouvez-vous envers lui à la fin?
4. Quelle est votre attitude envers la narratrice à la fin du texte?
5. Voyez-vous un rapport entre le sentiment que la narratrice ressent devant l'autel dans le passage qui précède («Le Couvent») et le sentiment qu'elle ressent à l'égard de la religieuse?
6. Le nom «Almée» évoque à la fois «aimer» et «âme». A votre avis, pourquoi l'auteur a-t-il choisi ce nom?
7. A votre avis, est-ce que ce texte est irrespectueux envers la religion? Justifiez votre réponse.

ACTIVITE

Comme la narratrice, racontez un court épisode de votre enfance ou de votre adolescence qui vous a particulièrement impressionné(e).

INTERTEXTUALITE

Thèmes:	L'amour (fou)	Bille, «Vendanges» (15)
		Colette, «La Petite Bouilloux» (25)
		Eluard, *Les Yeux fertiles* (21)
	La peur	Vercors, «Le Cheval et la mort» (23)

21

Les Yeux fertiles

Paul Eluard

OBJECTIF

Dans ce poème, vous allez analyser la manière dont le thème, la structure, la langue et les images dépendent étroitement les uns des autres.

AVANT LA LECTURE

Ouverture

Est-ce que vous faites très attention aux yeux et au regard chez les autres? Qu'est-ce que les yeux et le regard révèlent?

Stratégies de lecture

Dans un poème, l'ordre des mots peut être différent de l'ordre des mots dans un texte en prose. Regardez la construction des strophes 2 et 3. (Pour le vocabulaire de la prosodie, voir «Mon Pays» [texte 17], APPRECIATION: A).

A. D'abord, lisez seulement les mots en caractères gras:

> **Tes yeux** dans lesquels nous dormons
> Tous les deux
> **Ont fait** à mes lumières d'homme
> °**Un sort meilleur** qu'aux nuits du monde   Une destinée
>
> 5 **Tes yeux** dans lesquels je voyage
> **Ont donné** aux gestes des routes
> **Un sens détaché de la terre**

1. Qu'est-ce que «Tes yeux» . . . «Ont fait»?
2. Qu'est-ce que «Tes yeux» . . . «Ont donné»?

B. Lisez maintenant les deux strophes en entier.

1. A quoi est-ce que «Tes yeux» . . . «Ont fait . . . Un sort meilleur»?
2. A quoi est-ce que «Tes yeux» . . . «Ont donné . . . Un sens détaché de la terre»?

C. Lisez le poème en entier.

LECTURE

Paul Eluard, *Les Yeux fertiles*

On ne peut me connaître
Mieux que tu me connais

Tes yeux dans lesquels nous dormons
Tous les deux
5 Ont fait à mes lumières d'homme
Un sort meilleur qu'aux nuits du monde

Tes yeux dans lesquels je voyage
Ont donné aux gestes des routes
Un sens détaché de la terre

10 Dans tes yeux ceux qui nous révèlent
Notre solitude infinie
Ne sont plus ce qu'ils croyaient être

On ne peut te connaître
Mieux que je te connais.

APRES LA LECTURE

APPRECIATION

A. *Après la première lecture:*

1. Qui est le «je»? Est-ce un homme ou une femme?
2. Peut-on identifier le «tu»?
3. Dans la quatrième strophe, qui (ou quoi) est-ce que «ceux» désigne, à votre avis?
4. Quel est le sentiment qui lie les deux personnes dans le poème?

B. *Deuxième lecture:*

1. Qu'est-ce qui vous frappe dans les strophes 1 et 5? A votre avis, pourquoi sont-elles construites ainsi?
2. Un même verbe est répété quatre fois. Lequel? A quels vers?
3. Regardez les strophes 2 et 3. Qu'est-ce qui vous frappe dans leur construction? Ont-elles un élément commun avec les strophes 1 et 5?
4. Regardez la strophe 2. Quel(s) mot(s) est-ce que «nous dormons» annonce?
5. Regardez la strophe 3. Quel(s) mot(s) est-ce que «je voyage» annonce?

C. *Troisième lecture:*

1. Dans les strophes 2, 3 et 4, les yeux de la personne aimée apportent chaque fois quelque chose au poète. Quoi?
2. Est-ce que le poète emploie le verbe «aimer»? Quel verbe le remplace?
3. «nous dormons» et «je voyage» occupent une position symétrique dans les strophes 2 et 3. A votre avis, pourquoi est-ce que le poète dit «nous» d'abord et «je» ensuite? A quelle idée chacun des pronoms est-il associé?
4. La personne aimée est réduite aux yeux et au regard. Qu'en pensez-vous?
5. A votre avis, de quelle conception de l'amour s'agit-il? Voyez-vous un rapport entre la structure symétrique du poème et cette conception de l'amour?
6. Qu'est-ce que vous pensez de cette conception de l'amour?

STYLE ET LANGUE

1. Dans ce poème, il y a plusieurs **images** inattendues comme:

   «Tes yeux dans lesquels nous dormons» (vers 3)
   «mes lumières d'homme» (vers 5)

Pouvez-vous en trouver d'autres?
Comment comprenez-vous ces images?
Faut-il nécessairement trouver une interprétation logique?

2. Ce poème est sans **ponctuation** (sauf le point final). Quand on le lit, on peut s'arrêter à la fin de chaque vers. Il y a cependant une exception, un enjambement. A quel vers? A votre avis, pourquoi?

3. Contrairement à la poésie classique, ce poème n'a pas de **rimes**; les **strophes** sont de longueur inégale. Cependant, il a 14 vers, comme **un sonnet** (*cf.* «Le Dormeur du val» de Rimbaud, texte 12). Trouvez d'autres éléments qui lui donnent une organisation interne (répétitions de mots, de verbes, de sons, parallélisme des constructions, etc.).

4. A votre avis, parmi les qualités suivantes, quelles sont celles de ce poème: la musicalité, la précision, l'imprécision, la simplicité, la complexité, la richesse de ses images, la nouveauté des images? Pouvez-vous lui trouver d'autres qualités?

Maintenant que vous pouvez mieux apprécier ce poème, relisez-le à haute voix.

ACTIVITES

1. Décrivez le visage d'une personne que vous aimez.
2. Ecrivez un texte d'amour (poème, lettre, récit, etc.).

INTERTEXTUALITE

Thème: L'amour et le regard   Bille, «Vendanges» (15)

22

Confessions

JEAN-JACQUES ROUSSEAU

OBJECTIF

Vous allez examiner un texte autobiographique dans lequel l'auteur exprime des émotions. Vous vous familiariserez avec un style du XVIIIe siècle, plus difficile sans doute qu'un style plus contemporain.

AVANT LA LECTURE

Ouverture

Formez des petits groupes.

1. Imaginez que vous n'êtes pas obligé(e) de faire quelque chose pendant une journée entière. Racontez comment vous passez cette journée.
2. Comparez ce que chacun a raconté.

Utilisez le vocabulaire suivant:

Nom:	**l'oisiveté** (état de celui qui n'a rien à faire de nécessaire)
Adjectif:	**oisif** (inactif, *contraire*: actif)
Verbe:	**agir** (faire quelque chose)
Nom:	**la paresse**
Adjectif:	**paresseux, paresseuse**
Nom/adj.:	**un(e) fainéant(e)/fainéant(e)**
Nom:	**la fainéantise** (caractéristique de celui/celle qui n'aime pas travailler = la paresse)
Expression idiomatique:	**rester les bras croisés** (= rester inactif)

Note contextuelle

Dans ce passage des *Confessions,* Rousseau parle des mois qu'il a passés dans une île au milieu du lac de Bienne (Suisse). Il avait fui les controverses qui avaient suivi la publication en 1762 de ses deux œuvres, *L'Emile* et *Du contrat social.*

Stratégies de lecture

A. Dans la prose classique, la phrase est souvent longue et un même verbe introduit plusieurs infinitifs. Exemple, ll. 5–12:

J'aime à **m'occuper** à faire des riens,
     à **commencer** cent choses
     et [à] n'en **achever** aucune,
     à **aller** et **venir** comme la tête me chante, . . .
     et à ne **suivre** en toute chose que le caprice du moment.

Stratégie: Vous pouvez vous faciliter la lecture si vous lisez la phrase comme une série de phrases courtes. D'abord, identifiez toutes les prépositions **à** qui précèdent l'infinitif. Lisez ainsi:

J'aime à m'occuper à faire des riens.
J'aime à commencer cent choses.
etc.

B. Il faut distinguer plusieurs sortes de **que**:

1. après **un verbe:**

   «**c'est** surtout à mon lever . . . **qu**'une longue habitude me porte à ces élévations de cœur» (ll. 25–27)
   «**il faut** pour cela **que** mes yeux soient frappés du ravissant spectacle de la nature» (ll. 27–29)
   «**J'ai lu qu**'un sage évêque» (l. 31)

2. après **plus, moins, mieux** ou **ne** (**ne . . . que** = seulement)

   «et ne pense pas **plus qu**'il n'agit.» (l. 2)
   «Je ne trouve point de **plus** digne hommage à la Divinité **que** cette admiration muette» (ll. 18–19)
   «une vieille femme [. . .] **ne** savait dire **que** ‹O!› » (l. 32)

3. après un **nom** (**que** = pronom relatif)

   Dans l'exemple suivant, **qu'** = **que** (devant une voyelle); il y a aussi inversion du sujet et du verbe:

   «. . . cette admiration muette **qu**'excite la contemplation de ses œuvres» (l. 19)
   = . . . cette admiration muette que la contemplation de ses œuvres excite

Stratégie: Soulignez les **que** et cherchez les mots dont ils dépendent pour comprendre la structure de la phrase.

LECTURE

Jean-Jacques Rousseau, *Confessions*

L'oisiveté que j'aime n'est pas celle d'un fainéant qui reste là les bras croisés dans une inaction totale, et ne pense pas plus qu'il n'agit. C'est à la fois celle d'un enfant qui est sans cesse en mouvement pour ne rien faire, et celle d'un °radoteur qui °bat la campagne, tandis que ses bras [*adulte retombé en enfance / a perdu la raison* / *choses sans importance*]
5 sont en repos. J'aime à m'occuper à faire des °riens, à commencer cent choses et n'en °achever aucune, à aller et venir comme °la tête me chante, à changer à chaque instant de projet, à suivre une [1]mouche dans toutes ses °allures, à vouloir [2]déraciner un rocher pour voir ce qui est dessous, à °entreprendre avec ardeur un travail de dix ans, et à l'aban- [*finir / j'en ai envie* / *= vitesses* / *commencer*]
10 donner sans regret au bout de dix minutes, à °m'user enfin toute la journée sans ordre et sans suite, et à ne suivre en toute chose que le caprice du moment. [*perdre mon temps*]

J'ai toujours aimé l'eau passionnément, et sa vue me jette dans une rêverie délicieuse, °quoique souvent sans objet déterminé. °Je ne man- [*bien que / J'avais l'habitude*]
15 quais point à mon lever, lorsqu'il faisait beau, de courir sur la terrasse °humer l'air °salubre et frais du matin, et °planer des yeux sur l'horizon [*respirer / sain (cf. la santé) / regarder lentement*]
de ce beau lac, dont les °rives et les montagnes qui le bordent enchan- [*bords*]
taient ma vue. Je ne trouve point de °plus digne hommage à la Divinité [*meilleur*]
que cette admiration °muette qu'excite la contemplation de ses œuvres, [*silencieuse*]
20 et qui ne s'exprime point par des actes développés. Je comprends comment les habitants des villes, qui ne voient que des murs, des rues, et des crimes ont peu de [3]foi; mais je ne puis comprendre comment des campagnards, et surtout des solitaires, peuvent °n'en point avoir. Comment [*n'avoir pas de foi*]
leur âme ne °s'élève-t-elle pas cent fois le jour avec extase °à l'auteur des [*cf. l'élévation / vers le créateur*]
merveilles °qui les frappent? Pour moi, c'est surtout à mon lever, [*qu'ils voient avec étonnement*]
25 °affaissé par mes °insomnies, qu'une longue habitude me porte à ces [*sans force à cause de / cogn.*]
élévations de cœur qui n'imposent point la fatigue de penser. Mais il faut pour cela que mes yeux soient frappés du ravissant spectacle de la nature. Dans ma chambre, je prie plus rarement et plus °sèchement: [*cf. sec/sèche*]
30 mais à l'aspect d'un beau paysage, je me sens °ému sans pouvoir dire de [*inf. émouvoir (cf. l'émotion)*]
quoi. J'ai lu qu'un sage [4]évêque, °dans la visite de son diocèse, trouva [*pendant*]
une vieille femme qui, pour toute prière, ne savait dire que «O!» Il lui dit: «Bonne mère, continuez de prier toujours ainsi; votre prière vaut mieux que les nôtres.» Cette meilleure prière est aussi la mienne.

[1]*fly.* [2]*dig up a rock.* [3]*faith.* [4]*bishop.*

APRES LA LECTURE

COMPREHENSION

1. Comment est-ce que Rousseau décrit l'oisiveté d'un fainéant?
2. Pour décrire sa propre oisiveté, il évoque un enfant et un radoteur. Pourquoi?
3. Rousseau dit que c'est «le caprice du moment» qui le guide. Trouvez dans les lignes 5–12 des exemples qui illustrent cette affirmation.
4. Quelle est la réaction de Rousseau devant l'eau?
5. Quand allait-il sur la terrasse? Pourquoi?
6. Quelle réflexion est-ce que la contemplation de ce paysage provoque?
7. Selon Rousseau, pourquoi est-ce que les habitants des villes ont peu de foi en Dieu?
8. Selon Rousseau, qu'est-ce qui doit inciter les habitants de la campagne à croire en Dieu?
9. Pourquoi Rousseau dit-il qu'il ne peut pas bien prier dans sa chambre?
10. Quelle est la prière de la vieille femme? Est-ce que l'évêque l'approuve? Comment est-ce que Rousseau la juge?

INTERPRETATION

1. Pensez-vous que l'oisiveté telle qu'elle est définie par Rousseau soit souhaitable? Justifiez votre opinion.
2. Quels sentiments est-ce que la nature provoque chez Rousseau? Quelle influence est ce que la nature peut donc avoir sur l'homme? Quel système de valeurs est-ce que cela implique?
3. Quelle est, pour Rousseau, la meilleure manière d'exprimer une admiration intense? Etes-vous d'accord?
4. A votre avis, est-ce que la contemplation de la nature est préférable à la parole? Donnez vos raisons.
5. Quelle est votre réaction à l'anecdote de la vieille femme et de l'évêque? Partagez-vous les sentiments de Rousseau?

STYLE ET LANGUE

A. Le **je** ou le **moi** sont très souvent au centre de l'écriture autobiographique.

1. Soulignez les emplois de **je.** Où est-ce que le pronom **je** est souvent placé? Soulignez aussi les emplois de **me, moi, mon, ma** et **mes.** Quel est l'effet de cette accumulation?

2. Par quels mots est-ce que le dernier paragraphe se termine? Quel est l'effet produit?

B. Vous avez lu un passage dans lequel Rousseau insiste sur le plaisir qu'il a à à vivre selon ses émotions et non selon sa raison. Faites la liste des mots qui expriment une émotion ou une réaction impulsive. Classez-les en verbes, adjectifs et adverbes.

ACTIVITE

Décrivez vos émotions devant un bel endroit, un beau spectacle ou une belle personne. Essayez d'utiliser le vocabulaire affectif de Rousseau.

INTERTEXTUALITE

Thèmes:	L'homme et Dieu	Clément, «Les Ennuis d'argent» (24)
		Diop, «Le Prix du chameau» (10)
	La nature	Bille, «Vendanges» (15)
Traitement:	Autobiographie	Roy, *La Détresse et l'enchantement* (31)
	Le portrait	La Fontaine, «Le Héron, la Fille» (26)
		Le Clézio, *L'Extase matérielle* (32)

V

DISCOURS MORAUX ET PHILOSOPHIQUES

23 NOUVELLE   ** Vercors, *Le Cheval et la mort*

24 NOUVELLE   ** François Clément, *Les Ennuis d'argent*

25 ROMAN   *** Colette, *La Petite Bouilloux*

26 POESIE   *** La Fontaine, *Le Héron, la Fille*

27 TEXTE DE REFLEXION ** Michel Leiris, *L'Infini*

23

Le Cheval et la mort

VERCORS

OBJECTIF

Vous allez lire un récit inspiré par des événements réels et historiques. A partir de ces événements, l'auteur crée un conte moderne où apparaît une image allégorique du mal.

AVANT LA LECTURE

Ouverture

1. Racontez une farce (*practical joke*) que vous avez faite ou dont vous avez été victime.
2. Imaginez qu'une personne très célèbre vient un jour frapper à votre porte. Quelle serait votre réaction?

Notes contextuelles

A. **Monuments et quartiers de Paris.**

Regardez le plan de Paris ci-après et voyez où se trouvent **le Quartier Latin, le palais de Chaillot, l'Opéra, Montparnasse,** puis lisez les renseignements qui suivent.

Le Quartier Latin est le quartier universitaire de la capitale. Il est aussi connu pour ses cafés, ses restaurants et sa grande animation nocturne, en particulier le long du **boulevard Saint-Germain.** La rue des Beaux-Arts, la rue d'Assas, etc. mentionnées dans le texte, se trouvent à sa périphérie.

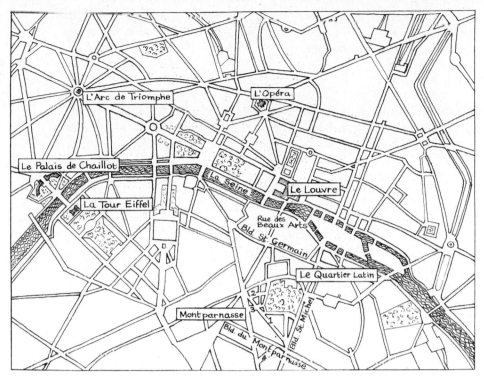

1. Rue d'Assas   2. Rue de Fleurus   3. Rue Huysmans   4. Rue Boissonade

Le palais de Chaillot est un imposant édifice construit en 1937. De sa terrasse on a une très belle vue sur la Seine, la tour Eiffel, etc.

L'Opéra a été construit au XIXe siècle. C'est l'un des monuments les plus connus de la capitale.

Montparnasse est un quartier proche du Quartier Latin. If fut très fréquenté par les artistes, surtout entre les deux guerres. Dans le texte, il est question d'un sculpteur allemand, **Arno Breker**, qui habita Montparnasse avant la Seconde Guerre mondiale. Breker avait beaucoup été impressionné par Michel-Ange lors d'un voyage en Italie.

B. Les immeubles parisiens.

Aujourd'hui encore, beaucoup d'immeubles parisiens ont un gardien ou une gardienne, terme qui a remplacé celui de concierge. Dans le texte on dit **un pipelet,** terme populaire rarement employé aujourd'hui. Les concierges habitaient un petit appartement, **la loge,** située à l'entrée de l'immeuble pour permettre de contrôler les entrées et les sorties. **Les locataires** qui rentraient après dix heures du soir devaient «dire leur nom» à haute voix, en passant devant la loge.

Beaucoup d'immeubles parisiens ont une cour intérieure fermée par **une porte cochère** (une double porte) qui permettait l'entrée d'une voiture tirée par des chevaux et conduite par **un cocher.**

C. Contexte historique.

Ce récit est tiré d'un ouvrage intitulé *Le Silence de la mer* paru clandestinement pendant la Deuxième Guerre mondiale. La France était alors occupée par les armées de Hitler. Mussolini était au pouvoir en Italie, et Franco en Espagne.

D. L'allégorie de la Mort.

En peinture, une allégorie est la re-présentation d'une idée abstraite. Il y a une représentation allégorique tradition-nelle de la Mort (voyez le dessin ci-contre). Le plus souvent, il s'agit d'un squelette portant **une faux** (*scythe*) et vêtu d'**un linceul** (*shroud*). Dans la symbolique traditionnelle, l'image du cheval est souvent associée à la mort.

Stratégies de lecture

A. Lisez d'abord le premier paragraphe, puis répondez aux questions qui suivent:

Je n'écoutais °guère leurs histoires. Elles m'amusent parfois, mais le plus souvent je les trouve stupides. Je réchauffais le petit verre d'alcool dans mes mains, et je riais comme les autres, °au mot de la fin, par °cordialité. Il me semblait bien que notre °hôte faisait °tout comme moi.
5   Pourtant (quand Jean-Marc [1]toussa pour °éclaircir sa voix) il leva les yeux sur lui, sourit, et montra bien qu'il écoutait.

pas beaucoup

à la conclusion
cogn. / *cogn.* / = comme moi
cf. clair

[1]*coughed.*

1. Qu'est ce qu'on apprend sur le narrateur («Je»)? Qu'est-ce qu'on peut deviner sur lui?
2. Qui sont «les autres»?
3. A votre avis, pour quelle raison est-ce que «Je» et «les autres» sont réunis? Qu'est-ce qu'ils font?
4. Est-ce qu'on sait où ils sont? Est-ce qu'on peut le deviner?
5. Qui est Jean-Marc? Pourquoi est-ce qu'il tousse pour «éclaircir sa voix»?

6. (ll. 5–6) «. . . il leva les yeux sur **lui**, sourit, et montra bien qu'il écoutait.» Qui est ce «il»? Qui est ce «lui»?

B. Si vous le désirez, vous pouvez lire la première partie **(I)** et vérifier votre compréhension en répondant aux questions correspondantes dans COMPREHENSION avant de lire la deuxième partie **(II).**

LECTURE

Vercors, *Le Cheval et la mort*

I.

Je n'écoutais guère leurs histoires. Elles m'amusent parfois, mais le plus souvent je les trouve stupides. Je réchauffais le petit verre d'alcool dans mes mains, et je riais comme les autres, au mot de la fin, par cordialité. Il me semblait bien que notre hôte faisait tout comme moi.
5 Pourtant (quand Jean-Marc toussa pour éclaircir sa voix) il leva les yeux sur lui, sourit, et montra bien qu'il écoutait.

— °La mienne est vraie, d'histoire, dit Jean-Marc. Je n'ai pas toujours été le bourgeois °bedonnant que vous voyez. J'ai été un aspirant-architecte que les copains aimaient bien parce qu'il était °fantaisiste.
10 C'est extraordinaire combien la fantaisie est une qualité fragile.

«Ce jour-là . . . ou plutôt cette nuit-là, nous étions une demi-douzaine à avoir bien bu et bien chanté chez Balazuc, vous savez, rue des Beaux-Arts: son °Tavel. Ça se boit comme de l'eau . . .

— Ça se buvait, dit Maurice tristement.

15 — Ça reviendra, dit Jean-Marc. Nous °déambulions le long du boulevard Saint-Germain. Il était minuit . . . une heure. Nous cherchions quelque chose à faire. Je n'ai jamais très bien compris comment la chose se trouvait là: un ¹tombereau vide avec un cheval, attaché à un arbre. Sans cocher, sans rien. C'était un bon gros cheval, qui dormait
20 debout, la tête °pendante. Nous l'avons °dételé, et il nous a suivis bien tranquillement, à la manière des chevaux, qui semblent toujours trouver ce qu'on leur demande à la fois un peu étrange et tout à fait naturel. Nous lui montions sur le dos alternativement, et ceux qui restaient à pied l'excitaient de la voix et du geste. J'ai même réussi à lui faire
25 prendre le galop, une fois, oh! pas longtemps: sur dix ou douze mètres. Si nous le laissions °à lui-même, il °ralentissait l'allure jusqu'à s'arrêter, et il s'endormait sur place. Nous lui avons fait faire je ne sais quels

°= Mon histoire

°avec un gros ventre

°original

°(vin rosé apprécié)

°marchions

°inf. pendre / détaché

°faire ce qu'il voulait / allait plus lentement

¹*cart.*

détours. A vrai dire, nous en avons eu bientôt assez, mais nous ne savions °que faire de lui. Pas question d'aller le remettre à son = pas quoi

30 tombereau: c'était trop loin. Nous étions arrivés rue d'Assas ou rue de Fleurus, par là.

«C'est alors que j'ai eu l'idée. Connaissez-vous la rue Huysmans? La rue la plus sinistre de tout Paris. C'est une rue entièrement bourgeoise: °entendez qu'elle a été construite en une fois, avec de chaque côté des   comprenez

35 maisons de [2]pierre de taille, de style bourgeois. Pas une boutique, vous n'avez pas idée combien une rue sans boutiques (sans boutiques du tout) peut être °lugubre. Personne n'y passe. Une rue grise, [3]guindée,   très triste
°vaniteuse, toujours déserte. Une rue de pipelets, de pipelets bien élevés,   prétentieuse
qui ne sortent jamais °sur le pas de leur porte. J'ai tout à coup pensé que   devant

40 j'avais l'occasion de me venger de cette rue.

«De me venger, tout au moins, d'un des pipelets. N'importe lequel. Nous avons amené là notre cheval. On a sonné à une porte, une superbe porte en [4]fer forgé, avec de grandes vitres. On a fait entrer le bon °dada,   cheval (terme d'enfant)
on l'a poussé jusque devant la loge. L'un de nous a dit d'une voix très

45 forte, a crié comme un locataire attardé, d'une voix un peu °hennissante: *cf.* le hennissement (le cri du cheval)
« — Chevaâal!»

«Et nous sommes sortis en le laissant là. Je ne sais rien de la suite.

«Ça n'a pas l'air très drôle, mais . . . Tout de même, il suffit d'un peu d'imagination. D'imaginer le bon °bourrin, tout seul dans le hall,   *fam.* cheval

50 immobile, l'air idiot et un peu °embêté. Et le pipelet, qui entend ce nom   mal à l'aise
bizarre, il ne se rappelle pas ce locataire-là. Qui entrouvre sa °lucarne, —   petite fenêtre
qui voit ça (un vrai cheval dont la longue tête tourne vers lui son regard triste) et qui, pendant une minute, dans un demi-sommeil, se demande si maintenant les chevaux rentrent chez eux vraiment en disant leur nom

55 . . . Moi, depuis vingt ans que c'est arrivé, je °jubile chaque fois que j'y   suis très heureux
pense.»

II.

Notre hôte posa son verre et dit:
— Je vais vous raconter la plus belle histoire sur Hitler.
Ce °coq-à-l'âne me parut plutôt étrange.   changement soudain de sujet

60 — Au fond c'est la même histoire, reprit-il, c'est pourquoi j'y pense. C'est encore une histoire vraie. C'est Z . . . qui la raconte, il connaît très bien Breker. Ce ne serait pas une preuve qu'elle °fût vraie, mais je suis   soit (*subj.*)
certain qu'elle l'est. Car elle ne finit pas. Quand une histoire est imaginaire, on lui trouve une fin.

65 «C'est quand Hitler est venu à Paris, en 41. Vous savez. Il est arrivé à cinq heures du matin. Il s'est fait conduire ici et là. Il y a une photo °atroce, — atroce pour nous — où il est sur la terrasse du Palais de   horrible
Chaillot. Devant l'un des plus beaux, devant peut-être le plus beau

---

[2]*hewn stone* (tailler = couper). [3]*very formal.* [4]*wrought iron.*

paysage urbain du monde. Avec tout Paris à ses pieds. Tout Paris
70 °endormi et qui ne sait pas que Hitler le regarde.   = qui dort

    «Il s'est fait conduire aussi à l'Opéra, dans la salle. La salle de
l'Opéra à six heures du matin . . . vous imaginez cela. Il s'est fait mon-
trer la °loge du président de la République, et il s'y est assis. Assis tout   = loge de théâtre réservée
seul, dans cette loge, tout seul dans cette salle à six heures du matin. Je   pour le président
75 ne sais pas °si cela vous dit quelque chose. Moi je trouve cela pathétique,   si vous pouvez l'imaginer
je trouve cette visite de Paris pathétique. Cet homme qui a °conquis   *inf.* conquérir
Paris mais qui sait bien qu'il ne peut posséder cette ville qu'endormie,
qu'il ne peut se montrer à l'Opéra que dans le désert °poussiéreux
°de l'aube . . .   du début du jour

80   «Mais tout cela n'est °survenu qu'après. Ce que je veux vous ra-   arrivé
conter se passe d'abord, dès son arrivée. C'est Breker qui le reçoit, le
°morne Breker que Hitler appelle son Michel-Ange. Et le Führer lui dit: morose

    « — Avant tout emmène-moi où tu habitais, il y a vingt ans. Je veux
d'abord voir où tu travaillais, je veux voir ton atelier à Montparnasse.

85   «Alors la voiture °met le cap sur la rue Campagne-Première, ou sur   se dirige vers
la rue Boissonade, je ne sais plus trop, enfin une de ces rues-là. Breker
hésite un peu, °tâtonne un peu, °bien des choses ont changé depuis   cherche / beaucoup de
vingt ans. Tout de même il reconnaît l'espèce de grande porte cochère.
On descend et on frappe.

90   «Ici il me semble qu'il vous faudrait faire le même effort d'imagination que pour le pipelet au bourrin. Ce n'est pas cette fois un pipelet
mais une vieille gardienne; °on ne peut pas ouvrir °de la loge, il faut   = la gardienne / en restant
descendre. Ces °coups insistants la réveillent, elle se demande, un peu   dans
tremblante, ce qui se passe, °enfile une vieille °douillette, ou une   = coups à la porte
95 °pèlerine, descend son demi-étage encore bien sombre, et °tripote   met rapidement / sorte de
quelque peu de ses vieilles mains la grosse ⁷serrure indocile avant de   manteau
°parvenir à ouvrir la porte . . .   cape

    «Enfin elle ouvre, elle regarde. Et elle voit . . .   réussir

HITLER

100   «C'est toute l'histoire . . . Mais elle est surprenante et elle °en dit   suggère beaucoup de choses
long, parce que justement on comprend bien qu'il est superflu de ra-
conter le cri terrorisé que la vieille jeta et comment elle repoussa
°précipitamment la porte sur cette incroyable vision. °Autant dire qu'elle   rapidement / On pourrait dire
vit le Diable. Car enfin cela aurait pu être tout aussi bien d'autres
105 Allemands: elle aurait eu peur certes, elle °se fût dit: «Qu'est-ce qu'ils   = se serait dit
viennent faire?», mais elle les °eût fait entrer — en tremblant sans   = aurait fait
doute — mais enfin c'est tout. Ou bien imaginez Franco, ou même
Mussolini. Elle ne les aurait probablement pas reconnus si vite et puis
quand même: elle n'aurait pas repoussé la porte avec ce cri d'horreur

⁵*dusty.* ⁶*fumbles.* ⁷*lock.*

110 °épouvantée. Non, non: Nous voyons bien que ce qu'elle a trouvé   terrifiée
derrière la porte était aussi terrifiant, aussi horrifique et redoutable que
si °c'eût été la Mort, la Mort avec sa faux et son linceul, et ce sourire   = cela avait été
sinistre dans les [8]mâchoires sans lèvres.»

Août 1944

[8]*jaws without lips*

APRES LA LECTURE

COMPREHENSION

I. Le cheval (ll. 1–56)

1. Maintenant que vous avez lu la première partie, savez-vous qui sont — ou qui peuvent être — les personnes rassemblées chez l'«hôte»?
2. Quels détails permettent de deviner le statut social des personnages qui étaient «une demi-douzaine» (ll. 11–12)?
3. Pourquoi est-ce que Jean-Marc dit que la rue Huysmans était sinistre? Que faut-il penser de ce jugement?
4. Jean-Marc dit qu'il désirait «se venger» des concierges. Pourquoi, à votre avis, parle-t-il de vengeance?
5. Expliquez ce que le groupe fait du cheval et où il l'abandonne.
6. Est-ce qu'on sait quelle a été la réaction du concierge?

II. La Mort (ll. 57–113)

1. Qui raconte cette histoire?
2. A votre avis, pourquoi est-ce que le nom de la personne qui l'a racontée la première n'est pas écrit en toutes lettres («C'est Z . . . qui la raconte», l. 61)?
3. A quelle heure de la journée est-ce que Hitler est arrivé à Paris? Est-ce que ce moment de la journée a une signification particulière?
4. Où est-ce que Hitler est allé?
5. A votre avis, pourquoi est-ce qu'il s'est assis dans la loge du président?
6. Pourquoi est-ce que le narrateur dit que la photo de Hitler au palais de Chaillot est «atroce pour nous» (l. 67)? Pourquoi «pour nous»?
7. Pourquoi dit-il que sa visite de Paris a quelque chose de «pathétique»?
8. Qui accompagnait le Führer?

9. Pourquoi est-ce que Hitler a voulu aller à Montparnasse?

10. Pourquoi est-ce que la gardienne est «tremblante» (l. 94)? De quoi est-ce qu'elle a peur?

11. Qu'est-ce que la gardienne a fait en voyant Hitler? Qu'est-ce que vous pensez de sa réaction?

12. Quelle fin imaginez-vous à cette histoire?

13. Pourquoi est-ce que cette histoire est «surprenante» (l. 100), selon le narrateur?

INTERPRETATION

1. L'hôte dit (l. 60) que l'histoire du cheval et l'histoire de Hitler sont, en fait, la même histoire. Pourquoi? Quels parallèles faites-vous entre les deux parties du récit?

2. Aux lignes 63–64, l'hôte dit: «Quand une histoire est imaginaire, on lui trouve une fin.» Or, ces deux histoires n'ont pas de fin. Quelle conclusion sommes-nous donc obligés de tirer? Etes-vous d'accord avec cette affirmation?

3. Est-ce qu'il y a une autre raison pour laquelle ces histoires n'ont pas de fin? Justifiez votre réponse avec une référence précise au texte.

4. L'hôte assimile clairement Hitler à la Mort et au diable. Pourtant il n'y a pas de description objective de Hitler vu par la gardienne. Pourquoi est-ce que cette description n'est pas nécessaire?

5. A quel moment du texte est-ce que le récit prend un ton allégorique? Pourquoi est-ce que le narrateur éprouve le besoin d'introduire cette dimension allégorique?

STYLE ET LANGUE

Utilisation des temps

Relisez les lignes 13 à 15. Vous voyez ici comment le jeu sur le temps des verbes nous renseigne sur le contexte historique:

> . . . son Tavel. Ça se **boit** comme de l'eau . . .
> — Ça se **buvait**, dit Maurice tristement.
> — Ça **reviendra**, dit Jean-Marc.

1. Identifiez les temps des trois verbes.

2. Pourquoi est-ce que Maurice corrige Jean-Marc? A quelle époque se réfère **buvait**? A quelle époque se réfère **reviendra**?

3. Quel sentiment est-ce que **buvait** exprime? Quel sentiment est-ce que **reviendra** exprime?

ACTIVITES

1. Racontez à votre tour l'histoire du cheval.
2. Imaginez une courte histoire dans laquelle la fin ne sera pas révélée, mais qu'on pourra facilement deviner.

INTERTEXTUALITE

Thèmes:	La guerre et la mort	Rimbaud, «Le Dormeur du val» (12)
	La peur	Jouhandeau, «Le Fou» (20)
Traitement:	Symétrie du récit	La Fontaine, «Le Héron, la Fille» (26)

24

Les Ennuis d'argent

François Clément

OBJECTIF

En lisant cette nouvelle, vous accorderez votre attention aux éléments narratifs importants et vous survolerez les passages descriptifs moins importants.

AVANT LA LECTURE

Ouverture

Avez-vous déjà acheté un billet de loterie ou joué au loto? Imaginez que vous avez gagné une grosse somme d'argent. Qu'est-ce que vous allez en faire? Aidez-vous du vocabulaire qui suit:

un(e) gagnant(e) (*winner*); un numéro gagnant
le tirage (*drawing*)
encaisser (*cash in*)

Notes contextuelles

1. La France est connue pour la variété des ses **fromages.** On dit qu'il y en a plus de 300, dont les tomes, le saint-paulin, les chèvres (*goat cheese*), le camembert, le munster, les rigottes, le saint-marcellin.

2. **Le Bazar de l'Hôtel-de-Ville** (l. 22) est un grand magasin parisien situé à côté de l'Hôtel de Ville. Il est bien connu des **bricoleurs** (ceux/celles qui savent installer ou réparer beaucoup de petites choses à la maison). On y trouve tout (ou presque) pour le travail manuel, en particulier toutes sortes de **clous** (*nails*), **vis** (*screws*), **boulons** (*bolts*), **tenailles** (*pincers*), **marteaux** (*hammers*), **pinces** (*pli-*

ers), **clés** (*wrenches*), **tournevis** (*screwdrivers*), **rabots** (*planes*), **scies** (*saws*), **haches** (*axes*), **pioches** (*picks*), **pelles** (*shovels*), **ciseaux** (*chisels*), etc.

3. **Un polytechnicien** (l. 103) est quelqu'un qui a suivi les cours de l'Ecole Polytechnique, créée par Napoléon, l'une des **Grandes Ecoles** les plus prestigieuses et les plus sélectives. Les polytechniciens ont la réputation d'être très forts en mathématiques. Un diplôme de Polytechnique est aussi prestigieux qu'un diplôme avancé de M.I.T.

4. En France, les tickets de **loto,** comme les billets de **loterie nationale,** sont vendus dans certains cafés. Le loto et la loterie sont contrôlés par l'Etat. Les gagnants reçoivent une somme **nette d'impôts** (*tax free*), *cf.* (l. 167).

5. **La Joconde** (*The Mona Lisa*) (l. 57) est sans doute le tableau le plus célèbre de Léonard de Vinci. Il fut peint au début du XVIe siècle et se trouve à Paris, au musée du Louvre.
   Francisco Goya, 1746–1828, (l. 58), est l'un des plus grands peintres espagnols. Il est connu en particulier pour ses portraits.

Stratégies de lecture

A. Lisez d'abord le premier paragraphe:

> [1]Il était une fois un °brave homme qui ne trouvait pas la vie très drôle, mais °ne s'en plaignait pas. D'expérience, il savait que les °biens sont payés par des °maux, et trouvait cela assez juste. Pour gagner médiocrement sa vie, il était obligé de perdre de longues heures dans un bureau, où il travaillait peu, mais s'ennuyait beaucoup. Pourtant, il
> 5 aurait fait un bon °oisif.

homme gentil
ne protestait pas / richesses
cf. le mal

inactif

[1]*Once upon a time.*

1. Ce paragraphe commence par «Il était une fois». Qu'est-ce que cela suggère sur le genre de texte que vous allez lire?

2. Ce premier paragraphe constitue un portrait du «héros». Choisissez dans le tableau suivant les éléments qui le caractérisent le mieux:

Cet homme est . . .	*Sa vie est . . .*	*Il a un travail qui . . .*
un rebelle	intéressante	est intéressant
un ambitieux	monotone	est ennuyeux
sans ambition	pleine d'imprévus	l'occupe beaucoup
sans passion	variée	paie bien
un fataliste	médiocre	paie mal
un optimiste	détestable	le passionne
un curieux	malheureuse	lui permet de voyager

En lisant le reste du texte, vous verrez comment ce portrait devient plus précis et vous pourrez vérifier vos premières impressions.

3. L'auteur écrit: «Pourtant, il aurait fait un bon oisif». Cela veut dire qu'il a les qualités de quelqu'un qui peut profiter des plaisirs de la vie sans travailler mais qu'il n'utilise pas ces qualités. Comment imaginez-vous un «bon oisif»?

B. Nous avons divisé le texte en quatre parties (**I–IV**) pour vous aider à mieux suivre l'histoire. Après avoir lu chaque partie, vous pouvez répondre aux questions correspondantes dans COMPREHENSION. A la fin de chaque partie, imaginez la suite de l'histoire avant de reprendre votre lecture.

LECTURE

François Clément, *Les Ennuis d'argent*

I.

Il était une fois un brave homme qui ne trouvait pas la vie très drôle, mais ne s'en plaignait pas. D'expérience, il savait que les biens sont payés par des maux, et trouvait cela assez juste. Pour gagner médiocrement sa vie, il était obligé de perdre de longues heures dans un
5 bureau, où il travaillait peu, mais s'ennuyait beaucoup. Pourtant, il aurait fait un bon oisif.

Son grand et modeste plaisir était de se promener sans but, tout doucement, en rêvant ou en regardant autour de lui. Il aimait le visage des gens, et en conservait des milliers en mémoire, qu'il avait rencontrés
10 au hasard de ses °flâneries ou dont il avait vu le portrait, un jour, en   *promenades*
carte postale. Rien ne l'amusait °tant que de trouver une ressemblance   *autant*
entre son épicier et un banquier italien du ¹Moyen Age, ou de découvrir
une °marquise du dix-huitième siècle derrière le comptoir d'un bureau   *femme noble*
de poste.
15 Il savait aussi voir les gestes, entendre les mots drôles, deviner les
²soucis et les joies. Enfin, les magasins, pleins des produits de l'industrie
humaine, provoquaient sa °jubilation. Il lui arrivait de s'arrêter une   *grande joie*
demi-heure devant la ³vitrine d'un °fromager, afin de contempler les   *marchand de fromages*
tomes, les saint-paulin, les chèvres, les camemberts, munsters, chaources,
20 bonbons, saint-marcellin, rigottes bleus de toutes origines et autres
merveilles, exposés là, dans tous leurs états. Le samedi, il descendait au
sous-sol du Bazar de l'Hôtel-de-Ville comme on va dans une crypte et,
lentement, passait en revue les clous, les vis, les boulons, les marteaux
⁴(de menuisier, à marqueter, de tapissier, de charpentier, de méca-
25 nicien, de forgeron, de maçon), les pinces, les clés, les tenailles, les

¹*Middle Ages.* ²*worries.* ³*window.* ⁴*for cabinet makers, inlayers, upholsterers, carpenters, mechanics, ironsmiths, and masons.*

tournevis, les ciseaux, les gouges, les rabots, les scies, les haches, les pioches, les pelles, sans oublier les objets et les machines dont il ne connaissait ni le nom ni l'usage.

30   Ces contemplations étaient des hommages purs, car son estomac ne supportait aucun °laitage, et il n'était pas bricoleur. D'ailleurs, tout éveillait sa curiosité, et ce mode de consommation convenait très bien à son budget, qui ne lui aurait permis aucune °fantaisie.

    °laitage — produit laitier (*cf.* le lait)

    °fantaisie — = dépense inutile

    Pour le reste, il °menait petite vie, °fuyait les idées générales, et n'avait point d'angoisses. Si on lui avait demandé s'il croyait en Dieu, il
35   aurait répondu oui, mais cela n'aurait pas été très vrai. Enfant, il avait appris Dieu, et n'y avait jamais repensé. On a toujours, dans une [5]commode ou un placard, une chemise °habillée. °La toile en est brûlée, °jaunie. [6]Tant qu'on ne la déplie pas pour la mettre, on la croit encore utilisable, et c'est peut-être très bien ainsi.

    °menait petite vie / °fuyait — avait une vie sans excès / évitait

    °habillée — élégante / °La toile — Le tissu

    °jaunie — devenue jaune

40   De toute façon, ce brave homme menait une brave vie, ne demandait rien à personne, °ne portait point ombrage et admirait beaucoup. Pour cela, Dieu, qui n'était pas habitué à ces façons, l'aimait et gardait un œil sur lui.

    °ne portait point ombrage — n'était pas envieux

II.

    Un soir, en sortant du bureau, un collègue invita le brave homme
45   à boire °un demi. C'était l'été, il faisait clair et doux, Paris ne se ressemblait même pas, et même les plus paisibles trouvaient à l'air °une saveur d'aventure. Ils s'installèrent à une °terrasse, bavardèrent un moment, puis voulurent payer, mais le garçon les °fuyait. °De guerre lasse, ils se levèrent, s'approchèrent du comptoir:

    °un demi — une bière

    °une saveur — un goût

    °terrasse — = terrasse de café

    °fuyait — évitait / °De guerre lasse — Fatigués d'attendre

50   «*Tiens*, dit le collègue, *et si on faisait un loto?*»

    Le brave homme n'y avait jamais joué. Il s'en fit expliquer les règles, [7]barra quelques chiffres, paya quelques francs, et rentra chez lui, °enivré par le parfum des °troènes en fleurs. En chemin, il raconta combien il serait heureux s'il gagnait:

    °enivré — rendu ivre

    °troènes — = petits arbres odorants

55   «*Je n'irais plus au bureau, disait-il, je me promènerais, je voyagerais, je verrais des musées superbes, des villes admirables, des °souks, des marchés exotiques. Peut-être les Italiennes ressemblent-elles à la Joconde, et peut-être les °Madrilènes ont-elles le petit pied des femmes de Goya? . . . Je ne jetterais pas l'argent par les fenêtres, non, mais je me ferais de petits plaisirs. Je*
60   *°retapisserais ma salle à manger, qui en a besoin, et je demanderais le prix de ce tableau que j'ai vu l'autre jour, en °devanture, rue du Bac. Par exemple, j'achèterais des livres anciens. Leurs °reliures, le soir, brilleraient et me tiendraient chaud. Et peut-être, si j'étais bien riche, irais-je jusqu'à m'acheter une de ces couvertures si légères, en °vigogne ou en poil de chameau,*
65   *je ne sais plus, qu'on nomme plaids, et qui servent aux voyageurs fortunés. Un jour j'en ai ramassé une, tombée d'une Rolls, et l'ai rendue au chauffeur. C'était, dans la main, comme . . . Oui, pour lire, l'hiver, je m'enveloppe-*

    °souks — marchés africains

    °Madrilènes — femmes de Madrid

    °retapisserais — mettrais du papier aux murs de

    °devanture — vitrine (voir 1. 18)

    °reliures — couvertures

    °vigogne — (sorte de laine)

---

[5]*a dresser or a closet.* [6]*as long as it remains unfolded.* [7]*crossed out some numbers.*

rais les jambes et je ne sentirais plus le [8]*courant d'air qui passe sous la porte
du vestibule . . .»*

70   Ces °félicités imaginaires se présentaient à son esprit avec tant de   bonheurs
force, °que sa raison, un instant, bascula: qu'il perdit un instant la raison

   «*O Dieu,* dit-il, *faites-moi gagner au loto.*»

   Il °ne tutoyait pas Dieu, parce qu'il le connaissait peu et appartenait   ne disait pas «tu» à
à l'ancienne école. D'ailleurs, à peine avait-il °achevé sa phrase, qu'il °se   fini / retrouva la raison
75 reprit et secoua la tête. Mais Dieu, qui le regardait juste à ce moment,
[9]haussa les épaules, leva les yeux au ciel, et dit:

   «*D'accord, mais tu me* °*déçois.*»   *inf.* décevoir (désappointer)

   Dieu tutoie tout le monde, c'est connu.

III.

   Le brave homme ne sut pas qu'il avait été entendu jusqu'au
80 prochain tirage du lot, où il gagna, grâce à une [10]tontine remise en jeu
au dernier moment, la somme de 7 millions et quelque chose.

   D'abord, il fut, comme c'était naturel, extrêmement heureux.
Quand il eut regagné son appartement, il prit quelques mesures afin de
pouvoir commander une nouvelle tapisserie pour la salle à manger.
85 Ensuite, contre son habitude, il s'offrit le restaurant. Après le dîner, il
acheta, au tabac du coin, en passant, un cigare, et prit °quasiment la   presque
décision d'apprendre à conduire. Puis, fatigué par tant de joie et projets,
il se coucha et dormit profondément.

   Le lendemain, il s'éveilla heureux, sans savoir pourquoi, et le fut
90 bien plus encore quand il se fut rappelé l'événement miraculeux qui
allait désormais °bouleverser son existence. Mais l'adjectif «*miraculeux*»   transformer totalement
qui avait traversé son esprit par hasard — il aurait aussi bien pu penser
fantastique, admirable, incroyable ou n'importe quoi — lui mit tout à
coup sur la langue un petit goût °amer, comme une saveur de [11]gueule   = désagréable
95 de bois et de °remords.   *cogn.*

   «*C'est la chance*», dit-il à haute voix, pour °conjurer il ne savait quoi.   exorciser

   Cela ne lui fut pas d'un grand usage. Chance, malchance, jeu,
joueur, roulette russe, probabilités . . . Les mots tournèrent en lui et lui
[12]chatouillèrent désagréablement l'estomac jusqu'au dernier. Mais celui-
100 là . . . Il posa la °bouilloire avec laquelle il se préparait à remplir sa   (ustensile pour faire bouillir de
°théière et regarda, devant lui, le mur. Probabilités, probabilités . . .   l'eau)
Fermement, il °éteignit le gaz et alla, dans la pièce voisine, téléphoner: *cf.* le thé
                                                                                    inf. éteindre
   «*Allô,* dit-il à un ami polytechnicien qu'il n'avait pas vu depuis cinq
ans et qui était peut-être en train de se raser, *pardonnez mon indiscrétion,*
105 *mais il s'agit d'une affaire sérieuse. Vous seul pouvez m'aider. Voilà: combien
de chances aurait-on de gagner au loto si l'on prenait un ticket simple? Oui,
c'est ça. Combien? Une sur six cent soixante mille? C'est peu, non?* °*Infime?*   = C'est très très peu

[8]*draft.* [9]*shrugged his shoulders.* [10]*unclaimed money added to the new
prize.* [11]*hangover.* [12]*tickled.*

*Oui, je comprends. Tendant vers zéro. Eh oui. Eh bien, merci. Et encore
pardon.»*

110   Il reposa le téléphone et s'assit lentement, rêveur. °A l'évidence,
cette affaire n'était pas claire. Certes, il pouvait °s'être trompé. Après
tout, il n'avait pas encore encaissé l'argent. Un chiffre barré par erreur,
un moment d'inattention, et tout allait redevenir normal. Bon.

Mais s'il ne s'était pas trompé? Son ami venait de le lui dire: une
115   chance sur six cent soixante mille. Tout près de zéro. Ou de l'infini, si
l'on veut. °Or l'infini, n'est-ce pas . . . D'ailleurs, ce n'était pas tout. Il
fallait bien qu'il y ait, de temps en temps, un gagnant, pour la publicité,
le moral des joueurs et même, au fond, la justice. Donc, un gagnant,
°entendu. Mais pourquoi lui? Une chance sur six cent soixante mille de
120   voir sortir la combinaison gagnante, et une chance sur combien d'être
le possesseur du ticket sur lequel elle est inscrite? Sur cinquante millions
de Français? On pouvait aussi bien dire sur °quatre milliards d'êtres
humains, °encore que, sans doute, les Chinois ne jouent pas au loto.
D'où sept cent millions à °soustraire . . . Quoique . . . après tout, n'im-
125   porte quel Chinois peut être envoyé en mission à Paris par son gouvernement, °débarquer à °Roissy, prendre un ticket de loto. Donc,
quatre milliards, °bel et bien.

La galaxie. La [13]Voie lactée. L'univers °sidéral . . .

Le brave homme poussa un long [14]soupir et se leva pour terminer
130   sa toilette. Sa fortune, en effet, était trop nouvelle pour que rien °ne fût
changé dans sa vie, et il °lui fallut se hâter pour n'être pas en retard au
bureau.

IV.

Le chemin qu'il prenait chaque matin l'amenait à °longer une église.
D'habitude, il n'avait pour elle, ou plutôt pour l'horloge de °son clocher,
135   qu'un regard °distrait. Il allait faire de même quand, °brusquement,
entre [15]un camion en train de décharger et un marchand de journaux à
la °vitre minuscule, le voile gris qui, depuis son réveil, lui cachait la
vérité se [16]déchira et il comprit tout.

°Au risque de se faire écraser, il changea de [17]trottoir afin de passer
140   °au large du lieu sacré. Ce détour lui donnait °du recul. Il ne put
s'empêcher de jeter un coup d'œil sur la façade gothico-byzantine de
l'église, mais aucun signe ne lui fut donné. Ce calme l'inquiéta, et c'est
à grands pas, sans tourner la tête, qu'il gagna son bureau.

Il passa la matinée dans le doute le plus profond. Il pouvait déchirer
145   son ticket de loto, oublier tout cela, revenir à sa vie antérieure. Mais il
était honnête. Aussi cette solution, qui ressemblait à une [18]tricherie, ne
lui plaisait pas. D'ailleurs, et avant tout, il voulait savoir.

Au début de l'après-midi, donc, sous le fallacieux prétexte d'une

---

[13]*Milky Way.* [14]*sigh.* [15]*a truck being unloaded.* [16]*was torn.* [17]*sidewalk.* [18]*a form of
cheating.*

visite à son dentiste, il alla vérifier sa qualité de gagnant. On ne fit
150 aucune difficulté pour lui °remettre un chèque du montant correspon-   donner
dant à son gain, et on le fit sortir par une porte °dérobée afin d'éviter les   cachée
photographes éventuels.

Dehors, il vacilla comme un homme ivre, puis, se reprenant, °s'en   s'en alla
fut à petits pas jusqu'à un café, où il s'assit en commandant °un bock.   = un bière
155 Un long moment, il resta immobile à regarder les passants, les
voitures, la couleur du ciel, tout ce qu'il aimait. Poussant un soupir, il
sortit de sa poche la feuille de papier °dont il s'était muni à cette inten-   qu'il avait prise
tion et rédigea sa lettre de [19]démission. Il la °relut avec soin, ajouta un   *inf.* relire
point oublié sur un i, la glissa dans une enveloppe et s'en fut la poster.
160 Ensuite il rentra chez lui, tout doucement, comme un grand malade.
En fait, il ne souffrait de rien, mais récapitulait. Il faut avouer que de
pareilles aventures n'arrivent pas souvent. Ainsi, on peut demander
quelque chose à Dieu, sans y penser, machinalement, comme on dirait:
[20]Nom d'une pipe! et °être exaucé? Et, notez-le bien, pas avec des   avoir ce qu'on désire
165 °fariboles, des promesses, des paradis à la fin de vos jours. Non.   paroles sans importance

Exaucé °en dur. Sept millions et quelque chose. Palpable. Réel.   de façon bien réelle
°Net d'impôts . . .   = Sans impôts

Le brave homme avait le cœur simple, l'âme honnête. Il ne chercha
aucun °faux-fuyant. Même, il °balaya d'un mouvement de la main le   prétexte / écarta
170 quatre milliardième de chance qu'il s'accordait encore le matin. Il avait
prié Dieu, et Dieu l'avait écouté. Donc Dieu existait.

Il ne restait plus qu'à conclure.

Le brave homme n'était qu'un brave homme. S'il avait été saint, il
aurait °pris son parti sans barguigner.   accepté la situation sans hésiter
175 Il préféra s'accorder un temps de réflexion. Il °erra plusieurs jours,   marcha sans but
et peut-être même une semaine dans les rues de Paris, l'air °embêté,   perplexe
parlant un peu tout seul et [21]bousculant les passants sans les voir. Cent
fois, mille fois, il reprit son raisonnement, et toujours arriva à la même
conclusion. Alors il °fouilla dans sa mémoire, y retrouva des souvenirs   chercha
180 de catéchisme qu'il croyait perdus °à jamais, et °sut ce qui lui restait à   pour toujours / *inf.* savoir
faire.

Il poussa un énorme soupir, liquida son appartement, vendit ses
meubles, donna ses millions aux °œuvres et s'en fut par le monde   fondations charitables
[22]mendier son pain pour être agréable à Dieu.
185 Celui-ci, qui ne l'avait pas perdu des yeux, sourit et se tourna vers
saint Pierre:

«Un peu °rosse, mais bien joué, non?», lui dit-il.   *fam.* méchant

[19]*resignation.* [20]*Darn it!* [21]*bumping into.* [22]*to beg for.*

APRES LA LECTURE

COMPREHENSION

I. Première partie (ll. 1–43)

1. Cherchez les détails qui permettent de faire un portrait du héros de cette nouvelle. Comment est-ce qu'il gagne sa vie? Est-il ambitieux? Qu'est-ce qu'il aime faire? Est-il éduqué? Est-il matérialiste? Est-ce un homme heureux ou malheureux? Est-ce un sage?
2. Quelle est son attitude à l'égard des choses de la religion et de Dieu?
3. Quelle image est-ce que l'auteur utilise pour expliquer l'attitude religieuse de son personnage? Qu'est-ce que vous pensez de cette image?
4. Quel est l'adjectif que l'auteur emploie plusieurs fois et qui résume la personnalité de son personnage?
5. Il y a deux longues énumérations dans le troisième paragraphe (ll. 15–28). Ne vous attachez pas aux détails mais pensez à la fonction de ces listes. Qu'est-ce qu'elles nous apprennent de plus sur le héros?

II. Deuxième partie (ll. 44–78)

1. Par quels mots commence cette deuxième partie?
2. Qu'est-ce qui arrive un soir?
3. Pourquoi est-ce que le héros joue au loto ce soir-là?
4. Quels projets est-ce que le narrateur fait au cas où il gagnerait? Qu'est-ce que vous pensez de ces projets? Qu'est-ce qu'ils révèlent de plus sur le personnage?
5. Qu'est-ce que vous pensez de la progression de ses rêves?
6. Qu'est-ce que les lignes 65 et 66 révèlent sur la moralité du personnage?
7. Est-ce que sa première réaction de prier Dieu est naturelle et compréhensible? Après sa prière, le texte dit «qu'il se reprit et secoua la tête.» (ll. 74–75). Comment comprenez-vous ce changement d'attitude?
8. Pourquoi est-ce que Dieu dit qu'il est déçu (l. 77)?

III. Troisième partie (ll. 79–132)

1. Quelle est la première réaction du héros quand il apprend qu'il a gagné? Qu'est-ce qu'il fait en rentrant chez lui? Qu'est-ce qu'il fait ensuite?
2. Pourquoi est-ce que sa chance semble l'inquiéter? Quel est l'adjectif qui suggère son inquiétude?
3. Qu'est-ce que l'homme commence à espérer pour calmer son inquiétude?

4. Pourquoi est-ce qu'il téléphone à un ami polytechnicien? Qu'est-ce qu'il lui demande?

5. Lignes 114 à 127. Encore une fois, il n'est pas nécessaire de comprendre ce paragraphe dans le détail. Notez simplement la progression des chiffres, qui accompagne le raisonnement du personnage. Quelle perspective est-ce que ces calculs lui ouvrent? A quelle conclusion arrive-t-il?

6. Le brave homme ne prend pas tout de suite une décision. A votre avis, qu'est-ce qu'il va faire? Inventez une suite et une fin.

IV. Quatrième partie (l. 133 jusqu'à la fin)

1. Pourquoi est-ce que le héros regarde l'église avec une nouvelle attention? Imaginez à quoi ou à qui il pense. Quel signe est-ce qu'il attend?

2. Pourquoi est-ce qu'il passe la matinée dans le doute? Quels sont ses choix?

3. Pourquoi est-ce qu'il ne déchire pas tout de suite son ticket de loto?

4. Qu'est-ce qu'il fait cet après-midi-là?

5. Pourquoi est-ce qu'il envoie sa lettre de démission? A votre avis, que va-t-il faire?

6. Pourquoi rentre-t-il chez lui doucement «comme un grand malade» (l. 160)? Est-ce que cela a un rapport avec les lignes 173 et 174?

7. Qu'est-ce que le héros fait finalement?

8. «Il ne restait plus qu'à conclure» (ligne 172). Quel raisonnement est-il obligé de faire? A quelle conclusion est-il amené? Est ce que la fin du texte est semblable à celle que vous aviez prédite?

9. Qu'est-ce que les dernières lignes de la nouvelle signifient? Qu'est-ce que Dieu voulait obtenir? Pourquoi dit-il: «Un peu rosse, mais bien joué, non?» (l. 187).

INTERPRETATION

Relisez le texte dans son ensemble, puis répondez aux questions suivantes:

1. Voici l'histoire d'un homme qui a gagné au loto. Est-ce que le récit a évolué comme on pouvait le prévoir?

2. Reprenons le raisonnement qui a amené le brave homme à tout abandonner pour aller mendier. Est-ce que sa progression est illogique? Pourquoi?

3. A partir de quel moment est-ce que la logique du brave homme n'est plus celle de tout le monde?

4. Pourquoi est-ce que la seule solution est de tout vendre pour aller mendier? Selon quelle logique est-ce que le brave homme arrive à cette solution?

5. Sur quelles valeurs est-ce que la fin de ce récit insiste?

6. Sous des apparences humoristiques, est-ce qu'il n'y a pas un message sérieux dans ce texte? Si oui, lequel?

7. Au début, l'auteur écrit que le brave homme «aurait fait un bon oisif» (l. 6). Finalement, Dieu lui donne la possibilité d'être un oisif. Est-ce qu'il profite de cette possibilité? Pourquoi? Quelle est l'ironie de l'histoire?

STYLE ET LANGUE

A. L'humour:

Plusieurs éléments rendent ce récit humoristique.

1. Trouvez dans le *texte* des *détails* qui décrivent le personnage avec humour.
2. Trouvez dans le *texte* des *jugements* humoristiques portés par l'auteur sur son personnage ou la situation en général.
3. Notez les lignes où l'auteur fait parler Dieu. Qu'est-ce qu'il y a de particulier dans le ton sur lequel Dieu s'exprime? Quelle image de Dieu est-ce que le texte crée?

B. Progression (l. 82 jusqu'à la fin):

Dans ces lignes, cherchez les phrases ou parties de phrases qui indiquent les hésitations, la progression dans le raisonnement et l'angoisse croissante du personnage.

ACTIVITE

Imaginez que vous avez gagné à la loterie et que vous ne voulez pas faire comme tout le monde. Qu'est-ce que vous allez faire?

INTERTEXTUALITE

Thèmes:	L'homme et Dieu	Rousseau, *Confessions* (22)
	L'argent	Le Clézio, *L'Extase matérielle* (32)
Traitement:	L'humour	Prassinos, «La Gomme» (9)
		Ferron, «Retour à Val-d'Or» (8)

25

La Petite Bouilloux

COLETTE

OBJECTIF

Vous allez lire un texte dans lequel il est essentiel de comprendre le contexte socio-
culturel pour apprécier la dimension morale et psychologique du récit.

AVANT LA LECTURE

Ouverture

D'ordinaire la réussite dans la société est associée à plusieurs facteurs. Lesquels? A
votre avis, quels sont les plus déterminants? Parmi ces facteurs, il est rare qu'on
mentionne la beauté. Pourtant, dans nos sociétés, il existe de nombreux cas de
réussite liée à l'apparence physique. Donnez-en des exemples. Quelle est votre
opinion à ce sujet?

Notes contextuelles

1. **La ville**

Le texte décrit une petite ville de la province française de la fin du XIXe siècle où la
conscience de classe dominait encore plus qu'aujourd'hui les rapports humains.

2. **L'école**

Autrefois, les écoles étaient organisées en **cours** correspondant à des niveaux différents. Le dernier niveau était **le cours supérieur** (l. 45), pour les élèves âgés de

11 à 13 ans. Les élèves allaient à l'école tous les jours de la semaine, sauf le **jeudi** et le dimanche (l. 29).

A la fin de chaque année, il y avait une **distribution des prix** (ll. 14–15), cérémonie importante au cours de laquelle on donnait des livres aux meilleurs élèves. En général, quelques élèves étaient choisi(e)s pour réciter un poème devant l'assistance des parents et des officiels.

Les élèves qui ne continuaient pas leurs études (souvent pour des raisons économiques) entraient **en apprentissage** (l. 22) pour apprendre un métier (devenaient des **apprentis**, l. 31).

3. La religion

Comme la plupart des enfants français, la jeune Nana a été élevée dans la religion catholique. Elle a donc fait sa **première communion.** Le jour de la première communion, les enfants allaient à la messe le matin et aux **vêpres** l'après-midi (l. 18).

4. Les loisirs

Dans les villages, les grandes fêtes annuelles avaient lieu (et ont encore lieu) en particulier le 24 juin, jour de **la Saint-Jean** (l. 97 et l. 108) et lors des **foires** (*fairs*). Il y avait aussi des **bals** en plein air qui attiraient tous les jeunes des environs.

Stratégie de langue

Apprenez à reconnaître:

1. le vocabulaire du corps.

Vous avez déjà eu l'occasion de revoir et d'apprendre du vocabulaire sur le corps, en particulier dans «La Gomme» (9) et «Vendanges» (15).

Revoyez ce vocabulaire dans ces deux textes et apprenez les mots suivants:

> Les cils (*eyelashes*); les épaules (*shoulders*); la gorge (*throat*; euphemism for *breasts*); les lèvres (*lips*); les narines (*nostrils*); la nuque (= le cou); les prunelles (les pupilles); le teint (*complexion*); les tempes (*temples*).

2. le vocabulaire de certains métiers.

Vous avez déjà rencontré plusieurs noms de métiers. Pouvez-vous en faire la liste?

En voici d'autres qui vous aideront à comprendre le texte:

> Le scieur de long, l. 18 (*sawyer* of long timber); le charron, l. 32 (*cartwright*); la couturière, l. 149 (*seamstress*); *cf.* «atelier de couture», l. 36; l'ébéniste, l. 120 (*cabinet maker*); le commis-voyageur, l. 125 (*traveling salesman*); le clerc d'huissier, l. 126 (near equiv.: *bailiff*)

Stratégies de lecture

A. Lisez d'abord les phrases en caractères gras: elles contiennent l'essentiel du premier paragraphe.

> **Cette petite Bouilloux était si jolie que nous nous en apercevions.** Il n'est pas ordinaire que les fillettes reconnaissent en l'une d'elles la beauté et lui rendent hommage. Mais l'incontestée petite Bouilloux nous désarmait. **Quand ma mère la rencontrait dans la rue, elle**
> 5 **arrêtait la petite Bouilloux et se penchait sur elle, comme elle faisait**
> **pour sa rose** °safranée, **pour son cactus** à fleur °pourpre, **pour son**   jaune safran / rouge
> **papillon** du °pin, endormi et confiant sur [1]l'écorce écailleuse. **Elle**   cogn. (arbre)
> **touchait les cheveux** °frisés, dorés comme la [2]châtaigne mi-mûre, **la**   bouclés
> **joue** transparente et rose **de la petite Bouilloux, regardait battre les**
> 10 **cils** °démesurés sur l'humide et vaste prunelle sombre, **les dents briller**   très longs
> sous une lèvre sans pareille, **et laissait partir l'enfant, qu'elle suivait**
> **des yeux,** [3]**en soupirant:**
> —**C'est prodigieux!** . . .

[1]*the scaly bark.* [2]*half-ripe chestnut.* [3]*with a sigh.*

B. Pour vous aider à comprendre la structure de ces phrases longues, complétez ce qui suit.

1. Quand ma mère rencontrait la petite Bouilloux dans la rue elle

   a. l'_____
   b. et _____
   comme elle faisait

   a. pour _____
   b. pour _____
   c. pour _____

2. Elle (ma mère) touchait

   a. les _____
   b. la _____

3. Elle regardait

    a. battre _____

    b. les _____

    et elle la laissait partir.

C. Relisez le paragraphe en entier et donnez les détails descriptifs qui accompagnent les termes suivants dans le texte:

la rose _____

le cactus _____

le papillon du pin _____ et _____

l'écorce _____

les cheveux _____ _____

la châtaigne _____

la joue _____ et _____

les cils _____

la prunelle _____, _____ et _____

la lèvre _____

Colette utilise souvent des éléments descriptifs dans ses textes. Vous en avez déjà un exemple dans ce paragraphe. Pour comprendre l'histoire de la petite Bouilloux, inspirez-vous de la stratégie proposée pour ce premier paragraphe. A la première lecture, il n'est pas nécessaire de comprendre tous les éléments descriptifs. A la deuxième lecture, prêtez plus d'attention aux détails descriptifs pour apprécier le style de Colette.

D. Pour vous aider à comprendre l'histoire dans ses grandes lignes, nous avons divisé le texte en huit parties (I–VIII). Après chaque partie, vous pouvez répondre aux questions correspondantes dans COMPREHENSION.

LECTURE

Colette, *La Petite Bouilloux*

I.

    Cette petite Bouilloux était si jolie que nous nous en apercevions. Il n'est pas ordinaire que les fillettes reconnaissent en l'une d'elles la beauté et lui rendent hommage. Mais l'incontestée petite Bouilloux nous désarmait. Quand ma mère la rencontrait dans la rue, elle arrêtait
5 la petite Bouilloux et se penchait sur elle, comme elle faisait pour sa rose safranée, pour son cactus à fleur pourpre, pour son papillon du pin,

endormi et confiant sur l'écorce écailleuse. Elle touchait les cheveux frisés, dorés comme la châtaigne mi-mûre, la joue transparente et rose de la petite Bouilloux, regardait battre les cils démesurés sur l'humide et
10 vaste prunelle sombre, les dents briller sous une lèvre sans pareille, et laissait partir l'enfant, qu'elle suivait des yeux, en soupirant:

— C'est prodigieux! . . .

II.

Quelques années passèrent, ajoutant des grâces à la petite Bouilloux. Il y eut des dates que notre admiration commémorait: une dis-
15 tribution de prix où la petite Bouilloux, timide et récitant tout bas une fable inintelligible, °resplendit sous ses °larmes comme une pêche sous °l'averse . . . La première communion de la petite Bouilloux fit scandale: elle alla boire °chopine après les vêpres, avec son père, le scieur de long, au café du Commerce, et dansa le soir, féminine déjà et coquette, ba-
20 lancée sur ses souliers blancs, au bal public.

cf. splendide / *cf.* pleurer
la pluie
un verre de vin

D'un air orgueilleux, auquel elle nous avait habituées, elle nous °avertit après, à l'école, qu'elle entrait en apprentissage.

= dit

— Ah! . . . Chez qui?

— Chez Mme Adolphe.

25 — Ah! . . . Tu vas gagner tout de suite?

— Non, je n'ai que treize ans, je gagnerai l'an prochain.

Elle nous quitta sans effusion et nous la laissâmes froidement aller. Déjà sa beauté l'isolait, et elle °ne comptait point d'amies dans l'école, où elle apprenait peu. Ses dimanches et ses jeudis, au lieu de la rap-
30 procher de nous, °appartenaient à une famille °«mal vue», à des cousines de dix-huit ans, °effrontées sur le pas de la porte, à des frères apprentis charrons, qui «portaient cravate» à quatorze ans et fumaient, leur sœur au bras, entre le [1]«Tir parisien» de la foire et le gai °«Débit» que la [2]veuve à Pimelle °achalandait si bien.

n'avait pas

étaient passés avec / de
   mauvaise réputation
impudentes

= bar
remplissait en attirant les clients

III.

35 Dès le lendemain matin, je vis la petite Bouilloux, car elle montait vers son atelier de couture, et je descendais vers l'école. De stupeur, d'admiration jalouse, je restai °plantée, du côté de la rue des Sœurs, regardant Nana Bouilloux qui s'éloignait. Elle avait °troqué son [3]sarrau noir, sa courte robe de petite fille contre une jupe longue, contre un
40 °corsage de satinette rose à [4]plis plats. Un tablier de mohair noir °parait le devant de sa jupe, et ses bondissants cheveux, disciplinés, °tordus en «huit», °casquaient étroitement la forme charmante et nouvelle d'une tête ronde, impérieuse, qui n'avait plus d'enfantin que sa fraîcheur et son impudence, pas encore mesurée, de [5]petite dévergondée villageoise.
45 Le cours supérieur °bourdonna ce matin-là.

immobile
échangé

= blouse / décorait
= en forme de «8»
= entouraient (*cf.* le casque)

fut plein de commentaires

[1]*shooting stand.* [2]*widow.* [3]*smock.* [4]*pleated.* [5]*little tart.*

— J'ai vu Nana Bouilloux! En «long», ma chère, en long qu'elle est habillée! En chignon! Et une paire de ciseaux pendante!

IV.

Je rentrai, °haletante, à midi, pressée de crier: respirant vite

— Maman! j'ai vu Nana Bouilloux! Elle passait devant la porte! En
50 long, maman, en long, qu'elle est habillée! Et en chignon! Et des
[6]talons hauts, et une paire de . . .

— Mange, Minet-Chéri, mange, ta côtelette sera froide.

— Et un tablier, maman, oh! un si joli tablier en mohair, comme de
la soie! . . . Est-ce que je ne pourrais pas . . .

55 — Non, Minet-Chéri, tu ne pourrais pas.

— Mais puisque Nana Bouilloux peut bien . . .

— Oui, elle peut, et même elle doit, à treize ans, porter chignon,
tablier court, jupe longue, — c'est l'uniforme de toutes les petites Bouilloux du monde, à treize ans, — malheureusement.

60 — Mais . . .

— Oui, tu voudrais un uniforme complet de petite Bouilloux. Ça se
compose de tout ce que tu as vu, plus: une lettre bien cachée dans la
poche du tablier, un amoureux qui sent le vin et le cigare °à un sou;   = pas cher
deux amoureux, trois amoureux . . . et un peu plus tard . . . beaucoup
65 de larmes . . . un enfant °malingre et caché que °le busc du corset a   maigre / = le métal
écrasé pendant des mois . . . C'est ça, Minet-Chéri, l'uniforme complet
des petites Bouilloux. Tu le veux?

— Mais non, maman . . . Je voulais essayer si le chignon . . .

Ma mère secouait la tête avec une °malice grave.   ironie sérieuse

70 —Ah! non. Tu ne peux pas avoir le chignon sans le tablier, le tablier
sans la lettre, la lettre sans les souliers à talons, ni les souliers sans . . . le
reste! C'est à choisir!

V.

°Ma convoitise se °lassa vite. La radieuse petite Bouilloux ne fut   Mon envie / fatigua
plus qu'une passante quotidienne, que je regardais à peine. Tête nue
75 l'hiver et l'été, elle changeait chaque semaine la couleur vive de ses
blouses. Par grand froid, elle serrait sur ses minces épaules élégantes un
petit °fichu inutile. Droite, éclatante comme une rose [7]épineuse, les cils   châle
°abattus sur la joue ou °dévoilant l'œil humide et sombre, elle méritait,   baissés / cf. le voile
chaque jour davantage, de °régner sur les foules, d'être contemplée,   cogn.
80 °parée, chargée de °joyaux. °La crépelure domptée de ses cheveux   ornée / cogn. (= bijoux) / Les
châtains se révélait, quand même, en petites °ondes qui accrochaient la   petites boucles disciplinées
lumière, en vapeur dorée sur la nuque et près des oreilles. Elle avait un   vagues
air toujours vaguement offensé, des narines courtes et °veloutées qui   cf. le velours
faisaient penser à une [8]biche.

[6]*high heels.* [7]*thorny.* [8]*doe.*

85 Elle eut quinze ans, seize ans, — moi aussi. °Sauf qu'elle riait beaucoup le dimanche, au bras de ses cousines et des ses frères, pour montrer
ses dents, Nana Bouilloux se °tenait assez bien.

— Pour une petite Bouilloux, ma foi, il n'y a rien à dire! recon-
naissait la voix publique.

90 Elle eut dix-sept ans, dix-huit ans, un teint comme un fruit abrité
du vent, des yeux qui faisaient baisser les regards, une démarche apprise
on ne sait où. Elle se mit à fréquenter les °«parquets» aux foires et aux
fêtes, à danser furieusement, à se promener très tard, dans le chemin °de
ronde, un bras d'homme autour de la taille. Toujours méchante, mais
95 °rieuse, et poussant à °la hardiesse ceux qui se seraient contentés de
l'aimer.

VI.

Un soir de Saint-Jean, elle dansait au «parquet» installé place du
Grand-Jeu, sous la triste lumière et l'odeur des lampes à pétrole. Les
souliers °à clous levaient la poussière de la place, entre les °planches du
100 «parquet». Tous les garçons gardaient en dansant le chapeau sur la tête,
comme il se doit. Des filles blondes devenaient °lie de vin dans leurs
corsages °collés, des brunes, venues des champs et brûlées, semblaient
noires. Mais dans une bande d'ouvrières °dédaigneuses, Nana Bouilloux, en robe d'été à petites fleurs, buvait de la limonade au vin rouge
105 quand les Parisiens entrèrent dans le bal.

Deux Parisiens comme on en voit l'été à la campagne, des amis d'un
°châtelain voisin, qui s'ennuyaient; des Parisiens en °serge blanche et en
°tussor qui venaient se moquer, un moment, d'une Saint-Jean de village
. . . Ils cessèrent de rire en apercevant Nana Bouilloux et s'assirent à la
110 °buvette pour la voir de plus près. Ils échangèrent, à mi-voix, des paroles qu'elle °feignait de ne pas entendre. Car sa fierté de belle créature
lui défendit de tourner les yeux vers eux, et de °pouffer comme ses
compagnes. Elle entendit: «[9]Cygne parmi les oies . . . Un °Greuze! . . .
crime de laisser s'enterrer ici une merveille . . .» Quand le Parisien en
115 serge blanche invita la petite Bouilloux à °valser, elle se leva sans étonnement, et dansa °muette, sérieuse; ses cils plus beaux qu'un regard
touchaient, parfois, °le pinceau d'une moustache blonde.

Après la valse, les Parisiens s'en allèrent, et Nana Bouilloux s'assit à
la buvette en s'°éventant. Le fils Leriche °l'y vint chercher, et Houette,
120 et même Honce, le pharmacien, et même Possy, l'ébéniste, °grisonnant,
mais fin danseur. A tous, elle répondit: «Merci bien, je suis fatiguée», et
elle quitta le bal à dix heures et demie.

VII.

Et puis, il n'arriva plus rien à la petite Bouilloux. Les Parisiens ne
revinrent pas, ni ceux-là, ni d'autres. Houette, Honce, le fils Leriche, les

[9]*A swan among geese.*

Marginal glosses:

Excepté le fait

comportait

= parquets de danse
des remparts

cf. rire / l'audace

= lourds et peu
élégants / *cogn.*

rouge sombre
collés contre le corps par la
transpiration
cf. le dédain

cf. le château / *cogn.*
étoffe raffinée

cf. boire
faisait semblant
= rire
portrait de Greuze (peintre du
XVIIIe siècle)
= danser la valse
= sans parler
= les poils

cf. le vent / = vint la chercher
là
cf. gris(e)

125 commis-voyageurs au ventre barré °d'or, les soldats [10]permissionnaires
et les clercs d'huissier °gravirent en vain notre rue °escarpée, aux heures
où descendait l'ouvrière bien coiffée, qui passait raide avec un signe de
tête. Ils l'espérèrent aux bals, où elle but de la limonade d'un air dis-
tingué et répondit à tous: «Merci bien, je ne danse pas, je suis fatiguée.»
130 Blessés, ils °ricanaient, après quelques jours: «Elle a attrapé une fatigue
de trente-six semaines, oui!» et ils °épièrent sa taille . . . Mais rien
n'arriva à la petite Bouilloux, ni cela ni autre chose. Elle attendait simplement. Elle attendait, touchée d'une [11]foi orgueilleuse, consciente de
ce que lui devait un hasard qui l'avait trop bien armée. Elle attendait . . .
135 ce Parisien de serge blanche? Non. L'étranger, le °ravisseur. L'attente
orgueilleuse la fit pure, silencieuse, elle dédaigna, avec un petit sourire
étonné, Honce, qui voulut l'élever au rang de pharmacienne légitime, et
le premier clerc de l'huissier. Sans plus °déchoir, et reprenant en une fois
ce qu'elle avait jeté — rires, regards, [12]duvet lumineux de sa joue, courte
140 lèvre enfantine et rouge, gorge qu'une [13]ombre bleue divise à peine — à
des °manants, elle attendit son °règne, et le prince qui n'avait pas de
nom.

VIII.

Je n'ai pas revu, en passant une fois dans mon pays °natal, l'ombre
de °celle qui me refusa si tendrement ce qu'elle appelait «l'uniforme des
145 petites Bouilloux». Mais comme l'automobile qui m'emmenait montait
lentement — pas assez lentement, jamais assez lentement — une rue où
je n'ai plus de raison de m'arrêter, une passante °se rangea pour éviter
la roue. Une femme mince, bien coiffée, les cheveux en °casque à la
mode d'autrefois, des ciseaux de couturière pendus à une °«châtelaine»
150 d'[14]acier, sur son tablier noir. De grands yeux vindicatifs, une bouche
serrée qui devait se taire longuement, la joue et la tempe °jaunies de
celles qui travaillent à la lampe; une femme de quarante-cinq ans à . . .
Mais non, mais non; une femme de trente-huit ans, une femme de mon
âge, exactement de mon âge, je n'en pouvais pas douter . . . Dès que la
155 voiture lui laissa le passage, la «petite Bouilloux» descendit la rue, droite,
indifférente, après qu'un coup d'œil, °âpre et anxieux, lui eut révélé que
la voiture s'en allait, vide du ravisseur attendu.

[10]*on leave.* [11]*faith.* [12]*soft down.* [13]*shadow* [14]*steel.*

Margin glosses:

par une chaîne de montre en or / montèrent / très inclinée

riaient de manière sarcastique

observèrent

séducteur

s'abaisser

paysans / *cogn.*

cogn.

= la femme (ma mère)

fit un pas de côté

cf. l. 42

= chaîne

cf. jaune

dur

APRÈS LA LECTURE

COMPREHENSION

I. La beauté incontestée de la petite Bouilloux (ll. 1–12).

1. Quels détails servent à décrire la beauté de l'enfant?
2. Quelle était l'attitude des autres enfants à l'égard de la petite Bouilloux?
3. Ce paragraphe nous apprend quelque chose sur la beauté de l'enfant. Il nous apprend aussi quelque chose sur la mère. Quoi?

II. La petite Bouilloux à l'école (ll. 13–34).

1. Quels sont les deux premiers événements associés à l'évocation de la petite Bouilloux?
2. Pourquoi est-ce que la petite Bouilloux a fait scandale le jour de sa première communion?
3. A quel âge est-ce qu'elle a quitté l'école?
4. Qu'est-ce qu'elle a fait ensuite?
5. Relevez les détails qui montrent que son comportement est différent de celui des jeunes de son âge.

III. Transformation de la petite Bouilloux (ll. 35–47).

1. Décrivez les changements dans l'apparence de Nana Bouilloux après qu'elle a quitté l'école.
2. Quelle est la réaction de ses anciennes compagnes de classe?

IV. Conversation entre la mère et la fille (ll. 48–72).

1. Sur quel ton est-ce que la narratrice décrit Nana à sa mère?
2. Sur quel ton est-ce que la mère répond?
3. Finissez la phrase dite par la narratrice à la ligne 54: «Est-ce que je ne pourrais pas . . .».
4. La mère dit que le chignon, le tablier court et la jupe longue «c'est l'uniforme de toutes les petites Bouilloux du monde, à treize ans» (ll. 58–59). De quoi d'autre est-ce que cet uniforme se compose? Qu'est-ce que la mère dit indirectement? Qui sont ces «petites Bouilloux du monde»? Quel destin les attend, selon la mère?
5. La mère dit que «C'est à choisir!» (l. 72). Selon elle, entre quoi et quoi est-ce que sa fille doit choisir?

V. Nouvelle description de Nana Bouilloux (ll. 73–96).

1. Quel est le sentiment dominant de cette description?
2. Selon la narratrice, quel avenir est-ce que Nana Bouilloux mérite? Pourquoi?
3. Comment est-ce que la «voix publique» jugeait la petite Bouilloux lorsqu'elle avait 15 et 16 ans?
4. Qu'est-ce que la petite Bouilloux a commencé à faire à l'âge de 17 ans? Comment est-ce qu'elle se comportait avec les hommes?
5. A votre avis, qu'est-ce qui lui arrivera?

VI. Le bal (ll. 97–122).

1. Que suggère la description des danseurs (ll. 98–103)?
2. Que suggère la description de Nana dans ce contexte?
3. Quelle est l'attitude des deux Parisiens au début? Et quand ils aperçoivent Nana Bouilloux?
4. Quelle a été l'attitude de Nana après le départ des Parisiens? Est-ce que nous savons ce qu'elle a pensé? Est-ce que nous pouvons le deviner?
5. Imaginez la fin de l'histoire.

VII. L'attente du prince charmant (ll. 123–142).

1. Qu'est-ce que la première phrase de cette partie suggère?
2. Pourquoi les hommes que Nana a refusés après le bal ont-ils été particulièrement «blessés»? Comment expliquent-ils son refus? Ont-ils raison?
3. «Mais rien n'arriva à la petite Bouilloux, ni **cela** ni **autre chose**.» (ll. 131–132). Que signifie «cela»? Quelle «autre chose» aurait pu arriver à Nana?
4. Pourquoi est-ce que Nana refusait les offres de mariage avantageuses?

VIII. Epilogue (l. 143 jusqu'à la fin)

1. Quel âge est-ce que Nana avait lorsque la narratrice l'a revue? Quel âge semblait-elle avoir? Qu'est-ce qui avait changé dans son apparence?
2. Qu'est-ce que les dernières lignes du texte suggèrent?

INTERPRETATION

Relisez le texte en entier, puis répondez aux questions suivantes:

1. Relevez dans le texte des détails qui indiquent **l'isolement** de Nana Bouilloux.
2. Qu'est-ce qui l'isole?

3. Comment définiriez-vous l'attitude de la narratrice envers Nana   (a) au début, (b) à la fin? Est-ce que cette attitude a changé?

4. Finalement, est-ce que Nana Bouilloux a suivi le destin de «toutes les petites Bouilloux du monde»? Relevez dans les différentes parties du texte les détails qui suggèrent que ce destin semble devoir se réaliser.

5. Selon vous, est-ce que Nana nous est montrée comme une héroïne et un modèle ou une victime (ou les deux)?

6. Comment comprenez-vous cette phrase (ll. 133–134): «Elle attendait, touchée d'une foi orgueilleuse, consciente de ce que lui devait un hasard qui l'avait trop bien armée.»?

7. Est-ce que ce texte contient des jugements implicites? Sur qui? Sur quoi? Relevez les détails qui constituent une satire sociale.

8. Est-ce que la fin contient une morale, un peu comme une fable, bien qu'elle ne soit pas clairement formulée?

9. Si vous aviez été à la place de Nana, qu'est-ce que vous auriez fait? Pensez-vous que Nana ait eu raison d'attendre?

10. Comment expliquez-vous le destin surprenant de Nana Bouilloux?

STYLE ET LANGUE

A. Adjectifs et images descriptifs

Le style de Colette est remarquable par l'abondance des adjectifs et des images qui évoquent des impressions de couleurs, de parfums, de sensations, etc.

Regardez les lignes 1 à 12 et faites la liste des adjectifs et images qui s'y trouvent. Quelles sont les impressions dominantes qu'ils suggèrent?

Faites le même travail sur les lignes 73 à 84.

B. Le passage du temps

En quelques pages, Colette évoque presque quarante ans d'une vie. Elle le fait de manière remarquablement économique.

Relevez les expressions au début de certains paragraphes qui rendent compte de l'évolution du temps et qui renforcent l'idée d'une progression vers un destin.

ACTIVITES

1. Faites le portrait d'une personne dont vous êtes amoureux/euse pour un(e) ami(e) qui ne l'a jamais rencontré(e). Employez le plus de termes possibles tirés du texte.

2. Cette histoire présente des ressemblances avec celle de Cendrillon. Racontez l'histoire de Cendrillon, mais en lui donnant la fin choisie par Colette.

3. Dramatisation. Transformez la scène du bal en une courte scène dialoguée entre les personnages suivants: Nana, une amie, les deux Parisiens, le pharmacien, l'ébéniste, le fils Leriche, Houette et deux vieilles personnes du village qui regardent et commentent dans un coin.

INTERTEXTUALITE

Thèmes:	La petite ville française	Bosco, *L'Enfant et la rivière* (16)
	L'Autre différent	Baudelaire, «L'Etranger» (29)
		Susini, *Plein Soleil* (28)
	L'attente de l'amour	Bille, «Vendanges» (15)
	Mère et fille	Roy, *La Détresse et l'enchantement* (31)
		Susini, *Plein Soleil* (28)

26

Le Héron, la Fille

La Fontaine

OBJECTIF

Vous allez vous familiariser avec une fable écrite au XVIIe siècle, c'est-à-dire dans une langue dite classique.

AVANT LA LECTURE

Notes contextuelles

A. La langue du XVIIe siècle.

1. Vous trouverez dans ce texte un certain nombre de mots et d'expressions employés dans un sens différent du sens moderne ou qui sont passés de mode:

(v. 29)	On hasarde de perdre	=	On risque de perdre
(v. 30)	Gardez-vous de rien dédaigner	=	Surtout ne dédaignez rien
(v. 52)	Font dessus tout	=	font plus que tout
(v. 61)	les amants	=	les amoureux

2. *Quelques constructions classiques.*

   (v. 55) Elle de se moquer   =   alors elle se moqua

   (v. 63)   . . .**elle sent** chaque jour
   (v. 64) **Déloger** quelques ris, quelques jeux, puis l'amour;
   (v. 65)   Puis ses traits **choquer et déplaire**;
   (v. 66) Puis cent sortes de fards.

(v. 69)   Se peuvent réparer   =   peuvent se réparer

Notez, au vers 65, qu'il faut sous-entendre **elle sent** (= Puis **elle sent** ses traits choquer et déplaire).

Notez, au vers 66, l'absence de verbe. Il faut le sous-entendre (= Puis **elle utilise** cent sortes de fards).

B. Les précieuses.

Au XVIIᵉ siècle, ce sont des femmes qui ont adopté une attitude nouvelle et raffinée envers les sentiments. Elles utilisaient un langage recherché (précieux), en particulier pour exprimer l'amour et les relations amoureuses. La Fontaine se moque d'elles dans sa fable.

C. La fable.

La Fontaine a composé une fable en deux parties qu'il intitule «Le Héron» et «La Fille». Comme vous le verrez, ces deux parties sont des variations sur le même thème.

De façon générale, une fable est une histoire à valeur exemplaire suivie d'une morale, à la fin.

Stratégies de lecture

1. *Ressemblances.*

L'histoire qui précède, «La Petite Bouilloux», et la double fable que vous allez lire ont des caractéristiques communes. Voici un résumé de «La Petite Bouilloux» où vous trouverez des mots nouveaux en caractères gras. Vous les rencontrerez dans le texte de La Fontaine:

L'histoire de Nana Bouilloux est celle d'une belle fille qui n'était pas **de bonne naissance** et qui **n'avait pas de bien** (elle ne possédait rien). Mais parce qu'elle était très belle plusieurs **partis** (maris possibles) se présentèrent. Elle **n'aurait pas été en peine** (elle n'aurait pas eu de mal) de se marier mais elle **dédaigna** (refusa par **dédain**) leurs offres et préféra attendre le prince charmant. Cette jeune fille **dédaigneuse** finit sa vie seule.

2. *Description du héron.*

Vous avez sans doute déjà vu ces oiseaux qu'on appelle des hérons. Comment sont-ils? Qu'est-ce qu'ils mangent? Où est-ce qu'ils vivent?

Regardez maintenant les deux premiers vers de la fable:

> Un jour sur ses longs pieds allait je ne sais où
> Le héron au long bec emmanché d'un long
> cou.

Notez l'inversion. Il faut comprendre:

> Un jour, le héron au long bec . . . allait je ne sais où, sur ses longs pieds.

Est-ce que la description de La Fontaine vous paraît exacte?

3. Vers 1 à 32 («Le Héron»).

En lisant les vers 1 à 32 («Le Héron»), soulignez le nom des poissons mentionnés. Cela vous aidera à comprendre la progression de la fable. La Fontaine mentionne quatre poissons selon un ordre de qualité décroissant: 1. la carpe, 2. le brochet (*pike*), 3. les tanches (sortes de carpes, mais de moins bonne qualité), 4. le gougeon (petit poisson peu apprécié).

Répondez aux questions qui correspondent à cette partie dans COMPREHENSION avant de lire la deuxième partie de la fable.

4. Vers 32 à 77 («La Fille»).

Avant de lire cette partie, essayez d'en imaginer le thème. Pouvez-vous penser à un scénario qui ressemblerait à celui du «héron», sachant qu'il s'agit cette fois d'une jeune fille et non pas d'un oiseau?

LECTURE

La Fontaine, *Le Héron, la Fille*

Un jour sur ses longs pieds allait je ne sais où
Le héron °au long °bec [1]emmanché d'un long cou.   = avec un / *cogn.*
    Il °côtoyait une rivière.   marchait le long d'
°L'onde était transparente °ainsi qu'aux plus beaux jours;   L'eau / comme pendant les
5 [2]Ma commère la carpe y faisait mille tours
    Avec le brochet son compère.

[1]*stuck on to a long neck.* [2]*Mistress; (masc. compère).*

Le héron en °eût fait aisément son profit: = aurait
Tous approchaient du bord, l'oiseau n'avait qu'à prendre:
    Mais il °crut mieux faire d'attendre *inf.* croire
10   Qu'il °eût un peu plus d'appétit. = ait (*subj.*)
Il vivait °de régime, et mangeait à ses heures. de façon bien réglée
Après quelques moments l'appétit vint; l'oiseau
    S'approchant du bord vit sur l'eau
Des tanches qui sortaient du fond de ces °demeures. lieux
15 Le °mets ne lui °plut pas: il s'attendait à mieux, plat / *inf.* plaire
    Et montrait un goût dédaigneux,
    Comme le rat du bon °Horace. (auteur latin)
«Moi, des tanches? dit-il, moi, héron, °que je fasse = on voudrait que
°Une si pauvre chère? Et pour qui me prend-on?» Un si pauvre repas
20 La tanche °rebutée, il trouva du goujon. = refusée
«Du goujon? c'est bien là le dîner d'un héron!»
J'ouvrirais pour si peu le bec! [3]Aux dieux ne plaise!»
Il l'ouvrit pour bien moins: tout alla de °façon manière
    Qu'il ne °vit plus aucun poisson. *inf.* voir
25 La faim le °prit; il fut tout heureux et tout °aise *inf.* prendre / satisfait
    De rencontrer un [4]limaçon.
    Ne soyons pas si difficiles:
Les plus accommodants, ce sont les plus °habiles; adroits
On °hasarde de perdre en voulant trop gagner. risque
30   °Gardez-vous de rien dédaigner, = Ne dédaignez rien
Surtout quand vous avez à peu près °votre compte. ce que vous désirez
Bien des gens y sont °pris. Ce n'est pas aux hérons = punis
Que je parle; écoutez, humains, un autre conte:
Vous verrez que chez vous j'ai °puisé ces leçons. tiré
35   Certaine fille un peu trop °fière dédaigneuse
    °Prétendait trouver un mari Affirmait
Jeune, bien fait, et beau, d'agréable manière,
°Point froid et point jaloux: notez ces deux points-ci. Pas
    Cette fille voulait aussi
40   Qu'il °eût °du bien, de la naissance, = ait (*subj.*) / de la richesse
De l'esprit, enfin tout; mais qui peut tout avoir?
Le destin se montra °soigneux de la pourvoir: = généreux envers elle
°Il vint des partis d'importance. = Des prétendants importants
      vinrent
La belle les trouva trop °chétifs de moitié. maigres
45 «Quoi! moi? quoi! ces gens-là? L'on °radote, je pense. déraisonne
A moi les proposer! Hélas! ils font pitié.
    Voyez un peu °la belle espèce!» = ce genre d'homme
L'un n'avait en l'esprit nulle délicatesse;
L'autre avait le nez fait de cette façon-là;
50   C'était ceci, c'était cela,

[3]*Heaven forbid!* [4]*snail.*

C'était tout: car les précieuses
Font dessus tout les dédaigneuses.
Après les bons partis, les médiocres gens
Vinrent °se mettre sur les rangs.   = se proposer
55 Elle de se moquer. «Ah! vraiment, je suis bonne
De leur ouvrir la porte: ils pensent que je suis
    °Fort en peine de ma personne.   = Incapable de trouver un mari
    Grâce à Dieu, je passe les nuits
    Sans chagrin, quoique en solitude.»
60 La belle °se sut gré de tous ces sentiments.   = se félicita (*iron.*)
L'âge la fit °déchoir; adieu tous les amants.   tomber de haut
Un an se passe, et deux, avec °inquiétude.   *cf.* inquiet, inquiète
Le chagrin vient ensuite: elle sent chaque jour
°Déloger quelques ris, quelques jeux, puis l'amour;   Disparaître quelques plaisirs
65   Puis ses traits choquer et déplaire;
Puis cent sortes de [5]fards. Ses soins °ne purent faire   n'empêchèrent pas
Qu'elle échappât au temps, cet °insigne larron.   éminent voleur
    Les ruines d'une maison
Se peuvent réparer: °que n'est cet avantage   pourquoi pas cet
70   Pour les ruines du visage!
Sa préciosité changea °lors de langage.   alors
Son miroir lui disait: «Prenez vite un mari.»
Je ne sais quel désir le lui disait aussi;
Le désir peut °loger chez une précieuse.   se rencontrer
75 Celle-ci fit un choix qu'on n'aurait jamais cru.
Se trouvant °à la fin tout aise et tout heureuse   finalement
    De rencontrer un °malotru.   homme sans éducation ni manières

---

APRES LA LECTURE

COMPREHENSION

A. *Vérifiez votre compréhension des vers 1 à 32: vrai ou faux?*

1. Ce jour-là le héron avait un grand appétit.
2. Il dédaigna une carpe et un brochet parce qu'il n'aimait pas leur goût.
3. Il pensait qu'il trouverait de meilleurs poissons s'il attendait. Il eut raison.
4. Il finit par manger non pas un poisson mais un limaçon, bien heureux d'avoir quelque chose à se mettre dans le bec.

[5]*makeup.*

5. La Fontaine nous dit que, dans la vie, il est bon d'être accommodant.
6. L'auteur nous dit qu'il faut toujours en demander plus à la vie.
7. Il nous dit qu'il faut savoir se contenter de ce qu'on a.
8. Il nous dit qu'il faut être difficile dans ses choix.

B. *Vérifiez votre compréhension des vers 32 à 77 en répondant aux questions suivantes:*

1. Quel genre de mari est-ce que la jeune femme prétendait trouver au début?
2. De bons partis se sont présentés d'abord. Qu'est-ce qu'elle leur a reproché?
3. Quels partis est-ce qu'elle a trouvés ensuite?
4. Qu'est-ce qu'elle a préféré faire?
5. Pourquoi est-ce qu'elle s'est enfin décidée à prendre un mari?
6. Quel parti s'est alors présenté?
7. Quelle est la progression des sentiments de la femme? (*cf.* vers 59, 62 et 63)
8. Est-ce que La Fontaine ajoute une morale à la fin de cette deuxième fable? Pourquoi?

INTERPRETATION

Après avoir relu les deux parties de la fable (a) résumez la morale de La Fontaine, (b) répondez aux questions suivantes:

1. Qu'est-ce que le héron et la jeune femme auraient dû faire selon la morale de La Fontaine? Qu'est-ce que La Fontaine leur reproche (*cf.* vers 27–31)?
2. Etes-vous d'accord avec La Fontaine qu'il est dangereux de vouloir trop avoir? Etes-vous d'accord qu'on ne «peut tout avoir» (v. 41)?
3. Comparez l'histoire de ce héron (ou de cette jeune femme) avec celle de Nana Bouilloux (texte 25). Nana ressemble-t-elle exactement à cette jeune femme? Pourquoi?
4. Est-ce que Colette a la même attitude par rapport à son personnage que La Fontaine par rapport aux siens?
5. A votre avis, est-ce que le fait que l'auteur de «La Petite Bouilloux» soit une femme explique cette différence? Justifiez votre opinion.

STYLE ET LANGUE

A. Comment est-ce que cette fable est construite? Pour étudier sa construction, notez les vers qui contiennent les éléments suivants:

les descriptions	des commentaires de l'auteur
les paroles rapportées	la morale

1. Quelle(s) conclusion(s) en tirez-vous?
2. Pourquoi est-ce que La Fontaine a décidé d'écrire deux fables sur le même sujet? Quels vers révèlent son intention?

B. La Fontaine fait parler son héron. De quelle manière est-ce que le héron s'exprime? Quel est l'effet recherché?

ACTIVITE

Imaginez que vous avez participé à un jeu télévisé. Selon les règles du jeu, les participants peuvent se retirer à la fin de l'émission et garder l'argent qu'ils ont gagné ou revenir la fois suivante pour gagner deux fois plus d'argent... mais aussi risquer de tout perdre. Racontez comment cela s'est passé, quelle décision vous avez prise et quel a été le résultat.

INTERTEXTUALITE

Thème:	Portrait sur un même thème	Colette, «La Petite Bouilloux» (25)
Traitement:	La fable	Diop, «Le Prix du chameau» (10)

27

L'Infini

MICHEL LEIRIS

OBJECTIF

Ce texte illustre le passage de l'anecdote (ici, l'observation de détails physiques) à une interprétation abstraite et philosophique.

AVANT LA LECTURE

Ouverture

A. Regardez la publicité ci-contre pour une marque de cacao. C'est probablement ce même dessin publicitaire qui est à l'origine de la réflexion de l'auteur.

B. Maintenant, décrivez cette image. Vous pourrez répondre aux questions posées en vous aidant du vocabulaire suivant: la coiffe (*headdress*), le sourire (*smile*) (sourit-elle?), la boîte de cacao. Qui est cette personne? Qu'est-ce qu'elle fait? Comment est-elle habillée? Quelle expression peut-on voir sur son visage? Qu'est-ce qui vous frappe dans ce dessin publicitaire?

Note contextuelle

Le petit déjeuner

En France, les adultes boivent en général du café au lait ou du thé pour le petit déjeuner. Les enfants boivent souvent du chocolat chaud (du cacao).

Stratégie de langue

On peut souvent deviner le sens de certains mots en pensant à d'autres mots de la même famille:

l'infini (titre; l. 1; l. 15)	et	**finir/infiniment/indéfiniment** (l. 15)
saisir (**saisi**, l. 6)	et	**insaisissable** (l. 14)
illimité(e) (l. 8)	et	**limiter/la limite**
rapetissée (l. 9) (*inf.* **rapetisser**)	et	**petit(e)**
éloigné (l. 12) (*inf.* **éloigner**)	et	**loin**
hallucinant(e) (l. 14)	et	**halluciner/une hallucination**

Stratégies de lecture

A. Regardez le titre. Qu'est-ce que le mot «infini» évoque pour vous? Est-ce que c'est quelque chose de concret, d'abstrait, de physique, de philosophique, de religieux? A votre avis, quel genre de texte est-ce que le titre annonce?

B. Lisez maintenant la première phrase du texte:

Je [1]dois mon premier contact précis avec la notion d'infini à une boîte de cacao de marque hollandaise, [2]matière première de mes petits déjeuners.

1. Quand est-ce que l'auteur a eu son premier contact avec la notion d'infini?
2. Qu'est-ce qu'elle a provoqué chez lui?

[1]*owe (inf. devoir).* [2]*raw material.*

LECTURE

Michel Leiris, *L'Infini*

Je dois mon premier contact précis avec la notion d'infini à une boîte de cacao de marque hollandaise, matière première de mes petits déjeuners. L'un des côtés de cette boîte était °orné d'une image re-présentant une paysanne en coiffe de [1]dentelle qui tenait dans sa main
5 gauche une boîte identique, ornée de la même image, et, rose et fraîche, la montrait en souriant. Je demeurais °saisi d'une espèce de °vertige en imaginant cette infinie série d'une identique image reproduisant un nombre illimité de fois la même jeune Hollandaise qui, théoriquement rapetissée de plus en plus sans jamais disparaître, me regardait d'un air
10 °moqueur et me faisait voir sa propre °effigie peinte sur une boîte de cacao identique à celle sur laquelle elle-même était peinte.

°Je ne suis pas éloigné de croire qu'il °se mêlait à cette première notion de l'infini, acquise vers l'âge de dix ans (?), un élément °d'ordre assez trouble: caractère hallucinant et °proprement insaisissable de la
15 jeune Hollandaise, répétée à l'infini comme peuvent être indéfiniment multipliées, °au moyen des jeux de glace d'un [2]boudoir °savamment agencé, les visions °libertines.

décoré

pris/*cogn.*

ironique / image

J'ai l'impression qu'il / y avait
avec cette . . .
= pas très clair
vraiment

par des effets de miroir / ar-
rangé de façon savante

= érotiques

APRES LA LECTURE

COMPREHENSION

A. *Lignes 1 à 6:*

1. Est-ce que la description que l'auteur fait de l'image sur la boîte de cacao corres-pond à celle que vous en avez faite? Quelles différences remarquez-vous?
2. Quels adjectifs décrivent la jeune femme?
3. Est-ce que cette description est fidèle? objective? neutre? précise? détaillée?

B. *Lignes 6 à 11:*

1. Pourquoi est-ce que l'observation et la description de la boîte de cacao sont aussi importantes? Qu'est-ce qu'elles révèlent?

[1]*lace.* [2]*cogn. (private sitting room).*

2. L'auteur éprouve une forte réaction en regardant cette image. Comment est-ce qu'il appelle cette réaction?

3. Pourquoi dit-il que la Hollandaise le regardait «d'un air moqueur (ll. 9–10)»? Est-ce que c'est une remarque objective?

4. Est-ce que ce dessin publicitaire vous suggère, comme à l'auteur, la même notion d'infini? Est-ce qu'il provoque chez vous le même sentiment de vertige?

C. *Lignes 12 à 17:*

1. Vers quel âge est-ce que l'auteur a découvert la notion d'infini?

2. Il dit que la jeune Hollandaise a un caractère «insaisissable» (l. 14). Expliquez ce qu'il veut dire.

3. La répétition infinie de la jeune Hollandaise évoque pour l'auteur une autre forme de répétition infinie. Laquelle?

4. L'auteur dit que la répétition infinie de l'image de la jeune Hollandaise est un peu comme la répétition infinie de visions érotiques dans des miroirs. Est-ce que cette comparaison est surprenante? Est-ce qu'elle vous semble absurde ou justifiée?

INTERPRÉTATION

Relisez le texte, puis répondez aux questions qui suivent:

1. Qu'est-ce que l'auteur décrit dans les lignes 1 à 6? Dans les lignes 6 à 11?

2. Si le dessin publicitaire ci-dessus est réellement celui que l'auteur a regardé, quelles sont les différences entre la description faite par Michel Leiris et le dessin? A votre avis, pourquoi parle-t-il d'une paysanne alors qu'il s'agit en réalité d'une infirmière?

3. A quelle époque de la vie de Leiris se réfèrent ces lignes?

4. Qu'est-ce que l'auteur analyse dans les lignes 12 à 17?

5. Est-ce que l'auteur enfant avait compris le sens de l'expérience décrite dans les lignes 1 à 11? A votre avis, est-ce que l'enfant avait compris qu'il s'agissait de la notion d'infini?

6. Avez-vous vous-même fait une expérience de l'infini qui se rapproche de l'expérience décrite par Leiris? Décrivez-la.

STYLE ET LANGUE

A. Dans le premier paragraphe on trouve des adjectifs (a) qui décrivent le dessin de façon objective, (b) qui expriment une interprétation subjective et personnelle de l'auteur.

1. Classez ces adjectifs en deux colonnes:

Description objective   *Interprétation subjective*
_____   _____
_____   _____
_____   _____
_____   _____

2. Quels adjectifs sont les plus nombreux?

B. Dans le deuxième paragraphe, quels adjectifs montrent qu'il ne s'agit plus d'une description mais d'une vision?

C. Retrouvez dans le deuxième paragraphe (ll. 12–17) les adverbes finissant par-*ment*. Est-ce qu'ils rendent le texte plus concret ou plus abstrait, plus précis ou plus imprécis? Pourquoi?

ACTIVITE

Comme Michel Leiris, faites la description précise d'un objet qui vous fascine particulièrement. Essayez ensuite d'expliquer la nature de cette fascination. Qu'est-ce que cet objet représente pour vous? Qu'est-ce qu'il symbolise? Est-ce qu'il a, comme la boîte de cacao de l'enfance de l'auteur, la capacité d'évoquer pour vous des notions abstraites?

INTERTEXTUALITE

Thèmes:	Notion d'infini	Desnos, «Le Pélican» (3)
	Souvenirs d'enfance	Roy, *La Détresse et l'enchantement* (31)
Traitement:	Interprétation d'un fait raconté	Lévi-Strauss, *Tristes Tropiques* (30)

VI

DISCOURS AUTOUR D'UN THEME: NOUS ET LES AUTRES

28 ROMAN ** Marie Susini, *Plein Soleil* (extrait)

29 POEME EN PROSE * Charles Baudelaire, *L'Etranger*

30 ETHNOLOGIE ** Claude Lévi-Strauss, *Tristes Tropiques* (extrait)

31 AUTOBIOGRAPHIE *** Gabrielle Roy, *La Détresse et l'enchantement* (extrait)

32 ESSAI *** J.M.G. Le Clézio, *L'Extase matérielle* (extrait)

33 SCENARIO * Marguerite Duras, *Nathalie Granger* (extrait)

28

Plein Soleil

MARIE SUSINI

OBJECTIF

Vous allez vous entraîner à comprendre le vocabulaire d'un récit à partir d'éléments contextuels. Vous allez aussi rechercher le message implicite, en particulier socio-culturel.

AVANT LA LECTURE

Ouverture

Une famille qui vient d'ailleurs (d'une autre région ou d'un autre pays) s'installe dans votre rue. Elle n'a pas nécessairement les mêmes habitudes que vous. Parlez de vos réactions et/ou de celles des gens du quartier.

Maintenant, essayez de répondre à la question: qu'est-ce qu'un étranger? Vous allez retrouver cette question dans le texte (l. 113).

Notes contextuelles

La Corse

Cette île de la Méditerranée, près de l'Italie, appartient à la France depuis 1768. C'est là que Napoléon est né deux ans plus tard. Aujourd'hui c'est un département français. La langue locale, le corse (cf. les mots *zia*, l. 2, *bruccio*, ll. 14–15, *fresco*, l. 71, *fino*, l. 75), a plus d'affinités avec l'italien que le français. Il existe en Corse un mouvement nationaliste qui voudrait obtenir l'indépendance de l'île.

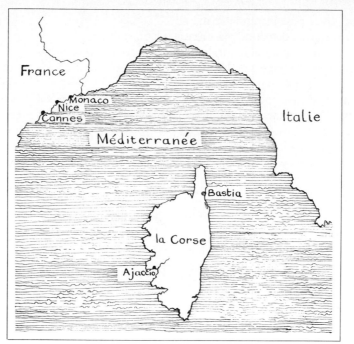

Le garde champêtre

C'est l'employé municipal qui a des fonctions de surveillance dans les villages. Il porte un uniforme et un képi.

La crèche

Dans les églises catholiques, au moment de Noël, on reconstitue la scène de la naissance de Jésus avec des personnages placés dans une crèche. Parmi les personnages, il y a les Rois mages, Gaspar, Melchior et Balthazar, le roi noir.

Stratégie de langue

Chaque fois que vous rencontrerez un mot en caractères gras essayez de deviner le sens du mot par le contexte ou l'étymologie (en pensant à d'autres mots de la même famille). Après la lecture, vous trouverez un exercice sur ces mots dans VERIFICATION.

Stratégies de lecture

A. Lisez le début du texte:

Cette histoire de l'étranger, je n'arrivais pas à la trouver claire.
Un jour, °zia Rosa, la voisine, était venue dire à ma mère: ici = Madame

— °Vous ne savez pas, Flaminia se marie.   = Savez-vous que

— Et avec qui? avait demandé ma mère.

5   — Je ne sais pas. Ce qu'il y a de sûr, c'est que les parents ne sont pas
contents. Ils n'en parlent même pas. Un Espagnol, °à ce qu'on dit. Mais   c'est ce qu'on
°allez chercher qui c'est exactement.   impossible de savoir

— Un étranger, dit ma mère. Et elle posa son °tricot. Comme s'il   cf. tricoter
n'y avait pas assez d'hommes. Il faut vraiment avoir des idées °pas   bizarres
10   comme les chrétiens.

Et zia Rosa dit:

— C'est °juste ce que vous dites là. Elle aurait tout de même pu se   exact
le choisir chrétien.

1. Qu'est-ce que la voisine vient annoncer à la mère de la narratrice?
2. Qui est l'étranger?
3. Quelle est la réaction des parents de Flaminia?
4. Quelle est la réaction de la mère de la narratrice?
5. Quelle est la réaction de la voisine?
6. Qu'est-ce que cette «introductrion» au texte nous apprend: (a) sur le comportement, (b) sur les attitudes des gens qui habitent ce village?

B. Nous avons divisé le texte en trois parties **(I, II, III)**. Si vous le désirez, vous pouvez vérifier votre compréhension après chaque partie en répondant aux questions
correspondantes dans COMPREHENSION.

LECTURE

Marie Susini, *Plein Soleil*

I.

Cette histoire de l'étranger, je n'arrivais pas à la trouver claire.

Un jour, zia Rosa, la voisine, était venue dire à ma mère:

— Vous ne savez pas, Flaminia se marie.

— Et avec qui? avait demandé ma mère.

5   — Je ne sais pas. Ce qu'il y a de sûr, c'est que les parents ne sont pas
contents. Ils n'en parlent même pas. Un Espagnol, à ce qu'on dit. Mais
allez chercher qui c'est exactement.

— Un étranger, dit ma mère. Et elle posa son tricot. Comme s'il n'y
avait pas assez d'hommes. Il faut vraiment avoir des idées pas comme les
10   chrétiens.

Et zia Rosa dit:

— C'est juste ce que vous dites là. Elle aurait tout de même pu se
le choisir chrétien.

Ce jour-là, je me souviens, ma mère nous fit des [1]beignets de *bruc-*
15 *cio*. J'aimais bien quand ma mère nous faisait des beignets de *bruccio*.
Alors j'étais seule avec elle à la cuisine, et il était rare que je sois un
moment seule avec ma mère. C'est que la maison était toujours ouverte.
Même le matin de bonne heure, alors que je prenais mon café au lait, il
arrivait °qu'il y eût déjà quelqu'un. Mais s'il n'y avait personne, je   qu'il y ait (*subj.*)
20 prenais mon °bol et j'allais au coin du feu. J'essayais de **retenir** ma mère.   cogn.

— Tu crois que j'ai du temps à perdre? disait-elle.

Ma mère restait un peu, je °faisais durer tant que je pouvais mon   = je buvais aussi lentement
café au lait, mais elle **s'affairait** avant que °j'eus fini.   que / j'aie fini (*subj.*)
                                                                          = aussitôt que j'étais
Le plus souvent, °à peine étais-je bien installée au coin de la
25 cheminée, que quelqu'un °se penchait par la porte ouverte et deman-   passait la tête
dait:

— Vous n'auriez pas l'heure?

Et comme c'était l'heure précisément du café, ma mère offrait une
tasse de café qui, chez nous, «était toujours le meilleur». **Je me sauvais**
30 à la cuisine. Ma mère me disait après:

— Je ne sais pas d'où tu sors. Tu es vraiment °sauvage.   timide

Il venait sans cesse du monde à la maison; c'était pour dire un
bonjour en passant, raconter les nouvelles, demander un renseignement, se faire faire une lettre par mon père. Et je voyais souvent ma
35 mère mettre dans le [2]tablier d'une vieille des œufs, du fromage, du
[3]saucisson ou une bouteille d'huile. La vieille **ramenait** les coins de son
tablier noir:

— C'est la maison de Dieu, disait-elle.

Ma mère la faisait sortir par le jardin pour qu'on ne °vît pas qu'elle   voie (*subj.*)
40 partait «les mains pleines».

— C'est la maison de Dieu, répétait la vieille.

Et moi, je me disais qu'elle n'avait pas à être la maison de Dieu, que
c'était la maison de mon père. Mais pourquoi donc n'était-elle pas
°secrète comme celle des autres, où il faut d'abord monter l'escalier de   *contr.* ouverte (l. 17)
45 pierres **raide** et long, et alors les gens ne le montent pas, cet escalier,
parce que ce n'est pas aussi simple que de se pencher à l'intérieur d'une
maison par la porte toujours ouverte. Les gens passent, et on °se tient   reste
en haut des escaliers dans ces maisons-là, et on parle comme cela d'en
haut avec les gens qui passent.

50 Chez nous, il y avait des escaliers, mais ils étaient à l'intérieur. On
montait les étages, le soir, pour aller se coucher. On allait dans le grand
salon d'en haut pour la prière commune.

Personne n'**empruntait** le couloir sombre. Alors ces pièces du bas
étaient ouvertes °à tout venant. Elles donnaient sur la route. Il y avait   pour n'importe qui
55 même des °petits qui venaient jusque dans la cuisine quand ils sentaient   enfants

---
[1]*cheese fritters.* [2]*apron.* [3]*kind of salami.*

qu'on faisait quelque chose de bon. Et ma mère donnait, donnait toujours. Je ne comprenais pas ma mère: si elle allait continuer ainsi à
donner, il ne nous resterait bientôt plus rien. Pourquoi s'occupait-elle
ainsi de tous? Les autres mères ne **secouraient** pas les pauvres gens.
60 Elles s'occupaient uniquement °des leurs.   de leur famille

II.

Pourtant, il y en avait que j'avais plaisir à voir arriver à la maison.
Le garde-champêtre était de ceux-là: il avait une large ceinture de laine
rouge qui °ceignait plusieurs fois °ses reins et de gros boutons d'argent   entourait / sa taille
qui **luisaient** à son costume de velours noir.
65   On racontait souvent ce qui lui était **advenu** un jour à un mariage.
Il allait lever son verre à la mariée. Il avait pourtant deux possibilités de
faire la rime:
     Ce vin est frais et fin
     A la santé de François mon cousin,
70 ou:
     Ce vin est fin et frais (*fresco*).
     A la santé de mon cousin François (*Francesco*).
     — Oui, il avait deux moyens de faire la rime.
     Mais il en avait choisi un troisième: il avait fait rimer *Francesco* avec
75 *fino,* et ça n'allait plus du tout.
     — Et pourtant il avait deux façons de faire la rime.
     Et les gens riaient encore quand ils le rencontraient; pour sûr, ils
pensaient à sa rime: même pour un homme °saoul, ça ne devait pas être   ivre
si difficile de **s'en sortir.**
80   Chaque fois qu'il venait à la maison, ma mère lui offrait à boire; à
vrai dire c'est pour cela qu'il venait à la maison.
     — Si vous voulez, je prendrai un peu de vin, mais c'est bien pour
vous faire plaisir, disait-il.
     Maria tendait un verre à l'homme, et pendant qu'elle versait le vin,
85 il tournait la tête, faisait celui que ça n'intéresse pas. Il était tout occupé
à faire des déclarations de [4]dévouement à mon père qui ne disait rien.
Je ne suis pas sûre que mon père °écoutât. Car mon père savait être   (*subj.*) = écoutait
cordial sans familiarité: il savait écouter en pensant à tout autre chose.
     Le garde-champêtre se tournait enfin, regardait le verre plein,
90 protestait, °faisait mine de ne pas en vouloir: faisait semblant
     — Oh! mais c'est trop. Je ne pourrai jamais boire tout cela.
     Et il **vidait** son verre °d'un trait.   en une fois
     L'homme parlait, jouant avec son verre vide. Une chèvre était en-
trée dans notre °clos, mais sans faire de °dégats, car heureusement il   terrain enclos / dommages
95 passait par là juste au moment où la chèvre avait sauté la [5]haie.
     Il inclinait son verre tantôt d'un côté, tantôt de l'autre, visiblement

[4]*readiness to help.* [5]*hedge.*

fasciné par la goutte qui restait au fond. Maria venait lui prendre son
verre vide. Alors il se levait, s'excusait d'avoir dérangé et s'en allait.

III.

Ce jour-là, donc, où zia Rosa était venue dire à ma mère que
100 Flaminia, la fille de zia Giovanna, se mariait, ma mère fit des beignets de
bruccio.

Je ne pouvais jamais attendre d'être à table pour les manger. Il
fallait que je les prenne sortis de la [6]poêle, brûlants et **dégouttant**
l'huile. J'avais l'impression que ce beignet de *bruccio* était pour moi
105 seule, que ma mère l'avait fait pour moi, alors qu'à table, °en tas, °ils ne   les uns sur les autres / ils ne me
me disaient plus rien.   tentaient plus

Ma mère me laissait faire. Elle disait seulement, en tournant les
beignets dans l'huile **bouillante:**

— Tu ne peux jamais faire comme tout le monde.
110 Et ce jour-là où zia Rosa était venue raconter l'histoire de la fille de
zia Giovanna qui épousait un étranger, je dis à ma mère, tout en faisant
sauter mon beignet d'une main dans l'autre pour le **refroidir:**

— Mère, qu'est-ce que ça veut dire, un étranger?

— C'est quelqu'un qui n'est pas du pays.
115 — Mais comment sont-ils, les étrangers?

— Comment, comment sont-ils?

— Eh oui, ce sont des hommes?

— Ce sont des hommes.

— Et ils ne sont pas chrétiens?
120 — Il y en a qui le sont, mais ils ne sont pas chrétiens tout de même.

— Mais peut-être que celui que Flaminia épouse est chrétien?

Eh oui, pourquoi aurait-elle **contrarié** °les siens à s'en aller chercher   *cf.* les leurs (l. 60)
un étranger?

— Mère, puisque ce sont des hommes comme les autres, qu'est-ce
125 que ça peut faire que Flaminia épouse un étranger?

— Ils ne sont pas comme les autres, dit ma mère.

— Et pourquoi ne sont-ils pas comme les autres?

— Mais parce qu'on ne sait pas d'où ils sortent.

— Mais puisque c'est Dieu qui les a faits.
130 — Dieu a fait aussi les [7]crapauds.

C'était juste, ce que disait ma mère.

Je mangeais mon beignet de *bruccio,* °cependant que ma mère, tout   pendant
contre la fenêtre, dans un nuage de fumée qui sentait bon, soufflait le
feu de droite à gauche.
135 — Mais peut-être qu'il est un seigneur chez lui, ou un prince, celui
que Flaminia va épouser.

— Qui? demanda ma mère.

[6]*frying pan.* [7]*toads.*

— Celui que Flaminia va épouser.

— Peut-être, dit ma mère, mais il vaut mieux épouser un [8]berger
140   qu'on connaît qu'un prince qu'on ne connaît pas.

C'était juste, ce que disait ma mère.

— Comment c'est fait un étranger, mère? On les reconnaît?

— Si c'est un nègre ou un Chinois, bien sûr.

— Où est-ce qu'on en voit, des nègres?

145   — Je °ne tiens pas à en voir, dit ma mère.   n'ai pas envie d'

Je me souvins de la crèche des religieuses. De Balthazar avec ses
grosses lèvres, ses cheveux tout frisés et ses habits °bariolés.   de couleurs vives

— Mère, et le petit Jésus, lui, c'était un étranger?

— C'est le fils de Dieu. On ne peut pas dire que ce soit un étranger,
150   dit ma mère.

[8]shepherd.

APRES LA LECTURE

VERIFICATION

Vous avez essayé de comprendre certains mots d'après le contexte ou l'étymologie.
Vérifiez votre compréhension en faisant l'exercice suivant:

A. *D'après le contexte:*

Pour les mots en caractères gras, choisissez l'équivalent qui convient dans la liste
ci-après:

1. «J'essayais de **retenir** ma mère.» (l. 20)
2. «Je **me sauvais** à la cuisine.» (ll. 29–30)
3. «La vieille **ramenait** les coins de son tablier noir» (ll. 36–37)
4. «l'escalier de pierres **raide** et long» (ll. 44–45)
5. «Personne n'**empruntait** le couloir sombre.» (l. 53)
6. «Les autres mères ne **secouraient** pas les pauvres gens.» (l. 59)
7. «de gros boutons d'argent qui **luisaient**» (ll. 63–64)
8. «ce qui lui était **advenu**» (l. 65)
9. «difficile de **s'en sortir**.» (l. 79)
10. «dans l'huile **bouillante**» (l. 108)

a. très incliné	b. arrivé	c. rapprochait
d. garder près de moi	e. endommagé	f. utilisait
g. aimait	h. aidaient	i. brillaient
j. menaçaient	k. partais vite	l. restais
m. trouver une solution	n. extrêmement chaude	o. s'échapper

Réponses: 1. d   2. k   3. c   4. a   5. f   6. h   7. i   8. b   9. m   10. n

B. *D'après l'étymologie:*

Pour les mots en caractères gras, donnez un mot de la même famille:

Mot de la même famille

1. «elle **s'affairait**» (l. 23)   _____
2. «il **vidait** son verre» (l. 92)   _____
3. «**dégouttant**» (l. 103)   _____
4. «pour le **refroidir**» (l. 112)   _____
5. «pourquoi aurait-elle **contrarié** les siens» (l. 122) _____

COMPREHENSION

I. La maison des parents (ll. 14-60)

1. Où habite la narratrice?
2. Est-ce que sa maison ressemble aux autres? Pourquoi?
3. Quelles sont les relations entre voisins?
4. Quel vêtement caractéristique est-ce que les femmes portent?
5. Qu'est-ce que la narratrice aime faire à la maison?
6. Qu'est-ce qu'elle n'aime pas faire?
7. Qu'est-ce qu'elle aime faire avec sa mère?
8. Elle voudrait que sa mère soit comme les autres. Qu'est-ce qu'elle n'aime pas dans son comportement? Pourquoi?
9. Comment est-ce que la narratrice se sent parce que sa mère est différente?
10. La narratrice ne parle pas beaucoup de son père. Mais qu'est-ce qu'un détail révèle sur lui?

B. Le garde champêtre (ll. 61–98)

1. La narratrice raconte deux souvenirs à propos du garde champêtre. Quels sont ces deux souvenirs? Identifiez les lignes qui correspondent à chacun des souvenirs. Pourriez-vous trouver un titre pour ces deux sous-parties?
2. A votre avis, pourquoi est-ce que la narratrice était contente de voir arriver le garde champêtre à la maison?

3. Pourquoi est-ce que le garde champêtre venait souvent à la maison? Comment est-ce qu'il se comportait chaque fois?

4. Comment est-ce que vous trouvez le garde champêtre (sympathique, amusant, ridicule, etc.)?

C. **L'étranger** (l. 99 jusqu'à la fin)

1. Quel événement était annoncé au début de l'histoire? Quelle est la réaction de la mère?

2. Pourquoi est-ce que la narratrice interroge sa mère sur sa réaction?

3. Qu'est-ce qu'elle pense des explications données par sa mère?

INTERPRETATION

Relisez le texte en entier, puis répondez aux questions suivantes:

1. Le personnage de la mère domine ce récit. Pourtant, la narratrice parle de sa maison comme de la maison de son père (l. 43). A votre avis, pourquoi?

2. A quelle coutume corse est-ce que les lignes 65–79 font allusion? Sur quoi est-ce que cette coutume met l'accent? Est-ce que dans votre société on met aussi l'accent sur cette valeur?

3. Est-ce que le texte fait allusion à d'autres rituels de politesse dans la société corse et, plus généralement, dans les sociétés latines? Lesquels? (Regardez en particulier les lignes 82–83).

4. La société corse est une société de pratique catholique. Plusieurs questions que la fillette pose à sa mère (ll. 113–150) concernent la religion. Qu'est-ce que ces questions et les réponses révèlent sur l'attitude de la fille et de la mère envers la religion?

5. Le mot «étranger» se trouve seulement dans la première et la dernière parties du récit. Soulignez chaque emploi du mot. Est-ce que l'idée d'être étranger est totalement absente des autres parties? A votre avis, est-ce qu'on pourrait dire que la narratrice se sent un peu comme une étrangère? Pourquoi?

6. Quelle est la réaction de la mère envers «l'étranger»? Est-ce que la fille partage son point de vue? Est-ce qu'elle exprime son opinion ouvertement? Comment est-ce qu'elle exprime cette opinion?

7. Relisez la première phrase du texte. A la fin du récit, est-ce que vous avez l'impression que la narratrice trouve cette «histoire de l'étranger» plus claire?

8. Connaissez-vous d'autres textes où le questionnement du monde adulte par un enfant est utilisé comme stratégie pour une critique sociale?

STYLE ET LANGUE

A. Plusieurs expressions de temps ont une fonction essentielle dans la progression du récit: «Un jour» (l. 2), «Ce jour-là» (l. 14) et «Ce jour-là, donc» (l. 99.)

Le mot «Pourtant» (l. 61) a aussi une fonction essentielle dans l'organisation du récit. Pourquoi?

B. Dans ce récit du souvenir, il y a des dialogues et des commentaires. Quelle est leur importance respective? A votre avis, est-ce que ces commentaires reflètent le point de vue de l'enfant ou de la narratrice adulte? Justifiez votre réponse en trouvant des exemples précis.

C. La répétition est généralement un procédé stylistique qui révèle une intention particulière de l'auteur. Deux fois, la narratrice répète: «C'était juste, ce que disait ma mère.» (l. 131 et l. 141). Comment interprétez-vous cette répétition?

ACTIVITE

Racontez un épisode de votre enfance qui illustre votre étonnement ou votre incompréhension devant certains événements, idées ou personnes.

INTERTEXTUALITE

Thèmes:	Mère et fille	Colette, «La Petite Bouilloux» (25)
		Roy, *La Détresse et l'enchantement* (31)
Traitement:	Examen d'un souvenir d'enfance	Leiris, «L'Infini» (27)

29

L'Etranger

CHARLES BAUDELAIRE

OBJECTIF

Dans ce poème, vous allez découvrir comment le poète exprime ses sentiments sur les valeurs conventionnelles de sa société.

AVANT LA LECTURE

Ouverture

Imaginez que l'on vous pose les questions suivantes:

1. Qui aimez-vous le mieux: votre père, votre mère, votre sœur ou votre frère?
2. Aimez-vous mieux vos amis ou votre patrie?
3. Aimez-vous mieux la beauté ou l'or?

Qu'est-ce que vous répondriez? Comparez vos réponses à celles des autres étudiant(e)s de la classe.

Note contextuelle

Le poème et l'auteur.

Charles Baudelaire a écrit ses *Petits Poèmes en Prose* plusieurs années après son œuvre la plus célèbre, *Les Fleurs du Mal*. «L'Etranger», que vous allez lire, est le premier texte de *Petits Poèmes en Prose*.

Stratégie de lecture

Lisez le poème, puis comparez les réponses de l'«homme énigmatique» à vos réponses avant de le relire.

LECTURE

Charles Baudelaire, *L'Etranger*

Qui aimes-tu le mieux, homme °énigmatique, dis?   mystérieux
ton père, ta mère, ta sœur ou ton frère?

— Je n'ai ni père, ni mère, ni sœur, ni frère.

— Tes amis?

5 — °Vous vous servez là d'une parole dont le sens   Vous utilisez là une
m'est resté jusqu'à ce jour inconnu.

— Ta °patrie?   *cf.* le, la patriote

— °J'ignore sous quelle latitude elle est située.   Je ne sais pas

— La beauté?

10 — Je l'aimerais [1]volontiers, [2]déesse et immortelle.

— L'or?

— Je le °hais comme vous haïssez Dieu.   déteste

— Eh! qu'aimes-tu donc, extraordinaire étranger?

— J'aime les nuages . . . les nuages qui passent . . .
15 là-bas . . . là-bas . . . les merveilleux nuages!

[1]*willingly.* [2]*goddess.*

APRES LA LECTURE

APPRECIATION

1. Après avoir relu le poème, faites un portrait rapide de cet «homme énigmatique». Quelle est son attitude envers la famille, les amis, son pays, la beauté, la richesse, etc.?

2. A votre avis, qui pose les questions dans ce poème?

3. Y a-t-il une progression dans les questions que cette personne pose? Quelle différence voyez-vous entre les premières et les dernières questions?

4. Y a-t-il une progression dans les réponses? (Regardez les verbes utilisés.)

5. A votre avis, pourquoi est-ce que la personne qui répond dit qu'elle a la même haine pour l'or que l'autre personne pour Dieu? Qu'est-ce que vous pensez de la comparaison entre l'or et Dieu? Est-ce qu'elle est logique dans le poème?

6. Pourquoi est-ce que la personne qui pose les questions réagit en utilisant l'adjectif «extraordinaire» (vers 13)?

7. Est-ce que la réponse donnée par l'«extraordinaire étranger» est surprenante? Pourquoi?

8. Selon vous, quel est le sens de «J'aime (. . .) les merveilleux nuages!» (vers 14–15)? (La beauté de la nature, la beauté passagère, le paradis, l'inspiration poétique, etc.)

9. Qu'est-ce que cette réponse nous révèle sur l'identité de l'«homme énigmatique»?

10. Pourquoi est-ce que la personne qui pose les questions considère l'autre personne comme un étranger?

11. Justifiez le titre du poème. Qui est cet «étranger»?

12. A votre avis, est-ce que les poètes doivent nécessairement être comme des étrangers dans la société? Pourquoi? Est-ce que les poètes sont les seuls à se sentir différents des autres?

13. A votre avis, si le poète rejette les valeurs de sa société, est-ce qu'il doit aussi rejeter les relations affectives avec parents et amis comme Baudelaire dans ce poème?

STYLE ET LANGUE

Ce poème en prose est présenté comme un dialogue.

1. Pourquoi l'appelle-t-on un poème **en prose?** Y a-t-il des rimes, des vers, des strophes?

2. Pourquoi l'appelle-t-on **un poème** en prose? (Notez les sentiments, le choix des mots, l'évocation des images, etc.)

Relisez ce poème en prose à haute voix avec un(e) autre étudiant(e).

ACTIVITE

Imaginez que vous êtes dans un contexte où vous vous sentez «étranger» ou «étrangère». Décrivez votre comportement, vos sentiments, etc.

INTERTEXTUALITE

Thèmes: L'étranger au monde   Michaux, «Plume au restaurant» (7)

L'Autre différent   Bille, «Vendanges» (15)
Susini, *Plein Soleil* (28)

30

Tristes Tropiques

CLAUDE LÉVI-STRAUSS

OBJECTIF

Vous allez rechercher dans ce texte, écrit à partir d'une observation, le jugement à la fois explicite et implicite de l'auteur.

AVANT LA LECTURE

Ouverture

Petite conversation autour du thème du voyage dans d'autres pays: difficultés (ou impossibilité) de communication, conflits provoqués par la rencontre de cultures différentes, etc.

Notes contextuelles

Les empires coloniaux.

La France et la Grande-Bretagne ont établi de nombreuses colonies au XIXe siècle, particulièrement en Afrique et en Extrême-Orient. L'Inde était une colonie britannique. La décolonisation s'est faite après la Deuxième Guerre mondiale.

Le texte.

Ce texte est tiré d'un ouvrage, *Tristes Tropiques* (1955), écrit par Claude Lévi-Strauss à la suite de longs séjours dans divers pays du Tiers monde, en particulier en Amérique du Sud et en Extrême-Orient. C'est une sorte de journal de voyage où Lévi-Strauss fait des observations ethnologiques sur des sociétés qui ont souvent été influencées par les valeurs occidentales.

Stratégie de langue

L'auteur emploie volontiers des expressions imagées. C'est une caractéristique de son style. Avant de lire le texte, étudiez les mots et expressions suivants, employés soit au sens propre, soit de façon imagée:

	Sens propre	**Emploi imagé**
la soif	avoir soif (= vouloir boire)	avoir soif de . . . liberté, de justice (= avoir grande envie de), avoir «soif de servir» (ll. 4–5)
déployer *pref.* (dé-, = un)	(= déplier; dérouler); déployer un drapeau; un oiseau déploie ses ailes, etc.	(= faire preuve de; montrer) déployer beaucoup d'énergie; déployer un grand courage; «l'obséquiosité qu'ils déploient» (l. 5)
respirer respirable irrespirable	Ex: Il faut bien respirer quand on fait de l'exercice. L'air, ici, n'est pas respirable (est irrespirable = il n'y a pas assez d'oxygène, par exemple).	Ex: Ces gens se disputent constamment et l'atmosphère est irrespirable = l'ambiance est très désagréable (on se sent très mal à l'aise); «l'obséquiosité qu'ils déploient réussit vite à rendre l'atmosphère irrespirable» (ll. 5–6)
peindre se peindre	(= utiliser de la peinture). Léonard de Vinci a peint la Joconde. Cette surface se peint très facilement.	(= apparaître). La peur se peint dans ses yeux, sur son visage. «Le désarroi (*la confusion*) se peint sur leur visage» (l. 14)
faire machine avant, arrière	(se dit des locomotives à vapeur = aller en avant, en arrière).	(faire machine arrière = renoncer à, revenir sur sa décision); «je fais précipitamment machine arrière» (je renonce vite à ce que je voulais faire) (ll. 14–15)
sauver le sauvetage le Sauveur	(= tirer d'un danger). Tu m'as sauvé la vie! Moïse a été sauvé des eaux du Nil. Le sauvetage des passagers du Titanic a été très difficile.	(= racheter/*redeem*). Il n'y a que la foi qui sauve! Jésus est appelé le Sauveur par les chrétiens; «le sauvetage moral d'un être humain» (ll. 17–18)

Stratégie de lecture

Après avoir lu le texte une première fois pour en comprendre le sens général, vous le relirez ensuite phrase par phrase pour répondre aux questions posées dans COMPREHENSION.

LECTURE

Claude Lévi-Strauss: *Tristes Tropiques*

Tout Européen dans l'Inde se voit — [1]qu'il le veuille ou non — entouré d'un nombre respectable de serviteurs hommes-à-tout-faire que l'on nomme *bearers*. Est-ce le système des castes, une inégalité sociale traditionnelle ou °les exigences des colonisateurs qui expliquent leur soif °°°°les désirs et les ordres
5 de servir? Je ne sais, mais °l'obséquiosité qu'ils déploient réussit vite à ········· la servilité
rendre l'atmosphère irrespirable. Ils °s'étendraient par terre pour vous ····· se coucheraient sur le sol
°épargner un pas sur le plancher, vous proposent dix bains par jour: ········· éviter
[2]quand on se mouche, quand on mange un fruit, quand on °se tache le ···· se salit (*cf.* sale)
doigt . . . à chaque instant ils °rôdent, implorent un ordre. Il y a quelque ···· tournent autour de vous
10 chose d'érotique dans cette angoisse de soumission. Et si votre conduite
ne °répond pas à leur attente, si vous n'agissez pas dans toutes circons- ····· correspond
tances à la façon de leurs anciens maîtres britanniques, leur univers
[3]s'écroule: pas de pudding? Bain après le dîner au lieu d'avant? Il n'y a
donc plus de bon Dieu. . . °Le désarroi se peint sur leur visage; je fais ····· La confusion apparaît
15 °précipitamment °machine arrière, °je renonce à mes habitudes ou aux ···· très vite / marche / j'abandonne
occasions les plus rares. Je mangerai une poire dure comme une pierre,
un custard [4]glaireux, puisque je dois payer °du sacrifice d'un [5]ananas le ···· par le
sauvetage moral d'un être humain.

[1]*whether he likes it or not.* [2]*when you blow your nose.* [3]*collapses.* [4]*sticky and unappetizing.* [5]*pineapple.*

APRES LA LECTURE

COMPREHENSION

Première phrase: observation. (ll. 1–3) «Tout . . . bearers.»

1. Quelle est l'observation faite par l'auteur?

Deuxième phrase: explications possibles. (ll. 3–5) «Est-ce . . . servir?»

2. Quelles sont les trois raisons qui pourraient expliquer cette situation?
3. Qui étaient ces colonisateurs?

Troisième phrase: interprétation. (ll. 5–6) «Je ne sais . . . irrespirable.»

4. Quelles interprétations est-ce que l'auteur propose?
5. Est-ce que l'auteur pense que l'une des interprétations est plus vraie que les autres?

Quatrième phrase: exemples justificatifs. (ll. 6–9 «Ils s'étendraient . . . un ordre.»

6. Citez les cinq exemples donnés par l'auteur qui illustrent son interprétation.
7. Quelle est la réaction de l'auteur à ces comportements? Qu'est-ce qui l'irrite en particulier?
8. Est-ce que ces comportements vous irriteraient de la même manière?

Cinquième phrase: jugement subjectif. (ll. 9–10) «Il y a . . . soumission.»

9. Comment est-ce que l'auteur interprète cette «angoisse de soumission»? A votre avis, est-ce que c'est une interprétation objective (neutre)? Est-ce que tout le monde réagirait de la même façon?
10. Comment est-ce que «leur soif de servir» (ll. 4–5), «l'obséquiosité» (l. 5) et «cette angoisse de soumission» (l. 10) indiquent une évolution dans la réflexion de l'auteur?

Sixième phrase: autres exemples. (ll. 10–14) «Et si . . . bon Dieu . . .)»

11. Quels sont les quatre comportements cités qui ont un effet désastreux sur les serviteurs?
12. Qu'est-ce que les serviteurs attendent de l'Européen? (dessert, bain, etc.)
13. Comment est-ce que les serviteurs ont acquis ces habitudes?
14. Pourquoi est-ce que les «anciens maîtres» ne sont plus là?
15. Quelle expression, dans cette phrase, signifie la même chose que «il n'y a donc plus de bon Dieu»?

Septième phrase: modification du comportement de l'auteur. (ll. 14–16) «Le désarroi . . . rares.»

16. Comment est-ce que la réaction des serviteurs oblige l'auteur à modifier son comportement habituel?

Huitième phrase: exemples de ce changement de comportement. (ll. 16–18) «Je mangerai . . . humain.»

17. Qu'est-ce que l'auteur accepte de manger?
18. Pourquoi est-ce que les serviteurs lui proposent ces nourritures?
19. Qu'est-ce qu'il aimerait mieux manger?

20. Pourquoi est-ce qu'il accepte de manger ces nourritures?
21. Quel est le sens du mot «moral» (l. 18)?
22. A votre avis, est-ce que l'auteur éprouve une satisfaction personnelle lorsqu'il se comporte selon l'attente des serviteurs?

INTERPRETATION

1. A votre avis, est-ce que cette observation d'une autre culture est objective? Pourquoi?
2. Quelle est l'attitude générale de l'auteur (objective, scientifique, affective, surprenante, scandalisée, critique, ironique, amusée, etc.)?
3. Quel jugement est-ce qu'il porte sur la société qu'il observe?
4. Quel jugement est-ce qu'il porte sur l'influence que les colonisateurs britanniques ont exercée sur cette société?
5. De façon plus générale, quel jugement est-ce qu'il porte sur la société européenne et occidentale dans ses rapports avec une autre culture?
6. D'après ce texte, quel rôle est-ce qu'un ethnologue comme Lévi-Strauss peut jouer?
7. A votre avis, est-ce que ce genre d'étude ethnologique peut nous aider à mieux comprendre les «étrangers»? Comment?
8. Dans *Tristes Tropiques,* Lévi-Strauss dit que l'ethnologie .est une science née en Occident. A votre avis, pourquoi est-ce qu'il insiste sur le fait qu'il s'agit d'une «invention» occidentale?

STYLE ET LANGUE

Quels sont les mots anglais qui se trouvent dans ce texte? Pourquoi est-ce que l'auteur les a utilisés?

ACTIVITE

A partir d'une observation du comportement de certaines personnes ou d'un groupe social particulier dans votre pays ou à l'étranger, réfléchissez aux différentes façons dont on peut interpréter ce comportement.

INTERTEXTUALITE

Traitement:	L'observation	Robbe-Grillet, «La Plage» (14)
		Sarraute, *Tropismes* (13)
	Analyse à partir d'une expérience	Leiris, «L'Infini» (27)

31

La Détresse et l'enchantement

GABRIELLE ROY

OBJECTIF

Voici les premières pages d'un ouvrage autobiographique. Vous allez donc lire un texte dans lequel les souvenirs et leur interprétation constituent le thème central.

AVANT LA LECTURE

Ouverture

Imaginez que vous êtes dans un magasin à l'étranger. Vous désirez quelque chose, mais vous ne pouvez communiquer parce que vous ne connaissez pas la langue. Quelles sont vos réactions? Que faites-vous?

Notes contextuelles

Le Canada francophone.

Nous avons déjà eu l'occasion de parler du Canada français et de la province du Québec (*cf.* «Destination Québec» (1) et «Retour à Val-d'Or» (8)). La plupart des Franco-Canadiens vivent dans l'Est du Canada; néanmoins il y a une présence francophone dans les territoires de l'Ouest, en particulier au Manitoba (capitale, Winnipeg). Trouvez cette ville sur la carte p. 2. La langue officielle y est l'anglais, de sorte que les fancophones peuvent avoir l'impression d'être des étrangers dans leur propre pays. Il ne faut pas oublier que ce sont les Français qui se sont installés les premiers au Canada. Cela explique le sentiment de dépossession chez leurs descendants.

L'auteur.

Gabrielle Roy, qui a été élevée au Manitoba, évoque ses souvenirs d'enfance dans le texte qui suit. Les scènes décrites ici se passent au début des années 1920. Gabrielle Roy quittera le Manitoba pour Montréal, province du Québec, à la fin des années 1930.

Stratégies de langue

A. Apprenez à reconnaître le vocabulaire associé aux achats. Pour cela, utilisez le vocabulaire donné dans la colonne de gauche pour compléter le paragraphe qui suit. Faites tous les changements nécessaires.

une aubaine
à bon marché
un comptoir
embaucher (du
    personnel)
un grand magasin
un rabais
(au rabais)
le rayon (de vête-
    ments, de chaus-
    sures, etc.)
une solde
(en solde)
l'argent vous file entre
    les doigts

A la fin de l'hiver et de l'été les _____ mettent beaucoup d'articles en _____. On peut alors acheter _____ une paire de chaussures, une robe, ou un service de vaisselle. Les _____ sont parfois considérables. Par exemple, un manteau qui coûtait 250 dollars en vaut maintenant 125. C'est _____. Souvent je vais de _____ en _____ pour chercher les meilleures soldes. Ces jours-là, les vendeurs et les vendeuses derrière les _____ ne suffisent plus, bien que la direction ait _____ du personnel supplémentaire pour l'occasion. Au moment des soldes, n'emportez pas trop d'argent! Il vous _____.

B. Pour faciliter votre compréhension, apprenez à reconnaître les constructions suivantes avec **ne**:

1. **n(e) . . . que** (*only*)

    «. . . maman **n'**eut jamais **qu'**à mettre le pied hors de la routine familière pour être aussitôt en voyage . . .» (ll. 35–36)

    = il suffisait que maman mette le pied hors de la routine familière pour . . .

2. **ne . . . guère . . . que**　(*seldom . . . except*)

　　«. . . nous **ne** nous sommes **guère** aventurées dans la riche ville voisine **que** pour acheter.» (ll. 24–25)

　　= nous nous sommes rarement aventurées sauf pour . . .

3. **ne . . . plus** (*no longer*)

　　«. . . je **ne** savais **plus** que c'était de l'humiliation.» (l. 66)

　　=j'avais oublié que . . .

4. **autant . . . autant**　(*the more . . . the more*)

　　«**Autant** maman était énergique, **autant** . . . le chef de rayon était obligeant.» (ll. 81–82).

Stratégies de lecture

Gabrielle Roy emploie fréquemment des phrases très longues. Voici quelques suggestions pour vous préparer à la lecture de ces phrases.

A. Une phrase est organisée autour des ses **verbes** (rares sont les phrases qui n'ont pas de verbe).

　1. Cherchons les verbes (ou expressions verbales) dans la première phrase du texte:

　　Quand °donc ai-je °pris conscience pour la première fois que j'étais,　　= vraiment / compris
dans mon pays, d'une espèce destinée à être traitée en inférieure?

　　ai-je pris
　　j'étais
　　être traitée

　2. Trouvons les groupes de mots qui forment un ensemble avec ces verbes:

　　ai-je pris conscience pour la première fois
　　j'étais, dans mon pays, d'une espèce destinée
　　être traitée en inférieur

　3. On peut reconstruire la phrase ainsi:

　　Quand ai-je pris conscience　　　　[de quoi?]
　　que j'étais d'une espèce destinée　　[à quoi?]
　　à être traitée en inférieure?

Quand, que et **à** sont des mots de liaison qui permettent de relier ces ensembles. Remarquez comment chaque ensemble complète ou précise le sens de l'ensemble précédent.

B. Maintenant, faisons le même travail sur la deuxième phrase du premier paragraphe. Cette fois-ci, identifions (1) les verbes, (2) les mots de liaison, (3) les ensembles:

Ce ne fut peut-être pas, malgré tout, au cours du °trajet que nous avons tant de fois °accompli, maman et moi, alors que nous °nous engagions sur le pont Provencher au-dessus de la Rouge, laissant derrière nous notre petite ville française pour entrer dans Winnipeg, la
5 capitale, qui jamais ne nous °reçut tout à fait autrement qu'en étrangères.

voyage

fait / arrivions sur

inf. recevoir

1. *Verbes*

Ce ne fut . . . pas
nous avons . . . accompli
nous nous engagions
laissant
entrer
(la capitale) . . . reçut

2. *Mots de liaison*

que
alors que
[en] (sous-entendu)
pour
qui

3. *Ensembles*

Ce ne fut peut-être pas, malgré tout, au cours du trajet
que nous avons tant de fois accompli, maman et moi,
alors que nous nous engagions sur le pont Provencher au-dessus de la Rouge,
[en] laissant derrière nous notre petite ville française
pour entrer dans Winnipeg, la capitale,
qui jamais ne nous reçut tout à fait autrement qu'en étrangères.

Remarquez comment, à la fin de la phrase, l'ordre habituel de l'expression «ne . . . jamais» a été inversé pour insister sur l'importance du mot «jamais». On écrirait d'habitude: **qui** ne nous reçut jamais. . . .

C. Relisez maintenant le première phrase. Pouvez-vous poser la même question plus simplement?

D. Relisez la seconde phrase. Est-ce que Gabrielle Roy répond à la question posée? Comment?

E. Pouvez-vous deviner pourquoi l'auteur éprouve le besoin de nous parler de ses visites à Winnipeg?

LECTURE

Gabrielle Roy, *La Détresse et l'enchantement*

Quand donc ai-je pris conscience pour la première fois que j'étais, dans mon pays, d'une espèce destinée à être traitée en inférieure? Ce ne fut peut-être pas, malgré tout, au cours du trajet que nous avons tant de fois accompli, maman et moi, alors que nous nous engagions sur le pont
5 Provencher au-dessus de la Rouge, laissant derrière nous notre petite ville française pour entrer dans Winnipeg, la capitale, qui jamais ne nous reçut tout à fait autrement qu'en étrangères. Cette sensation de °dépaysement, de pénétrer, à deux pas seulement de chez nous, dans le lointain, m'était plutôt agréable, quand j'étais enfant. Je crois qu'elle
10 m'ouvrait les yeux, stimulait mon imagination, °m'entraînait à observer.

Nous partions habituellement de bonne heure, maman et moi, et à pied quand c'était l'été. Ce n'était pas seulement pour °économiser mais parce que nous étions tous naturellement marcheurs chez nous, aimant °nous en aller au pas, le regard ici et là, l'esprit où il voulait, la pensée
15 libre, et °tels nous sommes encore, ceux d'entre nous qui restent en ce monde.

Nous partions presque toujours °animées par un espoir et d'humeur gaie. Maman avait lu dans le journal, ou appris d'une voisine, qu'il y avait solde, chez °Eaton, de [1]dentelle de rideaux, d'°indienne propre à
20 °confectionner [2]tabliers et robes d'intérieur, ou encore de chaussures d'enfants. Toujours, au-devant de nous, °luisait, au départ de ces courses dans les magasins, l'espoir si doux au cœur des pauvres gens d'acquérir à bon marché quelque chose de °tentant. °Il me revient maintenant que nous ne nous sommes guère aventurées dans la riche ville voisine que
25 pour acheter. C'était là qu'°aboutissait une bonne part de notre argent si °péniblement gagné — et c'était le °chiche argent de gens comme nous qui faisait de la grande ville une arrogante nous °intimidant. Plus tard, je fréquentai Winnipeg pour bien d'autres raisons, mais dans mon enfance il me semble que ce fut presque exclusivement pour °courir les
30 aubaines.

[1]lace. [2]aprons.

Marginal glosses:

- °dépaysement — impression de ne pas être dans son pays
- °m'entraînait à — me donnait l'habitude d'
- °économiser — *cogn.*
- °nous en aller au pas — marcher vite
- °tels nous sommes encore — nous sommes encore ainsi
- °animées — pleines d'
- °Eaton — (grand magasin) / °indienne — tissu de coton / °confectionner — faire
- °luisait — brillait
- °tentant — *cf.* la tentation / °Il me revient — Je me souviens
- °aboutissait — *cf.* le bout (= finissait)
- °péniblement — difficilement / °chiche — peu abondant
- °intimidant — *cogn.*
- °courir les aubaines — chercher les bonnes affaires

En partant, maman était le plus souvent °rieuse, °portée à l'opti-
misme et même au rêve, comme si de laisser derrière elle la maison,
notre ville, le ³réseau habituel de ses °contraintes et obligations, la
libérait, et °dès lors elle °atteignait l'aptitude au bonheur qui °échoit à
35 l'âme voyageuse. Au fond, maman n'eut jamais qu'à mettre le pied hors
de la routine familière pour être aussitôt en voyage, °disponible au
monde entier.

En cours de route, elle °m'entretenait des achats auxquels elle se
déciderait peut-être si les rabais étaient considérables. Mais toujours elle
40 se laissait aller à imaginer beaucoup plus que ne le permettaient nos
°moyens. Elle pensait à un tapis pour le salon, à un nouveau service de
vaisselle. N'ayant pas encore °entamé la petite somme °dont elle dispo-
sait pour aujourd'hui, celle-ci paraissait devoir suffire à °combler des
désirs qui attendaient depuis longtemps, d'autres qui °poussaient à l'ins-
45 tant même. Maman était °de ces pauvres qui rêvent, °en sorte qu'elle eut
la possession du beau °bien plus que des gens qui l'ont °à demeure et ne
le voient guère. C'était donc °en riches, toutes les possibilités d'achat
intactes encore dans nos têtes, que nous traversions le pont.

Mais aussitôt après, °s'opérait en nous je ne sais quelle transforma-
50 tion qui nous faisait nous rapprocher l'une de l'autre comme pour mieux
°affronter ensemble une sorte d'⁴ombre jetée sur nous. Ce n'était pas
seulement parce que nous venions de mettre le pied dans le quartier sans
doute le plus °affligeant de Winnipeg, cette sinistre rue Water voisinant
la ⁵cour de triage des chemins de fer, toute pleine d'°ivrognes, de °pleurs
55 d'enfants et d'⁶échappements de vapeur, cet aspect hideux d'elle-même
que l'orgueilleuse ville ne pouvait °dissimuler à deux pas de ses larges
avenues °aérées. Le malaise nous venait aussi de nous-mêmes. Tout à
coup, nous étoins moins sûres de nos moyens, notre argent avait di-
minué, nos désirs prenaient peur. Nous °atteignions l'avenue Portage, si
60 démesurément °déployée qu'elle °avalait des milliers de personnes °sans
que cela y parût. Nous continuions à parler français, bien entendu, mais
peut-être à voix moins haute déjà, surtout après que deux ou trois
passants se °furent retournés °sur nous avec une expression de curiosité.
Cette humiliation de voir quelqu'un se retourner sur moi qui parlais
65 français dans une rue de Winnipeg, je l'ai tant de fois °éprouvée au cours
de mon enfance que je ne savais plus que c'était de l'humiliation. °Au
reste, je m'étais moi-même retournée fréquemment sur quelque immi-
grant °au doux parler slave ou à l'accent nordique. Si bien que j'avais fini
par trouver naturel, je suppose, que tous, plus ou moins, nous nous
70 sentions étrangers les uns chez les autres, avant d'en venir à me dire que,
si tous nous l'étions, personne ne l'était donc plus.

C'était à notre arrivée chez Eaton que se décidait si nous allions oui
ou non passer à la °lutte ouverte. Tout dépendait de l'humeur de ma-

---

³network. ⁴shadow. ⁵shunting yard. ⁶bursts of escaping steam. .

Glosses (margin):

- *cf.* rire / disposée
- *cogn.*
- à partir de ce moment-là / *inf.* atteindre / est donnée à
- ouverte
- me parlait
- finances
- commencé à dépenser / qu'elle avait
- satisfaire
- apparaissaient
- = l'un(e) de / par conséquent
- beaucoup / toujours
- comme des personnes
- se passait
- faire face à
- triste
- *cf.* ivre / *cf.* pleurer
- cacher
- *cf.* l'air
- *inf.* atteindre
- large / absorbait / = sans difficulté
- *inf.* être / pour nous regarder
- ressentie (l'humiliation)
- D'ailleurs
- = qui parlait
- bataille

man. Quelquefois elle °réclamait un °commis parlant notre langue pour
75 nous servir. Dans nos moments patriotiques, à Saint-Boniface, on
°prétendait que c'était notre droit, et même de [7]notre devoir de le faire
valoir, qu'à cette condition nous obligerions l'industrie et les grands
magasins à embaucher °de nos gens.

Si maman était dans ses bonnes journées, le moral haut, la parole
80 °affilée, elle passait à l'attaque. Elle °exigeait une de nos compatriotes
pour nous venir en aide. Autant maman était énergique, autant, je
l'avais déjà remarqué, le chef de rayon était °obligeant. Il envoyait vite
°quérir une dame ou une demoiselle °une telle, qui °se trouvait souvent
être de nos connaissances, parfois même une voisine. Alors °s'engageait,
85 en plein milieu des allées et venues d'inconnus, la plus aimable et paisible des conversations.

— Ah! madame Phaneuf! s'écriait maman. Comment allez-vous?
Et votre père? °Vit-il toujours à la campagne?

— Madame Roy! s'exclamait la vendeuse. Vous allez bien? Qu'est-
90 ce que je peux pour vous? J'aime toujours vous rendre service.

Nous avions le don, il me semble, pauvres gens, lorsque °rendus les
uns aux autres, de retrouver le ton du village, de je ne sais quelle société
°amène d'autrefois.

Ces jours-là, nous achetions peut-être plus que nous aurions dû, si
95 °réconfortées d'acheter dans notre langue que l'argent nous filait des
mains encore plus vite que d'habitude.

Mais il arrivait à maman de se sentir vaincue d'avance, °lasse de cette
lutte toujours à reprendre, jamais gagnée une fois pour toutes, et de
trouver plus simple, moins fatigant de «sortir», comme elle disait, son
100 anglais.

Nous allions de comptoir en comptoir. Maman °ne se débrouillait
pas trop mal, gestes et mimiques aidant. Parfois °survenait une vraie
difficulté comme ce jour où elle demanda «a yard or two of chinese skin
to put under the coat . . .», maman ayant °en tête d'acheter une mesure
105 de [8]peau de chamois pour en faire une [9]doublure de manteau.

Quand un commis ne la comprenait pas, il en appelait un autre à
son aide, et celui-là un autre encore, parfois. Des «customers» s'arrêtaient pour aider aussi, car cette ville, qui nous traitait en étrangers,
était des plus promptes à °voler à notre secours dès que nous nous
110 étions reconnus dans °le pétrin. Ces °conciliabules autour de nous pour
nous °tirer d'affaire nous mettaient à la torture. Il nous est arrivé de
°nous esquiver. Le °fou rire nous gagnait ensuite à la pensée de ces gens
de bonne volonté qui allaient continuer à chercher à nous °secourir alors
que déjà nous serions loin.
115 Une fois, plus °énervée encore que °de coutume par cette aide
°surgie de partout, maman, en °fuyant, ouvrit son parapluie au milieu

---

Marginal glosses:

- *réclamait* : demandait avec insistance / *commis* : vendeur
- *prétendait* : affirmait
- *de nos gens* : des Franco-Canadiens comme nous
- *affilée* : facile / *exigeait* : demandait avec autorité
- *obligeant* : cogn.
- *quérir* : chercher / *une telle* : d'un nom ou d'un autre / *se trouvait* : = était
- *s'engageait* : commençait
- *Vit-il* : inf. vivre
- *rendus* : ensemble à nouveau
- *amène* : douce
- *réconfortées* : cogn.
- *lasse* : fatiguée
- *ne se débrouillait pas trop mal* : réussissait assez bien à se faire comprendre / *survenait* : se présentait
- *en tête* : l'intention
- *voler* : venir vite nous aider
- *le pétrin* : fam. situation difficile / *conciliabules* : discussions / *tirer* : aider / *nous esquiver* : = partir sans être vues / *fou rire* : rire incontrôlable / *secourir* : aider
- *énervée* : cf. nerveux/euse / *de coutume* : d'habitude
- *surgie* : venue / *fuyant* : inf. fuir

---

[7][it was] our duty to claim it. [8]soft leather skin. [9]coat lining.

du magasin que nous avons °parcouru au trot, comme sous la pluie, les °traversé
[10]épaules secouées de rire. A la sortie seulement, puisqu'il faisait grand
soleil, maman °s'avisa de fermer son parapluie, ce qui donna à l'inno-   pensa à
120 cente aventure °une allure de provocation. Ces fous rires qu'elle me   un air
communiquait malgré moi, aujourd'hui je sais qu'ils étaient °un bien-   une bonne chose
fait, nous °repêchant de la tristesse, mais alors j'en avais un peu honte.   sauvant

Après °le coup du parapluie, un bon moment plus tard, voici que je   *fam.* l'incident
°me suis fâchée contre maman, et lui ai dit qu'elle °nous faisait mal voir   me suis mise en colère / nous
125 à la fin, et que, si toutes deux nous riions, nous faisions aussi rire de   faisait paraître désagréables
nous.

A quoi maman, un peu °piquée, °rétorqua que ce n'était pas à moi,   irritée / répondit
qui avais toutes les chances de m'°instruire, de lui faire la leçon à elle qui   *cf.* l'instruction
avait tout juste pu terminer sa sixième année dans la petite école °de   = de quartier
130 rang à Saint-Alphonse-de-Rodriguez, où la maîtresse elle-même n'en
savait guère plus que les enfants, et comment l'aurait-elle pu, cette
pauvre fille qui °touchait comme salaire quatre cents dollars par année.   recevait
Ce serait à moi, l'esprit agile, la tête pas encore toute cassée par de
constants calculs, de me mettre à apprendre l'anglais, afin de nous
135 °venger de tous. (Plus tard, quand je viendrais à Montréal et   *cf.* la vengeance
°constaterais que les choses ne se passaient guère autrement dans les   remarquerais
magasins de l'ouest de la ville, j'en °aurais les bras fauchés, et le senti-   *fam.* = serais très étonnée
ment que le malheur d'être Canadien français était °irrémédiable.)   irréparable
Jamais maman ne m'en avait dit si long sur ce °chapitre. J'en étais   sujet
140 surprise. Je crois avoir °entrevu pour la première fois qu'elle avait cruel-   commencé à comprendre
lement souffert de sa condition et ne s'était consolée qu'en imaginant
ses enfants °parvenus là où elle aurait voulu °se hausser.   arrivés / *cf.* le haut

[10]*our shoulders shaking with laughter.*

APRES LA LECTURE

COMPREHENSION

1. Où habitait l'auteur?
2. Pourquoi l'auteur et sa mère allaient-elles parfois à Winnipeg?
3. Comment est-ce que l'auteur et sa mère allaient à Winnipeg l'été? Pourquoi?
4. Quelle était la situation financière de la famille?
5. Quelle était l'humeur de la mère en partant?
6. De quoi est-ce que l'auteur et sa mère parlaient en route?
7. Comment est-ce que leur humeur changeait en arrivant à Winnipeg? Pourquoi?

8. Qu'est-ce que la mère faisait dans le magasin «Eaton» si elle avait «le moral haut» (l. 79)?

9. Comment est-ce que le chef de rayon réagissait alors?

10. Qu'est-ce que faisait la mère si elle n'avait pas «le moral haut»?

11. Quelle anecdote illustre les difficultés de la mère avec l'anglais?

12. Comment est-ce que les vendeurs et les clients réagissaient lorsque la mère parlait anglais?

13. Quelle était alors la réaction de la mère et de la fille?

14. Quel incident comique est arrivé un jour? Pourquoi?

15. Qu'est-ce que la fille a compris à propos de sa mère ce jour-là?

16. Pourquoi est-ce que la mère voulait que ses enfants soient éduqués?

INTERPRÉTATION

A. Maintenant relisez le texte avant de répondre aux questions suivantes, organisées autour de quatre thèmes principaux:

1. **La mère.**

   a. Cherchez dans le texte les détails qui donnent une idée du personnage maternel: son caractère, son éducation, ses sentiments, etc.

   b. Cherchez parmi ces adjectifs ceux qui s'appliquent le mieux à la mère:

imaginative	curieuse	compliquée
rêveuse	aventureuse	simple
réaliste	agressive	orgueilleuse
indécise	douce	résignée
décidée	compréhensive	optimiste
triste	vaincue	fermée
gaie	nerveuse	rebelle
arrogante	honteuse	énergique
craintive	timide	forte
faible	confiante	chaleureuse
combative	susceptible	sensible

Vous pouvez peut-être trouver d'autres adjectifs vous-même.

2. **La fille.**

   a. Est-ce que la fille ressemble à la mère? Y a-t-il des différences?

   b. Quelles sont les relations entre la mère et la fille, à votre avis? Justifiez votre réponse.

3. **L'environnement.**

   a. Comment est-ce que la mère et la fille voient Winnipeg? Trouvez les détails qui suggèrent l'hostilité de l'environnement.
   b. Est-ce que cette hostilité est totalement objective? A votre avis, est-ce qu'elle est en partie imaginée par la mère?
   c. Est-ce que c'est seulement parce que la mère ne parle pas l'anglais que Winnipeg lui paraît si hostile? Y a-t-il d'autres raisons?

4. **La condition des Franco-Canadiens.**

   a. Qu'est-ce que la première phrase du texte nous dit sur la condition des Franco-Canadiens dans leur propre pays?
   b. Quel fait historique explique que le sentiment d'infériorité et de dépaysement des Franco-Canadiens soit différent de celui d'immigrants slaves ou nordiques (*cf.* ll. 66–68)?
   c. Est-ce que la situation à Winnipeg est différente de la situation que l'auteur découvre plus tard à Montréal?
   d. La mère pense qu'apprendre l'anglais permet de résoudre tous les problèmes (ll. 134–135). A-t-elle raison?

B. Vous pouvez maintenant mieux comprendre certaines phrases dans le détail. Comment interprétez-vous ces lignes tirées du texte?

1. (ll. 15–16) «. . . ceux d'entre nous qui restent en ce monde.» Quelle conclusion en tirez-vous sur l'âge de celle qui écrit ces pages et sur la famille dont elle vient?
2. (ll. 34–35) «. . . l'aptitude au bonheur qui échoit à l'âme voyageuse.» Qu'est-ce qu'une «âme voyageuse»? Quelles qualités associez-vous à «l'âme voyageuse»?
3. (ll. 45–47) «. . . elle eut la possession du beau bien plus que des gens qui l'ont à demeure et ne le voient guère.»
   Dans quelle mesure est-ce que la pauvreté a joué un rôle non seulement dans le malheur de la mère mais aussi dans son bonheur?
4. (ll. 51) «. . . une sorte d'ombre jetée sur nous.» Quelle est cette ombre?
5. (ll. 81–82) «Autant maman était énergique, autant . . . le chef de rayon était obligeant.»
   Est-ce que cette remarque vous paraît juste psychologiquement?
6. (ll. 110–111) «Ces conciliabules autour de nous pour nous tirer d'affaire nous mettaient à la torture.»
   Pourquoi est-ce que l'auteur et sa mère réagissent ainsi alors qu'on cherche à les aider? Cette réaction est-elle paradoxale?
7. (ll. 119–120) «. . . ce qui donna à l'innocente aventure une allure de provocation.»
   Comment comprenez-vous cela?

STYLE ET LANGUE

1. Survolez le texte et soulignez le début de chaque paragraphe quand il y a une indication de temps («Nous partions habituellement de bonne heure . . .»; «En partant . . .»; «En cours de route . . .», etc.). Utilisez ces indications pour découper le texte en unités temporelles. Cela vous permettra de mieux comprendre la progression et l'organisation du récit.

2. La ville de Winnipeg est personnifiée par la narratrice. Retrouvez les mots par lesquels se fait cette personnification. Est-ce un portrait objectif ou subjectif? Quels sentiments est-ce que ce portrait suggère chez la narratrice?

3. La narratrice dit que la petite conversation avec la vendeuse francophone (ll. 87–90) évoque pour elle «le ton du village» (l. 92). Regardez le style de cette conversation et justifiez cette remarque.

4. L'auteur utilise des guillemets aux lignes 99 («sortir») et 107 («customers»). Pourquoi?

ACTIVITE

Racontez une expérience où vous vous êtes senti(e) culturellement ou socialement différent(e) des autres. Parlez de vos réactions et des sentiments que vous avez éprouvés.

INTERTEXTUALITE

Thèmes:	Le Canada	Brochure touristique, «Destination Québec» (1)
		Ferron, «Retour à Val-d'Or» (8)
		Vigneault, «Mon Pays» (17)
	La mère et la fille	Colette, «La Petite Bouilloux» (25)
		Susini, *Plein Soleil* (28)
Traitement:	L'autobiographie	Rousseau, *Confessions* (22)
	Analyse d'un souvenir d'enfance	Leiris, «L'Infini» (27)

32

L'Extase matérielle

J. M. G. Le Clézio

OBJECTIF

Vous allez analyser un texte théorique qui a un but moral. A partir d'une réflexion sur l'argent, l'auteur propose une critique du matérialisme de la société.

AVANT LA LECTURE

Ouverture

Est-ce que l'acquisition et la possession de choses matérielles sont importantes pour vous? Avez-vous de l'admiration pour les gens très riches? Pourquoi? Est-ce que la richesse est un élément important du bonheur? Pourquoi?

Y a-t-il dans notre société des individus ou des groupes qui croient au bonheur sans la richesse ou qui cultivent **le dénuement** (une vie avec le minimum de choses matérielles)? Quelle est l'attitude contraire à l'attitude matérialiste? Quelles sont ses caractéristiques?

Note contextuelle

Il y a en France une tradition intellectuelle qui rejette le monde de l'argent, associé aux valeurs bourgeoises, en faveur d'une plus grande vie spirituelle. Le Clézio est un représentant contemporain de cette tradition.

Stratégies de lecture

A. Avant de lire le texte, lisez le début de chaque paragraphe. Ces phrases résument les idées principales du texte et vous permettent d'anticiper leur développement:

I. Je °hais l'argent. Vivre avec l'argent, ce n'est pas facile. (l. 1)   *Inf.* haïr (détester)

II. L'ambition véritable °rejoint finalement le °dénuement. Ne rien   coïncide avec / *cf.* nu(e)
posséder est une fascination. (ll. 14–15)

III. N'achetez pas de voiture, ne possédez pas de maison, n'ayez pas de
°situation. Vivez dans le minimum. (ll. 18–19)   bon emploi

IV. C'est difficile de °ne pas succomber. (l. 29)   = résister

V. °Pas un esprit d'originalité °forcément. (l. 32)   Il ne faut pas / nécessairement

VI. Ne °renoncez à rien. Ni au bonheur, ni à l'amour, ni à la colère, ni   *cogn.*
à l'intelligence. (ll. 50–51)

Répondez aux questions suivantes:

   I. (a) Quelle est l'attitude de l'auteur envers l'argent?
      (b) D'habitude, on dit que l'argent rend la vie plus facile. Imaginez pourquoi
      l'auteur dit le contraire.
  II. (a) En général, est-ce que l'objectif d'une personne ambitieuse est le dénue-
      ment?
      (b) Pourquoi est-ce que «ne rien posséder» pourrait exercer une tentation très
      forte?
 III. A votre avis, est-il possible dans notre société de suivre ces recommandations
      et de vivre «dans le minimum»?
  IV. L'auteur dit que résister à la tentation des choses matérielles est difficile.
      Qu'est-ce que cela révèle sur son attitude?
   V. L'auteur dit qu'il n'est pas nécessaire d'être quelqu'un d'exceptionnel. Pour
      arriver à quel résultat? (Pensez aux idées déjà exprimées).
  VI. Y a-t-il dans l'idée exprimée dans ces deux phrases une contradiction vis à vis
      de ce qui précède?

B. Lisez maintenant le texte en entier. Si vous le voulez, après chaque paragraphe,
vous pouvez regarder les questions correspondantes dans COMPREHENSION
pour vous assurer que vous avez bien compris.

LECTURE

J. M. G. Le Clézio, *L'Extase matérielle*

I.

    Je hais l'argent. Vivre avec l'argent, ce n'est pas facile. °Le papier-   *Les billets de banque*
monnaie représente tout ce qu'il y a de limité, de °raisonneur, de   *cf.* la raison
°chichement équilibré dans la société des hommes. Le goût de l'argent,   étroitement
c'est le goût des choses futiles, des objets qu'on achète, de la gloire
5 limitée. C'est le [1]trompe-la-mort, la réalité qu'on dit pratique, le
°mensonge. L'argent °gêne mes rapports avec les autres. Je ne sais pas   *cf.* mentir / rend difficiles
comment payer, et je n'aime pas qu'on me paye. Je hais aussi le respect-
réflexe que j'ai pour l'argent, pour la vieille notion de la valeur mar-
chande, alors que je ne crois qu'aux valeurs sentimentales. Je ne sais pas
10 faire °l'aumône, et quand je donne un pourboire, je ne sais pourquoi,   la charité
mais celui qui le reçoit regarde sa main comme si j'y avais déposé un
[2]crachat. En même temps, je sais que je suis profondément °avare, que   *cf.* l'avarice
chaque °sou m'appartient, que j'ai peur de le perdre.   = petite pièce d'argent

II.

    L'ambition véritable rejoint finalement le dénuement. Ne rien pos-
15 séder est une fascination. Etre le plus nu possible, être tout tourné vers
l'intérieur, ne pas s'attacher aux choses terrestres, voilà ce qu'il faudrait
être capable de faire.

III.

    N'achetez pas de voiture, ne possédez pas de maison, n'ayez pas de
situation. Vivez dans le minimum. N'achetez jamais rien. Les objets
20 sont °gluants; si vous êtes pris par l'un d'eux, un jour, °à l'improviste, et   comme la glu (*cogn.*) / sans
si vous ne vous °dégagez pas à temps, vous êtes °fait. Petit à petit, les   vous y attendre
maisons, les voitures, les montres en or, le luxe inutile et les vanités de   libérez / pris
toutes sortes attireront votre âme, et bientôt vous vous retrouverez
l'esprit plein de chiffres, °spéculant, °palpant la chair des poulets devant   *cogn.* / = touchant
25 [3]l'étal de la boucherie, raisonnable, °sentencieux, sachant qu'il y a des   verbeux
choses qu'il faut faire et d'autres qu'il ne faut pas faire, °enfoui dans le   = enfermé
monde bien °clos, bien °fade, tranquille et méchant, °redondant de   fermé / insipide / *cf.* la
paroles anonymes, et °borné comme une bêtise.   redondance
      très limité

IV.

    C'est difficile de ne pas succomber. °Il faut à l'être beaucoup de   Chaque personne doit avoir
30 résistance, une révolte °braquée constamment contre [4]tout ce qui en-   = dirigée
veloppe, tout ce qui saupoudre, tout ce qui voltige.

[1]*scheme to cheat death.* [2]*spit.* [3]*meat counter.* [4]*whatever wraps itself around you,
sprinkles over you, flutters around you.*

V.

Pas un esprit d'originalité forcément. Souvent, au contraire, je reconnais ceux qui me ressemblent °à une certaine °raideur, à °une mine
distante, austère, un peu °compassée. Vêtus de gris ou de noir, pas trop
35 visibles, pas trop °effacés, ils n'aiment pas qu'on les remarque. Emotifs,
mais °flegmatiques, avec quelque chose de dur et de °crispé dans le
visage. Polis jusqu'à être cérémonieux, rien ne les distingue de la foule
des gens occupés. Et même, °à les voir vivre superficiellement, ils ont
l'air très occupés, avec leurs allées et venues, avec leurs travaux °en
40 cours, avec leurs mines studieuses. Et pourtant, ils sont en quelque sorte
°arrêtés sur eux-mêmes, et ils regardent, ils regardent tout le temps.
Tout les °étonne, ils s'amusent souvent des choses les plus futiles. Ils
travaillent avec tout. Et dans leurs yeux, avec un peu d'angoisse, un peu
de °cruauté, il y a comme une transparence naïve. Ils ont facilement les
45 yeux °ronds. [5]Ils sont enfants gâtés, rancuniers, bougons, clowns.
°Crédules, parfois même ridicules. Pleins de °manies, °sensibles, pas
tellement volontaires °face aux volontés implacables des autres. Je n'aime
pas trop le dire, mais c'est pourtant ce qu'ils sont: des °maniaques
sentimentaux.

Glosses: par/*cf.* raide / un visage affectée · discrets · *cogn.* / tendu (*cf.* la tension) · si on les regarde · du moment · concentrés · surprend · *cf.* cruel/le · surpris, étonnés · *cogn.* / habitudes irritantes / émotifs · devant la détermination inflexible · obsédés (*cf.* la manie)

VI.

50 Ne renoncez à rien. Ni au bonheur, ni à l'amour, ni à la colère, ni
à l'intelligence. N'hésitez pas; prenez le plaisir dans le plaisir, l'orgueil
dans l'orgueil. Si on vous cherche querelle, °emportez-vous. Si on vous
frappe, répondez. Parlez. Cherchez le bonheur, aimez vos °biens, votre
argent. Possédez. Petit à petit, sans °ostentation, prenez tout ce qui est
55 utile, et ce qui est inutile aussi, et vivez dans l'essentiel. Puis, quand vous
aurez tout pris sur terre, prenez-vous vous-même: enfermez-vous dans
une seule grande chambre grise et froide, aux murs nus. Et là, tournez-
vous vers vous-même, et visitez-vous, visitez-vous tout le temps.

Glosses: perdez votre calme · possessions · *cogn.*

[5]*They are like spoiled children; they keep grudges; they are surly.*

APRES LA LECTURE

COMPREHENSION

I.

1. L'auteur donne une série d'arguments pour expliquer sa haine de l'argent.

   a. Faites la liste des arguments d'ordre général.
   b. Faites la liste des arguments d'ordre personnel.

2. Qu'est-ce que l'auteur oppose à l'amour de l'argent?

3. Pourtant, l'auteur dit qu'il est «avare» (l. 12). Est-ce que c'est là une réelle contradiction? Quelle phrase annonçait déjà cette déclaration?

II et III.

1. Quel idéal est-ce que l'auteur recommande?

2. Quel pouvoir est-ce que les objets exercent sur les individus?

3. Qu'est-ce que les individus risquent de perdre s'ils deviennent trop attachés aux objets?

4. Quelle image est-ce que l'auteur utilise pour évoquer le pouvoir des objets?

5. Quels adjectifs sont utilisés pour décrire le monde du commerce et des affaires?

IV.

1. Quelle idée nouvelle est introduite dans ce paragraphe?

2. Retrouvez les expressions et les phrases dans les paragraphes précédents qui annonçaient cette idée.

3. Comment est-ce que l'idée de menace et de futilité est exprimée par les verbes des lignes 30–31?

V.

1. Faites la liste des qualités et des défauts des personnes qui ressemblent à l'auteur. Comment l'auteur se voit-il?

2. Est-ce que ces défauts sont de véritables défauts? Pourquoi?

3. Comment pourrait-on qualifier cet autoportrait? Est-il flatteur? sévère? critique? humoristique? etc. Pourquoi?

4. L'auteur avait déjà déclaré: «je ne crois qu'aux valeurs sentimentales.» (l. 9). Quelles expressions confirment son attachement aux sentiments dans ce paragraphe?

VI.

1. Quels conseils est-ce que l'auteur donne?

2. Est-ce que certains conseils sont en contradiction avec les idées précédentes?

3. L'auteur dit qu'il faut «être tout tourné vers l'intérieur» (ll. 15–16). Il reprend la même idée dans l'expression «prenez-vous vous-même» (l. 56). Pourquoi utilise-t-il le verbe «prendre» cette fois-ci? (Pensez au thème principal de la possession des objets).

4. Quels autres verbes reprennent la même idée dans la dernière phrase du texte?

INTERPRETATION

1. Résumez en termes simples les grandes lignes du raisonnement qui est développé dans ce texte. Montrez comment l'auteur passe par les étapes suivantes: fascination; résistance; liberté dans la possession; liberté dans le dénuement.
2. Qu'est-ce que vous pensez (a) de cette condamnation du matérialisme faite par l'auteur, (b) de la morale du dénuement qu'il propose?
3. Le mot «extase» est généralement associé à un contexte spirituel et mystique. Y a-t-il dans le titre une contradiction entre le mot «extase» et le mot «matérielle»? Comment est-ce que l'auteur relie les idées de matérialisme et d'extase dans le texte?
4. Pascal, grand moraliste du XVIIe siècle, a écrit dans ses *Pensées*: «J'ai découvert que tout le malheur des hommes vient d'une seule chose, qui est de ne savoir pas demeurer en repos, dans une chambre.» Est-ce que Le Clézio exprime la même idée? Comment?

STYLE ET LANGUE

1. On pourrait comparer ce texte à un sermon. Parmi les caractéristiques du style du sermon, on trouve:

   a. La répétition des mots et des expressions.
   b. L'emploi des verbes à l'impératif (souvent à la forme négative), qui est typique de l'exhortation et du conseil moral.
   c. L'emploi des images pour rendre concrètes des notions abstraites telles que le dénuement, les dangers du matérialisme, etc.
   d. Le portrait moral.

   Trouvez dans ce texte des exemples de chacune de ces caractéristiques.

2. Montrez comment, dans ce texte, le raisonnement est structuré autour des pronoms personnels «je», «vous» et «ils».

ACTIVITE

Imitez le premier paragraphe de ce texte pour décrire votre propre attitude envers l'argent et les possessions matérielles.

INTERTEXTUALITE

Thèmes:	L'argent	Clément, «Les Ennuis d'argent» (24)
	Le refus des valeurs de la société	Ferron, «Retour à Val-d'Or» (8) Duras, *Nathalie Granger* (33)
Traitement:	Portrait	Rousseau, *Confessions* (22) Sarraute, *Tropismes* (13)

33

Nathalie Granger

MARGUERITE DURAS

OBJECTIF

Vous allez lire un extrait de scénario de film* dans lequel ce qui n'est pas dit est souvent plus important que ce qui est dit.

AVANT LA LECTURE

Ouverture

CATALOGUE D'OBJETS INTROUVABLES

Machine à laver-télévision. Mesdames, pendant votre lessive ne restez pas sans cesse à regarder le linge passer et repasser devant la lucarne de votre machine à laver; avec cette télévision incorporée, la lessive devient un plaisir (couleur sur demande).

On peut louer ce film auprès des Services Culturels de l'Ambassade de France à New York.

Jeu de rôles.

Un voyageur de commerce (*traveling salesman*) propose cette machine à laver peu ordinaire. L'un(e) de vous jouera le rôle du vendeur en utilisant la notice qui accompagne le dessin. L'autre jouera le rôle de l'acheteur qui refuse, en donnant trois ou quatre raisons.

Voici quelques mots supplémentaires qui peuvent vous être utiles:

la marche (l. 133) d'un appareil (la façon dont il fonctionne, dont il marche)
le prélavage (l. 120), **le lavage** (l. 55), **le rinçage, l'essorage** (l. 121) (les quatre cycles d'une machine à laver)
l'encombrement (l. 46) de la machine (l'espace que la machine occupe)
une machine **à tambour** (l. 192) (*drum*)

Notes contextuelles

Le texte:

Ce texte a été écrit à partir d'un film tourné par Marguerite Duras elle-même en 1972. Sa forme est par conséquent très proche de celle d'un scénario: style des passages non dialogués, directions scéniques (par exemple: **champ/contrechamp,** *shot/reverse shot*). Dans le film, le rôle de l'amie est tenu par Jeanne Moreau, et celui du voyageur de commerce par Gérard Depardieu, l'un des acteurs contemporains les plus connus du cinéma français.

«. . . 110 . . . hop! 220 . . .»:

Après la Seconde Guerre mondiale, la France a commencé à changer de voltage: on est passé du 110 au 220 volts pour des raisons d'économie. Au début des années 70, la transformation n'était pas totalement achevée. Aujourd'hui, tous les pays d'Europe utilisent le 220 volts. Pendant la période de transition, on faisait des **appareils ménagers** (*appliances*) qui pouvaient fonctionner dans les deux voltages.

La préfecture:

La préfecture est le centre administratif gouvernemental du départment (voir ***Notes contextuelles,*** texte 19). Elle délivre en particulier différents permis et autorisations, comme le permis de conduire.

Stratégie de lecture

Le vocabulaire du voyageur de commerce est technique. Il n'est pas essentiel de tout comprendre (un Français non spécialiste ne comprendrait sans doute pas tout). Ce qui importe, c'est l'effet produit par ce langage. Lisez le texte sans vous arrêter aux détails dans ces passages techniques.

Gérard Depardieu dans le rôle du voyageur de commerce.

Jeanne Moreau et Lucia Bose dans les rôles d'Isabelle Granger et de l'amie.

LECTURE

Marguerite Duras, *Nathalie Granger*

[Nous sommes dans une maison à l'ouest de Paris (que Duras a appelée «La Maison des Femmes» dans un entretien). Isabelle Granger, mère de Nathalie, et son amie y habitent avec leurs deux filles. Le contact avec l'extérieur est maintenu grâce à la radio qui transmet des nouvelles. Nous apprenons ainsi que l'on recherche deux jeunes délinquants dans la forêt de Dreux.]

La porte de la salle à manger. Un homme entre. Très jeune, à cheveux longs. Grand. Il sourit. Il porte un °manteau-redingote noir, °de mauvaise coupe. Il porte une [1]serviette à la main. Il aperçoit les femmes et il a un mouvement °de recul. . .

   manteau étroit à la taille
   mal coupé
   vers l'arrière

5   Dans le regard du jeune homme, dans ce sourire, la violence. Tout est possible; un °échappé de la forêt de Dreux?

   = homme qui s'est échappé

[1]*briefcase.*

La scène est traitée en champ contrechamp (pour la facilité de la lecture le passage au contrechamp ne sera indiqué que lorsqu'il sera indispensable à la *vision* de la scène).

10   °Sur l'entrée de l'homme, insidieuse, la musique de piano — les arpèges obsessionnels — °a repris. Un arpège, perdu, de loin en loin, très bas.

Au moment de
a recommencé

> L'HOMME. Je ne vous dérange pas?
> L'AMIE, *temps*. Non. (*Temps.*) Entrez.
> 15   L'HOMME. C'était ouvert . . .

Silence.

Les femmes regardent l'homme, assises dans la même pose. Elles le regardent avec une attention anormale. Peur. *Mais peur contre laquelle elles ne font rien, qu'elles n'arrêtent pas, qu'elles laissent agir.*

L'homme entre plus avant dans la salle à manger. On le voit mieux:
20   il a environ vingt-cinq ans. Vêtu au bodygraph, complet-veston, cravate, chemise blanche. Il a un faux accent mondain.

> L'AMIE. Qu'est-ce que vous voulez?
> L'HOMME. Oh rien . . . je passais . . .

Silence.

> L'AMIE. Asseyez-vous.
> 25   L'HOMME. . . merci . . .

Silence.

Le comique, si comique il y a, viendra aussi de °l'ahurissement de l'homme devant °le comportement des femmes. La véritable étrangeté, ici, ce sont les femmes et non pas — comme on pourrait s'y attendre — cet homme projeté dans la maison, ce sont les femmes devant cet
30   homme.

l'extrême étonnement
l'attitude

Il arrive près d'une chaise. Ne s'assied pas. Debout devant les femmes, paralysé (un voyageur de commerce n'est pas, en général, invité à s'asseoir).

> L'HOMME. Je représente (*arrêt*) la marque Vedetta tambour . . .
> 35   (*arrêt*). On voit que ça partout . . . (*arrêt*).

Silence.

Aucune réaction chez les femmes. On dirait qu'elles n'entendent pas ce qu'il dit.

Il s'arrête de parler.

Il hésite, comme pris de peur à son tour, pris d'envie de fuir, puis
40   il s'assied. Il le fait mal.

Il se retrouve mal assis face aux femmes.
Il est d'abord silencieux, la parole coupée.
Il se regardent.
Puis l'homme °se déclenche de nouveau.   recommence

45   L'HOMME. La Vedetta tambour, modèle entièrement automatique, super-automatique si je peux m'exprimer ainsi. Encombrement minimum (*arrêt*).

                                        Silence.

Ils se trouvent tous les trois réunis, comme ils le seraient au cours
d'une visite.
50   Assises face à lui, elles le regardent toujours, sans répondre.
Dès lors il sera partagé entre sa mécanique de ²bateleur et une
curiosité, mêlée de peur.

Il recommence, héroïque, à réciter son *texte*.

        L'HOMME. La 008 est à axes horizontaux portés sur deux
55   paliers . . . Chose nouvelle, le lavage est à inversion automatique . . . ce qui augmente de 50 %, et c'est logique, réfléchissez . . . , l'efficacité de la machine . . .

                                        Silence.

Rien, de nouveau, n'a été écouté. La peur vient chez l'homme.

        L'HOMME. L'encombrement de la 008 est minimum: 46, 81,
60   60. (*Arrêt.*) Qui dit mieux °sur toute la place de Paris? (*Arrêt.*)   = dans tout Paris
Aucune machine en Europe n'a un encombrement aussi peu im-
portant . . . (*Arrêt.*)

                                        Silence.

Sa voix s'est modifiée, il parle plus vite.
Il a presque crié pour se donner du courage.
65   Le regard des femmes le traverse.
Il continue dans une sorte de désespoir.

        L'HOMME. La 008 Vedetta tambour (*arrêt.*) . . . son moteur est
à 2 vitesses, biphasé (*arrêt.*) . . . à inversion automatique . . . (*arrêt.*) . . . Vous avez du 220 dans la région?

                                        Pas de réponse.

²= *con man.*

70   . . .110! . . . hop! 220! . . . hop! on change de maison! hop! (*Arrêt.*) . . . Encombrement minimum . . .

Silence.

L'AMIE. VOUS N'ÊTES PAS VOYAGEUR DE COMMERCE.

75   La chose a été dite de façon convaincue, avec une assurance tranquille.
Il °sursaute.   a un mouvement de surprise
Se reprend, essaie de [3]colmater l'accident, °repart.   recommence

L'HOMME. °*Si* . . . la 008 . . . enfin . . . *si* . . . *si*.   = Oui, je suis voyageur de
La 008 comporte trois sélections possibles au lieu de deux . . .   commerce.
80   comme la 007 . . . la 007 comptait deux sélections . . . (*arrêt.*).

L'AMIE. VOUS N'ÊTES PAS VOYAGEUR DE COMMERCE.

L'HOMME. Mais si Madame . . . si . . . j'ai ma carte . . . si . . . j'ai ma carte . . .

85   Il ouvre sa serviette, commence à °fouiller, trouve une carte, la leur   chercher
montre.
°La carte est niée.   = Les femmes refusent de
                                                                               s'intéresser à la carte

L'AMIE. Non.
L'HOMME. . . . une carte donnée par la préfecture de police . . .
90   mais . . .

L'AMIE, *lui coupe la parole.* NON. VOUS N'ÊTES PAS VOYAGEUR DE COMMERCE.

L'HOMME. Mais Madame . . .

Il range la carte.
95   La voix °s'assourdit. °La défense cède.   devient moins forte / L'homme
Il fouille dans sa serviette, trouve une autre carte.   se défend moins fort
La leur montre.

L'HOMME. Voilà . . .

La défense cède encore.
100   La carte est niée, encore.

[3]*stop the damage.*

L'AMIE. Non.
ISABELLE GRANGER. Non.
L'HOMME, *temps*. Si . . . mais . . .
L'AMIE. Non.

105   Il range la deuxième carte. Ne sait plus quoi faire, fouille encore
dans sa serviette, en sort °un feuillet-réclame: la photo de la Vedetta   une feuille de publicité
tambour 008.
      La leur montre.

Silence.

      L'AMIE. Non.

110   Il range la photo. Et pour la première fois — contagion du
«non» — il répète sans s'en apercevoir:

      L'HOMME. Non . . .

Silence.

      Ils se regardent. *La peur a disparu.* Il commence, à son tour, à
regarder les femmes. Il les regarde si fort qu'il en oublie son texte
115   pendant un long moment. Puis, tout à coup, se souvient. Recommence.
Le texte arrive par fragments détachés. Le texte, comme lui, se détruit.
Mais la défense essaie °piteusement de se refaire.   sans succès

      L'HOMME. Comme je vous le disais . . . la 008 a trois sélections
possibles . . . une pour lavage spécial, une pour linge fragile, une
120   pour linge normal, et une qui est, bien entendu, celle du prélavage . . . (*arrêt.*) Son essorage est gradué, mais enfin ça, c'est
normal . . . (*arrêt.*)

      Elles se taisent de nouveau.
      Elles le quittent des yeux. Se mettent à regarder le parc.
125   Il suit leur regard et commence lui aussi à regarder le parc.

      Le parc: vide. Pas de vent. Toujours cette légère [4]brume.

      Leurs regards reviennent.
      Le regard d'Isabelle Granger °croise celui de l'Homme. (A partir de   rencontre
ces deux regards, tout serait possible: le désir, aussi.)

Silence.

130   Il se croit °tenu de °reprendre son discours.   obligé / recommencer

[4]*mist.*

L'HOMME. °L'essai est évidemment gratuit et ne comporte au-   *cf.* essayer
cun engagement de votre part . . . (*Arrêt.*) Un démonstrateur vient,
vous apporte la machine . . . vous montre la marche, la laisse,
revient huit jours après. Si vous n'êtes pas convaincue, il la
135   reprend . . . [5]ni vu ni connu . . . (*il se reprend*) enfin . . . c'est
tout . . . je veux dire: c'est simple . . .

Elles ne disent toujours rien. On dirait qu'il attend qu'elles parlent
de nouveau. Rien ne vient plus. Alors il recommence:

L'HOMME. Vous avez déjà entendu parler de la Vedetta tam-
140   bour 008?

Aucune réponse.

L'HOMME. Non? Vous m'étonnez Madame . . . on ne voit que
ça partout . . . l'effort publicitaire est tel . . . Ah j'oublie de vous
dire: la 008 existe dans divers coloris . . . oui . . . ce qui, je vous le
ferai remarquer, ne s'est jamais fait . . . et son [6]émail vitrifié à 900
145   degrés °est inaltérable . . . (*Arrêt.*) D'habitude, ce genre d'appareils,   ne change pas
c'était blanc . . . Le blanc, toujours le blanc . . . pourquoi? vous
pouvez me dire pourquoi . . . ?

Il a presque crié, désespéré de se faire entendre.

Elles font signe, mécaniquement que non, elles ne savent pas pour-
150   quoi tout est blanc.
Alors il continue, encouragé. Elles ont entendu, répondu. Encouragé, il reprend.

L'HOMME. Une habitude! . . . alors que la couleur . . . c'est agréable . . . (*Arrêt.*)

Silence.

155   Ça recommence, de nouveau, l'Amie parle. Toujours la même
phrase.

L'AMIE. VOUS N'ÊTES PAS VOYAGEUR DE COM-
MERCE.

L'HOMME. . . . mais Madame . . . mais si . . .
160   ISABELLE GRANGER. Non.
L'HOMME. Mais enfin, pourquoi? . . . oh, Madame . . .

Il a presque crié encore: [7]plainte, cette fois.

[5]*before you know it.* [6]*baked enamel.* [7]*lament.*

L'AMIE. Non.

Silence.

C'est lui qui reprend.

165   L'HOMME. Si.
      ISABELLE GRANGER. Non.

A son tour, il le dit: N O N .
°Pleurs dans la voix.   *cf.* pleurer

      L'HOMME. N O N . . . N O N . . . je sais pas . . . non . . .
170   si . . . si . . . il faut bien °faire . . . (*Arrêt.*)   = faire quelque chose

Silence.

Dans les yeux de l'homme, des larmes.

Silence.

Pour la dernière fois la mécanique va recommencer à fonctionner.

Silence.

      L'HOMME. Vous hésitez je vois . . .

Pas de réponse.

      L'HOMME. Vous voulez bien faire l'essai?

Pas de réponse.

175   Il répond pour les femmes. Prend un air faussement °dépité.   décourage

      L'HOMME. Non? . . . Eh bien dans ces conditions . . . je ne veux
pas °abuser de votre temps . . . ni perdre le mien °davantage . . . car   prendre votre temps / plus
il se fait tard et j'ai °pas mal de clients à voir dans la région . . .   longtemps
                              = beaucoup de

Pas de réponse.

Il ne se lève pas pour partir comme il l'annonce. Reste là,
180   longtemps. Perd °contenance. Sourire épouvantable.   son assurance

      L'HOMME. Si vous voulez . . . je °repasserai dans un mois . . .   reviendrai

Il est encore comme près des larmes, toute °pudeur, semble-t-il, °en   réserve / disparue
allée. Il se retient de pleurer. Continue — les mots °sont arrachés.   sortent difficilement

      L'AMIE. Si vous voulez . . .
185   L'HOMME. Oui . . . mais ce que je vous demande . . . si j'ose me
le permettre, c'est de ne pas vous décider pour une autre marque
avant de . . . de faire l'essai de la 008 . . . parce que . . . vraiment . . .
(*Arrêt.*) Vous me le promettez?

(Sens: parce que vraiment °je n'en peux plus.)   je n'ai plus de force
190   Elles doivent acquiescer. °On est sur lui, on ne les voit pas.   = La caméra

L'HOMME. Vous me le promettez . . . ah . . . (*Arrêt.*) Un détail, mais qui a son importance . . . Vedetta tambour reprend les machines des clients . . . et à un prix très intéressant . . . (*arrêt*), vous en avez sans doute une . . .

195   L'HOMME. Quel modèle?

On les voit.
Elles cherchent quel modèle. S'interrogent du regard. Ne trouvent pas quel modèle.
L'Amie montre la direction du couloir (vers la chambre des en-
200 fants).

L'AMIE. Elle est par là . . .

L'homme hésite. Son regard devient [8]soupçonneux, puis il se décide, il va dans la direction désignée.
Les femmes restent seules, °distraites. Elles ne se parlent pas pen-   ne faisant pas attention
205 dant son absence.
Il revient. Il marche très lentement. Il °se poste devant les femmes   se place
et les regarde longuement avant de parler.
                                                      Silence.

Il °est déclamatoire tout à coup, solennel: = parle comme au théâtre

L'HOMME. Vous savez ce que vous avez? (*Temps*)
                                                      Silence.

210   Ils se regardent en silence. Puis il finit sa phrase:

Vous avez une Vedetta tambour 008. (*Temps*) Voilà.

[8]*suspicious.*

*Marguerite Duras
et Gérard Depardieu.*

APRES LA LECTURE

COMPREHENSION

1. Qu'est-ce que l'homme vient faire dans cette maison?
2. Quel est le ton de l'homme au début?
3. Qu'est-ce qui caractérise le comportement des femmes au début?
4. Comment est-ce que le ton et le comportement de l'homme changent? Relevez les adjectifs ou les verbes qui traduisent ce changement.
5. Pourquoi est-ce que ce changement se produit?
6. Comment est-ce que les femmes refusent ce que l'homme leur propose (agressivement, passivement, par la parole, par le geste, etc.)?
7. Comment est-ce que l'histoire se termine?
8. A votre avis, pourquoi est-ce que les femmes n'ont pas interrompu le voyageur de commerce?

INTERPRETATION

Relisez le texte, puis répondez aux questions suivantes:

1. Duras écrit que la «véritable étrangeté» (l. 27) de cette scène vient des femmes et de la façon dont elles sont «devant cet homme» (ll. 29–30). Etes-vous d'accord que cette scène est étrange? Que se passerait-il dans une scène «normale»?
2. Duras écrit: «Le comique, si comique il y a . . .» (l. 26). Qu'est-ce qui est comique dans cette scène, en particulier à la fin?
3. Cependant, est-ce que l'impression qui domine est celle d'une comédie? Duras veut-elle nous faire rire du voyageur de commerce ou plutôt le rendre pitoyable, peut-être même tragique?
4. Qu'est-ce qui frappe dans le rapport entre les femmes et l'homme?
5. A votre avis, est-ce que le manque de communication qui caractérise la scène est un commentaire par Duras sur (a) le rapport entre hommes et femmes, (b) le rapport entre les individus dans notre société?

STYLE ET LANGUE

Dans ce texte, deux discours s'opposent: le discours technique (de l'homme) et l'autre (à la fois celui des femmes et de l'auteur). La caractéristique de ce deuxième discours est d'être un discours «à trous»: phrases très courtes, disparition de certains termes comme les pronoms sujets et même les verbes.

1. Trouvez quelques exemples de ce discours.
2. Comment est-ce que ce discours illustre le message du texte?
3. Comment est-ce que ce discours «féminin» affecte le discours «masculin»? Citez quelques exemples précis.

APPROFONDISSEMENT

Nous vous proposons maintenant trois autres textes qui sont des commentaires sur le texte de Marguerite Duras. Ils vous permettront de découvrir et de comparer des points de vue différents.

A. Plus tard dans le film, le voyageur de commerce revient.

1. Imaginez comment la scène pourrait se passer:

   Pourquoi revient-il?
   Qu'est-ce qu'il fait?
   Comment est-ce que cela se termine?

2. Maintenant lisez le texte ci-dessous, tiré d'une étude sur le cinéma de Duras (*L'Ecriture filmique de Marguerite Duras*, Madeleine Borgomano, Paris, Editions Albatros, 1985). Puis comparez le scénario que vous avez imaginé à celui qui est résumé par cette critique:

   Le témoin extérieur introduit par hasard dans cet univers féminin, c'est le voyageur de commerce; toute une partie du film est vue sinon par ses yeux, du moins «à côté» de ses yeux, de son point de vue. C'est à travers son regard que l'étrangeté des deux femmes, jusqu'alors ina-
5 perçue, commence à nous frapper, quand la caméra, située à la place du voyageur de commerce, nous fait voir les femmes, assises, immobiles, silencieuses, regards fixes, dans une immobilité et un silence «anor-maux». °Cette distraction des deux femmes les rend différentes: le voya-geur prend peur, perd °contenance, °bafouille, mais se trouve comme
10 mis en face de [1]l'échec de sa propre vie; prise de conscience douloureuse, mais satisfaisante aussi, puisque le voyageur revient dans la maison des femmes, pour parler de son °sort, et pleurer.
   Nous voyons aussi la maison à travers les yeux du voyageur de commerce, à la fin du film. Isabelle Granger a laissé le voyageur pleurer
15 seul en paix, elle est sortie dans le parc où nous la voyons disparaître peu à peu et définitivement; c'est l'homme qui suit des yeux cette dispari-tion: quand il ne voit plus la femme, il regarde la maison, la caméra suit la direction de son regard dans un très lent panoramique sur une suc-cession d'objets familiers, puis, en travelling, elle nous fait accompagner

Ce manque d'attention

son assurance / a du mal à trouver ses mots

existence

[1]*failure.*

20 le jeune homme qui explore la maison devenue vide, traverse la cuisine,
le couloir, la salle de séjour, découvre Nathalie, allongée sur un divan,
puis sort dans le parc; la caméra suit encore son regard dans un panoramique circulaire sur le parc, puis le travelling s'accélère au rythme
de la marche de l'homme qui retraverse la maison très vite, comme s'il
25 avait peur, et s'enfuit; avec lui nous jetons un dernier regard sur la
maison vue de l'extérieur, tandis qu'il monte dans sa °camionnette.   petit camion

B. Duras elle-même a ajouté en note quelques lignes dans son texte qui nous
expliquent la façon dont elle comprend son personnage masculin:

Si homme il y a dans le film, c'est donc, et seulement lui, le voya-
geur de commerce. Homme qui, par son *malheur,* °relève plutôt de   appartient . . . à
l'enfance. °*Homme pour rire:* c'est ce que penseraient les autres hommes   Pas un homme véritable
de lui, les «vrais». Nous sommes très loin, avec le voyageur de com-
5 merce, du modèle parental, du Responsable. Nous en sommes à l'opposé. L'homme du film est donc un homme que les autres hommes
refuseraient mais que les femmes accueillent . . . (*Nathalie Granger,*
p. 91).

1. Duras dit que son personnage «relève plutôt de l'enfance». Qu'est-ce qu'elle
veut dire? Quelles sont les qualités de l'enfant qu'on découvre chez l'homme?
2. A votre avis, Duras est-elle du côté du voyageur de commerce ou des autres
hommes, les «vrais»? Quelles seraient les caractéristiques des «vrais hommes»
selon Duras?
3. On peut interpréter la scène que vous avez lue comme un refus du langage
technique (ou théorique) par les femmes. A votre avis, est-ce que les femmes
refusent généralement ce langage? Si oui, ont-elles raison? Quelle est votre
opinion?

C. Madeleine Borgomano nous propose une autre interprétation de ce texte:

Vision féminine, certes, mais aussi vision °névrotique; le monde est   *cogn.*
senti par une sensibilité féminine [1]écorchée, tout entière °livrée à cette   dirigée par
dialectique °épuisante du désir et du refus: désir de contact et d'ouver-   très fatigante
ture au monde, mais refus °apeuré, nécessité de °dresser entre soi et le   *cf.* la peur / = mettre
5 monde extérieur ces [2]grilles barrières, mais aussi protection, maison
sentie comme un refuge et comme une prison en même temps . . .
(p. 70).

1. Quelles idées nouvelles sont introduites dans ces lignes?
2. Est-ce que l'interprétation que Madeleine Borgomano donne des femmes est
différente de celle de Duras?
3. A votre avis, est-ce qu'on doit tenir compte du jugement que l'auteur porte sur
son propre texte? Dans quelle mesure?

[1]*raw.* [2]*protective railings.*

ACTIVITE

Imaginez un dialogue dans lequel vous *essayez de vendre* à un(e) ami(e) un objet que vous ne voulez plus. Trouvez les arguments pour le/la convaincre.

INTERTEXTUALITE

Thèmes:	Vision proprement féminine	Ferron, «Retour à Val d'Or» (8)
	Dénonciation de la société de consommation	Le Clézio, *L'Extase matérielle* (32)
		Sarraute, *Tropismes* (13)
Traitement:	Importance du non-dit	Sallenave, *Un Printemps froid* (18)

Biographies

BAUDELAIRE, Charles (1821–1867). L'œuvre principale de ce grand poète français, *Les Fleurs du mal* (1857), a beaucoup influencé la poésie moderne. Ses *Petits Poèmes en prose* (1869) constituent une tentative originale pour adapter la prose à l'émotion poétique, «aux mouvements lyriques de l'âme».

BILLE, Corinna (1912–1979). Ecrivaine suisse, elle a passé son enfance dans le Valais. Elle a écrit une vingtaine de livres (nouvelles et romans) dans lesquels on entend une voix féminine très personnelle et très forte.

BOSCO, Henri (1888–1976). Romancier et poète français né en Provence, il est très attaché à la Méditerranée. Dans son œuvre on trouve à la fois des éléments réalistes et fantastiques. Son roman le plus connu est *Le Mas Théotime* (1945).

CAYROL, Jean (1911). Romancier et poète français, il est également l'auteur d'essais et de deux scénarios de films tournés par Alain Resnais, *Nuit et brouillard* et *Muriel*.

CLEMENT, François (1925). Romancier français, il a écrit notamment *Naissance d'une île* (1973) et *Le Cantique des nuages* (1979).

COLETTE, Sidonie Gabrielle (1873–1954). Romancière française, elle a quitté sa province natale, la Bourgogne, pour épouser un auteur parisien mondain. Elle a publié de nombreux romans parmi lesquels la série des *Claudine* (1900–1903), *La Vagabonde* (1910) et *Chéri* (1920). *La Maison de Claudine* (1922) et *Sido* (1930) sont deux romans inspirés par sa jeunesse et écrits en hommage à sa mère, Sido. Plusieurs de ses œuvres ont été adaptées au cinéma, en particulier le célèbre «Gigi» (1943).

DADIE, Bernard (1916). Ecrivain africain, il a été ministre des Affaires culturelles en Côte d'Ivoire. Il est l'auteur de romans, de nouvelles et de chroniques écrites pendant des séjours dans divers pays, en particulier à Paris (*Un Nègre à Paris*, 1959). Il a également publié de la poésie et une pièce de théâtre, *Béatrice du Congo* (1970).

DESNOS, Robert (1900–1945). Poète français mort dans un camp de concentration, il a appartenu au groupe des poètes surréalistes. Ses recueils (notamment *La Liberté ou l'Amour*, 1927, et *Corps et Biens*, 1930) sont pleins d'humour, de fantaisie et de lyrisme.

DIOP, Birago (1906). Ecrivain sénégalais, il a été très lié aux poètes noirs Léopold Senghor et Aimé Césaire, pendant qu'il faisait ses études de vétérinaire à Paris. Ses *Contes d'Amadou Koumba* (1942), son recueil poétique, *Leurres et lueurs* et ses *Contes et lavanes* sont inspirés par la tradition orale africaine.

DURAS, Marguerite (1914). Née en Indochine, elle a décrit ce pays dans *Un Barrage contre le Pacifique* (1950). Elle a publié de nombreux romans et pièces de théâtre, ainsi que des textes sur l'actualité. Elle a écrit le scénario du film *Hiroshima mon amour* et a tourné elle-même plusieurs films (*Nathalie Granger, India Song*).

ELUARD, Paul (1895–1952). Poète français, il a été associé au surréalisme (*Capitale de la douleur*, 1926, et *L'Amour, la poésie*, 1929). Son amour pour Nush, rencontrée en 1929, a été à l'origine de quelques-uns de ses plus beaux poèmes (*Les Yeux fertiles*, 1936). Son antifascisme et son amour de la liberté et de la justice s'expriment dans sa poésie, surtout à partir de la Deuxième Guerre mondiale.

FERRON, Jacques (1926–1985). Né au Québec, il a étudié et pratiqué la médecine. Il a participé activement à la vie politique du Canada francophone tout en écrivant des romans, des pièces de théâtre et surtout des contes et légendes, en particulier les *Contes du pays incertain* (1962). Son humour souvent féroce et sa fantaisie donnent un ton très personnel à son œuvre.

JOUHANDEAU, Marcel (1888–1979). Romancier français, il avait d'abord pensé être prêtre. Il est l'auteur d'une œuvre abondante qui comprend en particulier ses *Chroniques maritales* (1935–1938) dans lesquelles il évoque ses relations souvent difficiles avec sa femme Elise.

LA FONTAINE, Jean de (1621–1695). Poète français, il est célèbre pour ses fables inspirées d'Esope, de Phèdre et de la sagesse hindoue. Ses fables font partie de la culture générale de tous les Français.

LE CLEZIO, Jean-Marie (1943). De mère française et de père anglais, il a connu le succès avec son roman *Le Procès-verbal* (1966). Depuis, il a publié des nouvelles et des récits ainsi que des essais au ton très personnel, très remarqués par les critiques littéraires.

LEIRIS, Michel (1901). Ethnologue et écrivain français connu, il a participé au mouvement surréaliste. Dans *L'Age d'homme* (1939), comme dans ses œuvres postérieures, il analyse sa mythologie personnelle et l'interprète à la lumière des mythes collectifs.

LEVI-STRAUSS, Claude (1908). Ethnologue français, il a exercé une influence considérable sur la recherche et la pensée contemporaines, surtout dans le domaine des sciences sociales (*Anthropologie structurale*, 1958). Il a raconté dans *Tristes Tropiques* (1955) la naissance de sa vocation et sa première expédition au Brésil.

MICHAUX, Henri (1899–1984). Poète d'origine belge, il a écrit une œuvre originale inspirée du surréalisme. Il était aussi dessinateur et peintre.

PRASSINOS, Gisèle (1920). Née à Istambul de parents grecs, elle est venue en France en 1922. Découverte par André Breton et ses amis surréalistes en 1934, elle a publié de nombreux textes surréalistes jusqu'en 1940. Après la guerre, elle a écrit des romans poétiques (*Le Grand Repas*, 1966), des poèmes et textes en prose à mi-chemin entre le surréalisme et l'absurde.

REDONNET, Marie (1948). Née à Paris, elle a publié des poèmes et des nouvelles, ainsi qu'une trilogie où l'on trouve les thèmes qui lui sont chers, la pureté au milieu d'un univers qui se décompose (*Splendid Hotel, Forever Valley* et *Rose Melie Rose*, 1986–1987).

RIMBAUD, Arthur (1854–1891). L'un des poètes français les plus doués et les plus influents. «Le Bateau ivre», poème très souvent cité, se présente comme une allégorie du dangereux voyage intérieur du poète aux sources de la poésie. Ses *Illuminations* seront suivies d'*Une Saison en enfer* (1873), autobiographie en prose poétique qui précède son départ pour l'Afrique où il cesse d'écrire des poèmes.

ROBBE-GRILLET, Alain (1922). Ecrivain français qui a d'abord commencé une carrière d'agronome et qui est devenu l'un des représentants du groupe appelé «Les Nouveaux Romanciers». Il a écrit un essai devenu célèbre (*Pour un nouveau roman*, 1964), des romans (*Les Gommes*, 1953, *Le Voyeur*, 1955) et des scénarios (*L'Année dernière à Marienbad*, 1961). Il a également tourné ses propres films.

ROUSSEAU, Jean-Jacques (1712–1778). Ecrivain né en Suisse, il a passé une grande partie de sa vie en France où il a collaboré à *L'Encyclopédie* de Diderot. Il a exercé une influence considérable sur la pensée politique moderne avec la publication de son *Contrat social* (1762) et de *L'Emile* (1762), ouvrage dans lequel il expose ses idées sur l'éducation. Les *Confessions*, qui révèlent une personnalité complexe et tourmentée, comptent parmi les textes importants du genre autobiographique.

ROY, Gabrielle (1909–1983). Née à Saint-Boniface au Manitoba (Canada), elle y a vécu et enseigné comme institutrice dans des écoles rurales jusqu'en 1937. Après deux séjours en Europe, elle s'est installée au Québec et s'est consacrée à la littérature. Son premier roman, *Bonheur d'occasion*, reçut le prix Femina à Paris en 1947. Elle a écrit une douzaine de romans, des essais et des contes pour enfants. *La Détresse et l'enchantement* (1984) est l'autobiographie de cette représentante importante de la littérature canadienne.

SALLENAVE, Danièle (1940). Romancière française, elle a obtenu le prix Renaudot pour *Les Portes de Gubbio* en 1980. La critique littéraire a très bien accueilli son recueil de nouvelles, *Un Printemps froid* (1986). Elle a aussi écrit des pièces de théâtre, auxquelles ses *Conversations conjugales* ressemblent.

SARRAUTE, Nathalie (1902). Née en Russie, elle vit en France depuis l'âge de huit ans. Dans un important essai, *L'Ere du soupçon* (1956), elle a rejeté le roman traditionnel. Mais déjà en 1939, avec *Tropismes*, puis en 1948 avec *Portrait d'un inconnu*, elle explorait une nouvelle forme romanesque dans laquelle le personnage était de plus en plus réduit à une voix et à une sous-conversation.

SUSINI, Marie. Née en Corse entre les deux guerres, elle est l'auteur de sept romans et d'une pièce de théâtre. *Plein Soleil* est son premier roman (1953). Elle a également écrit le texte d'un livre sur la Corse illustré de photographies de Chris Marker, *La Renfermée, la Corse* (1981).

VERCORS, pseudonyme de Jean Bruller (1902). Il a fondé les Editions de Minuit qui, pendant la Deuxième Guerre mondiale, ont publié de nombreux ouvrages contre la collaboration avec les Allemands. Son récit célèbre, «Le Silence de la mer» (1942) a été adapté au cinéma. Dans d'autres récits et essais, Vercors a poursuivi sa réflexion philosophique sur la guerre, la torture et le sens de l'existence.

VIGNEAULT, Gilles (1928). Poète et conteur québécois, il est devenu l'un des principaux auteurs de chansons du Canada. L'amour, le pays et la mer sont les thèmes de ses chansons populaires. «Mon Pays» a remporté le Prix international de la chanson en 1965.

Le passé simple

The **passé simple**, called the «simple past», the «past historic», or the «preterit» tense in English, is found mainly in literary or historical texts. It is the verb tense used for a completed action. In spoken French and in informal written French as in letters, the **passé composé** is used.

Le passé simple	Le passé composé
elle parla	elle a parlé
elle ne parla pas	elle n'a pas parlé
elles arrivèrent	elles sont arrivées
elles n'arrivèrent pas	elles ne sont pas arrivées

Recognizing the forms of the **passé simple** is a necessary reading strategy. This tense is most frequently used in the third person (*il, elle, on, ils, elles*).

REGULAR VERBS

	parler	**finir**	**répondre**
je	parlai	finis	répondis
tu	parlas	finis	répondis
il/elle/on	parla	finit	répondit
nous	parlâmes	finîmes	répondîmes
vous	parlâtes	finîtes	répondîtes
ils/elles	parlèrent	finirent	répondirent

IRREGULAR VERBS

The *passé simple* of irregular verbs often ends in **-us, -us, -ut, -ûmes, -ûtes, -urent.**

	avoir		**être**
j'	**eus**	je	**fus**
tu	**eus**	tu	**fus**
il/elle/on	**eut**	il/elle/on	**fut**
nous	**eûmes**	nous	**fûmes**
vous	**eûtes**	vous	**fûtes**
ils/elles	**eurent**	ils/elles	**furent**

	disparaître		**recevoir**
je	dispar**us**	je	re**çus**
tu	dispar**us**	tu	re**çus**
il/elle/on	dispar**ut**	il/elle/on	re**çut**
nous	dispar**ûmes**	nous	re**çûmes**
vous	dispar**ûtes**	vous	re**çûtes**
ils/elles	dispar**urent**	ils/elles	re**çurent**

INFINITIF	PASSE SIMPLE
aller	il/elle alla
s'asseoir	il/elle s'assit
boire	il/elle but
conduire	il/elle conduisit
connaître	il/elle connut
conquérir	il/elle conquit
courir	il/elle courut
craindre	il/elle craignit
croire	il/elle crut
devoir	il/elle dut
dire	il/elle dit
écrire	il/elle écrivit
éteindre	il/elle éteignit
faire	il/elle fit
falloir (il faut)	il fallut
lire	il/elle lut
mettre	il/elle mit
mourir	il/elle mourut
naître	il/elle naquit
offrir	il/elle offrit
paraître	il/elle parut
partir	il/elle partit
plaire	il/elle plut
pleuvoir (il pleut)	il plut
pouvoir	il/elle put
prendre	il/elle prit
rejoindre	il/elle rejoignit
savoir	il/elle sut
servir	il/elle servit
suivre	il/elle suivit
tenir	il/elle tint
vaincre	il/elle vainquit
valoir (il/elle vaut)	il/elle valut
venir	il/elle vint
vivre	il/elle vécut
voir	il/elle vit
vouloir	il/elle voulut

NOTE: To help you learn to recognize the *passé simple*, we have included with the text «Ist et Irt» (4) a familiarization strategy. For the texts in *Discours Imaginaires*, you will find in the marginal notes the corresponding infinitive of the verbs in the *passé simple*.

Le subjonctif

A. The use of the subjunctive is obligatory in certain grammatical constructions in French. It is used in clauses introduced by **que** . . .

    1. after expressions of:

OBLIGATION	(**il faut que** . . .
WILL	(**je veux que** . . .)
DOUBT	(**je doute que** . . .)
EMOTION	(**je suis content/e que** . . .)
OPINION	(**il est important que** . . .)

    2. after conjunctions such as **bien que** (*although*), **avant que** (*before*), **pour que** (*in order that*), **sans que** (*without*), etc.

B. There are four tenses of the subjunctive:

PRESENT	IMPERFECT
PERFECT	PAST-PERFECT

Because the forms of the Imperfect and the Past-perfect subjunctive are complex and dissonant, these tenses have mostly disappeared in contemporary French usage where they are replaced by the Present and the Perfect subjunctive. However, you need to be able to recognize the forms of all four tenses in order to read literary texts.

THE PRESENT SUBJUNCTIVE

The verb endings are **-e, -es, -e, -ions, -iez, -ent.** They are added to a form of the verb based on the third person plural present indicative:

(ils) **parl**ent   (ils) **finiss**ent   (ils) **répond**ent

Regular verbs

parler	finir	répondre
que je parl**e**	que je finiss**e**	que je répond**e**
que tu parl**es**	que tu finiss**es**	que tu répond**es**
etc.	etc.	etc.

Irregular verbs

Most irregular verbs follow the same pattern:

dire	prendre	venir
que je dise	que je prenne	que je vienne

Other irregular verbs

aller:	que j'aille
faire:	que je fasse
pouvoir:	que je puisse
savoir:	que je sache
vouloir:	que je veuille

	avoir		**être**
que j'	**aie**	que je	**sois**
que tu	**aies**	que tu	**sois**
qu'il/elle/on	**ait**	qu'il/elle/on	**soit**
que nous	**ayons**	que nous	**soyons**
que vous	**ayez**	que vous	**soyez**
qu'ils/elles	**aient**	qu'ils/elles	**soient**

THE PERFECT SUBJUNCTIVE

It is similar to the *passé composé* (**elle a parlé; elle est arrivée**), except that the auxiliary verb **avoir** or **être** takes the form of the present subjunctive.

parler	finir	répondre
qu'elle **ait** parlé	qu'elle **ait** fini	qu'elle **ait** répondu

arriver	partir	venir
qu'elle **soit** arrivée	qu'elle **soit** partie	qu'elle **soit** venue

THE IMPERFECT SUBJUNCTIVE

	parler	**finir**	**répondre**
que je	parl**asse**	fin**isse**	répond**isse**
que tu	parl**asses**	fin**isses**	répond**isses**
qu'il/elle/on	parl**ât**	fin**ît**	répond**ît**
que nous	parl**assions**	fin**issions**	répond**issions**
que vous	parl**assiez**	fin**issiez**	répond**issiez**
qu'ils/elles	parl**assent**	fin**issent**	répond**issent**

	avoir		**être**
que j'	**eusse**	que je	**fusse**
que tu	**eusses**	que tu	**fusses**
qu'il/elle/on	**eût**	qu'il/elle/on	**fût**
que nous	**eussions**	que nous	**fussions**
que vous	**eussiez**	que vous	**fussiez**
qu'ils/elles	**eussent**	qu'ils/elles	**fussent**

THE PAST-PERFECT SUBJUNCTIVE

It is similar to the Past-perfect indicative (**elle avait parlé; elle était arrivée**), except that the auxiliary verb **avoir** or **être** takes the form of the Imperfect subjunctive.

parler	**finir**	**répondre**
qu'elle **eût** parlé	qu'elle **eût** fini	qu'elle **eût** répondu

arriver	**partir**	**venir**
qu'elle **fût** arrivée	qu'elle **fût** partie	qu'elle **fût** venue

NOTE: When the Imperfect and the Past-perfect subjunctive forms appear in the reading passages, the corresponding form of the Present or the Perfect subjunctive, indicated by the sign (*subj.*), is given in the marginal notes.

Vocabulaire utile

TERMES LITTERAIRES

conte *m.* story, tale
dénouement *m.* ending
discours *m.* discourse; speech
enjambement *m.* run-on line
essai *m.* essay
fable *f.* fable
histoire *f.* story, tale
intrigue *f.* story line
ironie *f.* irony
merveilleux *m.* (the) marvelous, (the) fantastic
mythe *m.* myth
nouvelle *f.* short story
parabole *f.* parable
personnage *m.* character
pièce *f.* play

poème *m.* poem
poésie *f.* poetry
récit *m.* story
rime *f.* rhyme
roman *m.* novel
satire *f.* satire
scénario *m.* script
sens *m.* meaning
— **allégorique** allegorical
— **figuré** figurative
— **mythique** mythical
— **propre** literal
— **symbolique** symbolical
strophe *f.* stanza
vers *m.* line (of a poem or a song)

MOTS ET EXPRESSIONS FREQUENTS

The following words and expressions, which are also listed in the GLOSSAIRE, appear frequently in the texts. Familiarizing yourself with them will extend your vocabulary and improve your reading ability. Cognates are not included in this list.

agir to act
âme *f.* soul
appartenir à to belong to
s'apercevoir to realize; to notice
s'attendre à to expect
   attente *f.* expectation; waiting period
autrefois previously, in the past
baisser to lower
blesser to hurt, injure
bord *m.* edge
   au bord de on the edge of

brûler to burn
brusquement suddenly
campagne *f.* country, countryside
chance *f.* luck
   avoir de la chance to be lucky
chemin *m.* path
conserver to keep
côté *m.* side
   à côté de beside
couper to cut
cour *f.* courtyard

courir to run
deviner to guess
disparaître to disappear
durer to last
écraser to crush
endormi(e) asleep
endroit *m.* place
s'ennuyer to be bored
entouré(e) de surrounded by
espèce *f.* kind; species
s'étonner to be astonished
  étonnant(e) astonishing
extase *f.* ecstasy
feu *m.* fire
fier/fière proud
fond *m.* bottom
  au fond basically
frais/fraîche fresh
fuir to flee
  s'enfuir to flee
  fuite *f.* flight
garder to keep; to guard
geste *m.* gesture
goût *m.* taste
hasard *m.* chance
humeur *f.* mood
  de bonne humeur   in a good mood
interdit(e) forbidden
lieu *m.* place

se mettre à to begin to
  se remettre à to begin again to
morceau *m.* piece
or *m.* gold
  doré(e) golden
orgueil *m.* pride
  orgueilleux (-se) proud
oser to dare
partout everywhere
parvenir à to succeed; to reach
pas *m.* step
à peine scarcely, hardly
se plaindre to complain
pleurer to cry
  pleurs *m.* tears
pourtant yet, however
ramasser to pick up
rechercher to search for
  à la recherche de in search of
reconnaître to recognize
reprendre to continue, resume
il s'agit de it is about
suffire to be sufficient
taille *f.* waist; size; height
tandis que whereas, while
tendre to hand; to give
tour *f.* tower
tour *m.* turn
tout à coup suddenly
voisin *m.* **voisine** *f.* neighbor

Glossaire

The glossary does not contain cognates, basic vocabulary items, and words that have been translated in the footnotes. The equivalents given here are appropriate for the specific texts in *TRANSITION: Le Plaisir des Textes*. They are not necessarily the most common or the only equivalents for these words.

Abbreviations used in the glossary

coll.	colloquial
inf.	infinitive
past part.	past participle
pej.	pejorative
pres. part.	present participle
sl.	slang

A

s'abattre to swoop down
abîme *m.* abyss
abîmer to damage
s'abîmer to sink; to get damaged
aboutir to end up
abriter to shelter, to protect
abuser du temps de quelqu'un to waste someone's time
accablé/e overwhelmed
accorder to grant
s'accorder avec to agree with
accoudé/e (sur) with elbows resting (on)
accourir to come running
accrocher to hang
accueil *m.* welcome
accueillir to welcome
achat *m.* purchase

s'acheminer vers to go slowly towards
achever to complete, to finish
acquéreur *m.* buyer
acquérir (*past part.* **acquis/e**) to acquire
actualité *f.* current events
advenir to happen
aéré/e airy, open
affaire(s) *f.* matter; business
   tirer quelqu'un d'affaire to help someone out
s'affairer to busy oneself
affligeant/e distressing
affronter to face
agacé/e irritated
agencé/e arranged
s'agenouiller to kneel down
agir to act
   il s'agit de it is a question of, it is about
agronome *m.* agronomist
s'ahurir to be amazed

ahurissement *m.* amazement
aile *f.* wing
allégresse *f.* joy
ailleurs elsewhere
d'ailleurs moreover, in addition
aise *f.* ease
   être tout aise de to be content with
aisément easily
albâtre *m.* alabaster
algue *f.* seaweed
allées et venues *f. pl.* comings and goings
s'en aller to leave
allure *f.* speed; appearance
alors que when; whereas
alourdi/e heavy, weighed down
alpaga *m.* alpaca (cashmere-like fabric)
amaigri/e thinner
amant *m.* (17th cent.) suitor
amas *m.* pile
âme *f.* soul
amène affable
s'amener (*coll.*) to come
amer/ère bitter
s'amenuiser to become smaller
amour-propre *m.* pride
amoureux *m.* boyfriend
ananas *m.* pineapple
anéantir to destroy utterly
angoisse *f.* anguish
anse *f.* cove
antérieur/e previous
apercevoir to notice
   s'apercevoir de to realize, to understand
apeuré/e frightened
apparaître to appear
appartenir to belong
apprentissage *m.* apprenticeship
s'apprêter à to get ready to
âpre harsh
arpège *m.* arpeggio
arpenter to walk up and down
arracher to pull out
assagi/e calmer, wiser
assaisonné/e seasoned
assistance *f.* audience
s'assombrir to become dark
s'assourdir (voice) to become muffled
atelier *m.* workshop; studio
attardé/e delayed
s'attendre à (quelque chose) to expect (something)

atteindre to reach, to attain
attenant à next to, adjoining
attente *f.* expectation; waiting period
attirer to attract
attiser to stir up
attrait *m.* attraction
aubaine *f.* bargain
aube *f.* dawn
aumône *f.* alms
autant as many as
autel *m.* altar
auteur *m.* author
autochtone *m.* native
autrefois previously, in the past
autrement differently
avaler to swallow
avare miserly
averse *f.* (rain) shower
aveugle blind
avide eager
s'aviser de to realize suddenly

B

bafouiller to stammer
baigner to bathe
bain *m.* bath
baisser to lower
baliverne *f.* senseless talk
ballotté/e tossed, rocked
banc *m.* bench
banc *m.* **de poissons** school of fish
bande *f.* group
banquier *m.* banker
baptiser to baptize
barbu bearded
bariolé/e many-colored
barque *f.* rowboat
bas/basse low
basculer to fall over
bâtir to build
bavure *f.* smudge
bec *m.* beak
bée gaping, wide open
   bouche bée with mouth wide open (in wonder)
bedonnant/e potbellied
bercer to rock
besoin *m.* need
bêtise *f.* stupidity
bien *m.* good; property

bienfait *m.* benefit
billet *m.* banknote
biphasé (electricity) two-phase
blanchâtre whitish
blême pale
blesser to hurt, to injure
blessure *f.* wound
blouson *m.* short jacket
blotti/e nestled
bock *m.* glass of beer
bœuf *m.* ox
boîte *f.* box; can
bol *m.* bowl, mug
bombé/e round, curved
bondir to bounce
boniment *m.* gibberish
bord *m.* edge
   au bord de on the edge of
bordé/e de lined with
borné/e bordered; dull-witted
bouche *f.* mouth
   bouche bée with mouth wide open (in wonder)
bouclé/e curly
bouder to sulk
bouger to move
bougie *f.* candle
bougon/ne sulky
bouillant/e boiling
bouilloire *f.* kettle
bouillonner to bubble
bouleverser to disrupt
boulot *m. (coll.)* job
bourdonner to buzz
bout *m.* end
brandir to hold up, to wave
braquer to aim at
bras *m.* arm
   rester les bras croisés not to do anything
brassée *f.* armful
brave decent, nice
bricoleur *m.* handyman
bride *f.* bridle
brindille *f.* twig
se briser to break, to shatter
brouillé/e blurred, mixed
broussailles *f. pl.* brushwood
bruissement *m.* crunching, rustling
à brûle-pourpoint point-blank
brume *f.* haze
brusquement suddenly

but *m.* goal
buvette *f.* refreshment stall

C

cabane *f.* cabin, hut
cacher to hide
en cachette secretly
cailler *(sl.)* to be cold
caillou *m.* small stone
cambré/e arched
camelote *f.* poor quality merchandise, junk
camionnette *f.* light truck
campagnard *m.* country person
campagne *f.* countryside, country
car *m.* bus
carapace *f.* shell
à carreaux *m. pl.* check
se carrer dans to settle comfortably in
carrure *f.* breadth of shoulders
carton *m.* cardboard
casque *m.* helmet
cécité *f.* blindness
céder to yield
ceindre *(past part.* **ceint/e)** to gird
certes certainly
chaleur *f.* heat
chance *f.* luck
chape *f.* cape
charge *f.* load
charger to load
charnu/e fleshy
châtain/e chestnut brown
château *m.*, **féodal** feudal castle
chaussure *f.* shoe
chemin *m.* path
cheminée *f.* chimney; fireplace
chère *f.* food
   faire chère to eat
chétif/ive puny
chevelure *f.* hair
chevet *m.* bedhead, bedside
cheveux *m. pl.* hair
chèvre *f.* goat
chiche paltry
chichement meagerly
chiffre *m.* number
en chœur *m.* as one
de choix *m.* choice
chopine *f.* bottle

chou (mon —) *m.* (*coll.*) darling
chrétien *m.*, **chrétienne** *f.* Christian
chuchoter to whisper
cil *m.* eyelash
ciller to blink
cime *f.* top, crest
circuler to walk around
ciseaux *m. pl.* scissors
citer to quote
clarté *f.* light
cloche *f.* bell
clocher *m.* steeple
clos *m.* enclosed yard, orchard
clou *m.* nail
cocher *m.* coachman
se cogner to bump into
coiffé/e de wearing on his/her head
   bien coiffé/e well coiffed
colline *f.* hill
colon *m.* colonist, settler
colonisateur *m.* colonizer
colonne *f.* column
coloris *m.* color
combler to fulfill
commis *m.* assistant
commissaire (de police) *m.* equiv. of a police
   captain
compagne *f.* companion
compassé/e stuffy
complet *m.* suit
complet-veston *m.* suit
comportement *m.* behavior
comporter to contain; to imply
comprendre to understand; to include
compter to count; to number; to intend
comptoir *m.* counter
conciliabule *m.* secret discussion
conduite *f.* conduct, behavior
confectionner to make
confiance *f.* confidence; trust
   être en confiance to feel comfortable
conflit *m.* conflict
conforme identical, similar
confus/e flustered; unclear
conjurer to exorcise
connaissance *f.* acquaintance
se consacrer à to devote oneself to
conscience *f.* consciousness; conscience
   prendre conscience de to become aware of
conseil *m.* advice

conserver to keep
consommateur *m.*, **consommatrice** *f.* consumer
consommation *f.* consumption
constater to notice
consterné/e dismayed
construire (*past part.* **construit/e**) to build
contagion *f.* contagiousness
contemporain/e contemporary
contenance *f.* attitude
   perdre contenance to lose one's composure
conteur *m.* story teller
contrainte *f.* constraint
contrarier to upset
contredire to contradict
convaincre (*past part.* **convaincu/e**) to convince
convenir à to be suitable to
convoitise *f.* envy
coq-à-l'âne *m.* abrupt change of subject
cordialité *f.* friendliness
corné/e hornlike
cossu/e well-off, rich
côté *m.* side
côte à côte side by side
côtoyer to walk, run, flow along
cou *m.* neck
couchant *m.* West
couloir *m.* corridor, hall
coup *m.* blow, strike
   coup de cloche ring of a bell
   d'un seul coup all at once
coupe *f.* cut
couper to cut
   à couper au couteau extreme, oppressive
couperosé/e blotchy
cour *f.* courtyard
au courant informed
courant *m.* **d'air** draft
courbe *f.* curve
coureur *m.* **des bois** someone who loves to roam
   the woods
courir to run
couronne *f.* crown
couronné/e crowned
au cours de during
en cours in the process; under way
cours d'eau *m.* stream
course *f.* race; shopping
court/e short
courtisé/e courted
couteau *m.* knife

coutume *f.* custom

  de coutume customarily

couture *f.* sewing; seam

couvent *m.* convent

couver to smoulder

couverture *f.* blanket

craindre to fear

cravate *f.* necktie

crèche *f.* nativity scene

crédule gullible

crépelure *f.* frizzy hair

creuser to hollow out, to dig

creux/euse hollow

criblé/e de strewn with

crique *f.* small bay

crispé/e tense

critique *f.* criticism

crochet *m.* hook

  faire un crochet to deviate

croiser to cross

croquer to crunch

cueillir to pick

cuire (*pres. part.* cuisant; *past part.* cuit/e) to cook

culotte *f.* shorts

cuvette *f.* basin

D

davantage more

déambuler to stroll

débaptiser to rename

débarquer to land

se débarrasser de to get rid of

déboucher to open (a bottle)

  déboucher sur to arrive at

se débrouiller to manage

décevoir (*pres. part.* décevant; *past part.* déçu/e) to disappoint

déchirure *f.* tear, rip; wound

déchoir to lower oneself

déclamatoire bombastic

se déclencher to start, to be triggered

décousu/e unstitched

découvrir to discover

décrire to describe

dédaigner to scorn

dédaigneux/euse disdainful

défaut *m.* fault, defect

défendre to forbid

déferler (waves) to break

défiler to go by

se dégager to appear; to free oneself

dégoutter to drip

délavé/e faded

délivrer to free

déloger to move out; to force out

démarche *f.* gait, walk

démesuré/e oversized

démesurément excessively

demeure *f.* dwelling, lodging

demi *m.* (beer) half pint

à demi half

démolir to demolish, to tear down

dénombrer to number

dent *f.* tooth

  à belles dents with a hearty appetite

dentelé/e crenelated

dentelle *f.* lace

dénudé/e bare, naked

dénuement *m.* destitution

dépaysement *m.* feeling of strangeness

dépense *f.* expense

dépité/e disappointed

se déplacer to move

déployer to unfold

dépourvu de without, devoid of

dérangement *m.* disturbance

déranger to disturb, to inconvenience

dérision *f.* mockery

dérobé/e secret

dès from the time of

dès que as soon as

dès lors from that moment

désarroi *m.* helplessness

désolé/e sorry, sad

désormais henceforth

dessécher to dry up

dessinateur *m.*, dessinatrice *f.* sketcher, draftsperson

détacher to untie, to unleash

dételer to unharness

détenir to contain, to have

détourner to turn away

détruire to destroy

devanture *f.* shop window

deviner to guess

dévisager to stare at

devise *f.* motto

dévoiler to unveil

diable *m.* devil

digne worthy

diocèse *m.* diocese
dire to say, tell
  cela ne me dit rien I don't feel like it
disparaître to disappear
disponible available
disposer de to have at one's disposal
distraction *f.* absent-mindedness
distrait/e absent-minded
divertissement *m.* entertainment
doigt *m.* finger
dompté/e tamed
doré/e gilded
dos *m.* back
doucement slowly; softly
douceur *f.* softness
douillet/te cosy
douillette *f.* quilted coat
douloureux/se painful
doux/douce soft, gentle
dressé/e trained
dresser to erect; to train
droit *m.* right
dur/e hard
durcir to harden
durer to last
duvet *m.* down

E

ébloui/e dazzled
écailleux/euse scaly
écarquiller to open wide
à l'écart de away (from)
écarté/e apart
s'écarter to move away; to come open
échappé *m.* fugitive
échapper à to escape
échelle *f.* scale; ladder
  à l'échelle on the scale
échoir (à quelqu'un) to fall to somebody's lot
éclair *m.* flash
éclaircir to clear up
éclairé/e illuminated
éclatant/e brilliant; dazzling
éclater to burst
s'éclipser to disappear
économiser to save
écraser to crush
s'écrier to exclaim
écrin *m.* jewel case

écrivain *m.,* **écrivaine** *f.* writer
écume *f.* foam
effacé/e erased; withdrawn
effacer to erase, to wipe out
effets *m. pl.* clothes
effigie *f.* image
effleurer to brush by
effondrement *m.* caving in
effrayant/e frightening
effrayé/e terrified
effronté/e cheeky
égal/e equal; regular
également equally, also
élan *m.* eagerness
s'élancer to rush
élevé/e raised
  bien élevé/e well-bred, polite
éloigné/e distant
s'éloigner to move away
émail *m.* enamel
embaucher to employ
embêté/e embarrassed
s'émietter to crumble
emmener to take
s'emmitoufler to wrap oneself up
émouvoir (*past part.* **ému/e**) to move
s'emparer de to take hold of
emplir to fill
emporte-pièce *m.* (tool) punch
  découpé/e à l'emporte-pièce punched out
s'emporter to lose one's temper
empreinte *f.* print, imprint
empressement *m.* haste
emprunter to borrow; to use (path, road)
encadrer to frame; to surround
encaisser to cash
enchaîner to bind, to enslave; to put in chains
encombrement *m.* space occupied by an object
encore que although
endormi/e asleep
endroit *m.* place
énervé/e on edge
s'énerver to become irritated
enfermer to lock up
enfiler to slip on
enflammer to irritate, to inflame
s'enfler to swell
enfoncement *m.* sinking
s'enfoncer to sink into
enfoui/e buried

s'enfuir to flee
engager to begin (conversation)
s'engager sur/dans to enter
s'engloutir to sink
enivrée/e intoxicated
enjambée *f.* step
ennuyer to worry; to upset
s'ennuyer to be bored
enquête *f.* inquiry, investigation
s'enquérir to ask, to inquire
enrober to surround, to coat
enrubanner to wrap/decorate with ribbons
entamer to begin
enterrer to bury
entonner to strike up a tone
entouré/e de surrounded by
entraîner to cause; to drag along; to train
s'entraîner à to practice
entrecoupé/e de interspersed with
entreprendre to undertake
s'entretenir avec to speak with
entretien *m.* conversation, discussion
s'entrouvrir to partly open
environ approximately
s'envoler to take flight; to fly away
épargner to spare
épicier *m.* grocer
épier to watch, to spy upon
épouser to marry
épouvante *f.* fright
éprouver to feel, to experience
épuisant/e exhausting
épuisé/e used up; exhausted
épuré/e refined
équilibrer to balance
errer to wander
escarpé/e steep
espace *m.* space
espèce *f.* kind, species
espoir *m.* hope
s'esquiver to sneak out
essai *m.* trial
essorage *m.* spin cycle
établissement *m.* place of business (restaurant, bar, etc.)
étage *m.* floor, storey
  à l'étage upstairs
s'étager to tier up
s'étaler to spread
étape *f.* stage

état *m.* state, condition
s'éteindre (light) to go out
étoffe *f.* fabric
étoile *f.* star
étonnamment surprisingly, astonishingly
étonnement *m.* surprise, astonishment
étonner to surprise, to astonish
étouffer to stifle
étranger/gère foreign
étrangeté *f.* strangeness
étrangler to strangle
étreindre (*pres. part.* **étreignant;** *past part.* **étreint/e**) to seize, to embrace
étroitement narrowly, closely
évanoui/e unconscious, fainted
événement *m.* event
éventail *m.* fan
s'éventer to fan oneself
exaucer to grant (wish, prayer)
exiger to demand
exigeance *f.* demand
expliquer to explain
exposer to exhibit; to expound
exposition *f.* exhibition
exprimer to express
extase *f.* ecstasy
exténué/e worn out, exhausted
extrait *m.* extract, excerpt

F

fâché/e irritated, angry
se fâcher to become angry
fade tasteless, dull
faillir + *inf.* almost + *verb,* to come near to + *verb*
fainéant *m.* person who does not like to work
faire to do; to make
  cela ne fait rien it is not important
  bien faire de to do well to
  en faire autant to do likewise
  être fait to be in for it
fait *m.* fact
fait *m.* **divers** news item
falaise *f.* cliff
falloir (il a fallu) to be necessary
fantaisie *f.* originality; little extravagance
faribole *f.* nonsense
faucher to cut, to mow
  en avoir les bras fauchés to be dumbfounded
se faufiler to sneak into

fauteuil *m.* armchair
faux/fausse false, fake
feindre to pretend
fêlé/e cracked
félicité *f,* happiness
feu *m.* fire
feuillage *m.* foliage
feuille *f.* sheet (of paper); leaf
feuillet-réclame *m.* advertising leaflet
fichu *m.* shawl
fidèle faithful
fier/ère proud
figé/e frozen
filer to escape; to slip away
fillette *f.* little girl
fiole *f.* small bottle
flambée *f.* blaze, fire
flânerie *f.* stroll
flanquer to be on either side
flétri/e withered
florissant/e flourishing
flot *m.* water, wave
foi *f.* faith
   ma foi my word
fois *f.* time
   à la fois both
foncé/e dark
fond *m.* bottom
   au fond basically
fondant/e soft (melting in one's mouth)
fonder to found
se fondre to fuse, to merge
à force de as a result of
forcément necessarily
   pas forcément not necessarily
fortuné/e wealthy
fouiller to search
foule *f.* crowd
fourrure *f.* fur
foyer *m.* hearth
frais/fraîche fresh
franchir to step over; to cross
frangé/e bordered
frémir to tremble
frémissement *m.* swirling; trembling
frisé/e curly
frissonner to tremble
front *m.* forehead
fugace fleeting
fuir to flee

fuite *f.* flight
   en fuite fleeing
fumée *f.* smoke
au fur et à mesure progressively
furet *m.* ferret
fureter to ferret
fuser (light) to shine through

G

gagner to earn; to win; to seize; to reach
gambader to gambol, to skip about
gantelet *m.* glove
garder to guard; to keep
garnement *m.* rascal
gâté/e spoiled
geler to freeze
   se les geler (*sl.*) to be extremely cold
gémir to groan; to lament
gémissement *m.* lament
gêner to hamper
genou *m.* knee
genre *m.* appearance; type
   bon genre distinguished looking
   du genre of that kind
geste *m.* gesture
glabre closely shaved
glacé/e frozen
glaïeul *m.* gladiola
glisser to slip, to slide
se glisser to slip into
gluant/e sticky
gonflement *m.* swelling
gorge *f.* throat; bosom
goût *m.* taste
goûter to taste
goutte *f.* drop
gracile slender
gravir to climb
gravier *m.* pebbles
gravure *f.* engraving
gré *m.* liking
   de bon/mauvais gré willingly/unwillingly
   savoir gré à to be grateful to
grelotter to shiver
grève *f.* beach
grimper to climb
grisant/e intoxicating
grisonner to go grey
grogner to grunt

gronder to rumble
grossier/ère vulgar
ne . . . guère hardly
guerre *f.* war
guetter to watch

H

habile clever
habillé/e dressy
habits *m.* clothes
haine *f.* hatred
haïr to hate
hâlé/e suntanned
haletant/e breathless
hanche *f.* hip
hardiesse *f.* daring
hargneux/se snappy, aggressive
hasard *m.* chance
hasarder to risk
en hâte hastily
se hâter to hurry, to hasten
se hausser to lift oneself up
hennissant/e neighing
héritage *m.* inheritance, legacy
heurter to bump into
histoire *f.* history; story
honte *f.* shame
　avoir honte to be ashamed
hormis besides, except
hôte *m.* host; guest
houle *f.* swell (of the sea)
huile *f.* oil
humeur *f.* mood
　de bonne/mauvaise humeur in a good/bad mood
humer to smell; to breathe in

I

ignorer not to know, to be unaware of
île *f.* island
immanquablement unfailingly
imperméable *m.* raincoat
imprimer to print
à l'improviste unexpectedly
inaltérable that cannot deteriorate, long-lasting
inaperçu/e unnoticed
incontesté/e undisputed
incroyable unbelievable
inégalité *f.* inequality
infime infinitesimal

infini/e infinite
infirmière *f.* nurse
influent/e influential
injure *f.* insult
innombrable numerous
inouï/ie unprecedented, unheard of
inquiéter to worry
inscrit/e inscribed
s'installer to settle
à l'instant on the spot
instituteur *m.*, **institutrice** *f.* primary school teacher
interdit/e forbidden
internat *m.* boarding school
irrémédiable beyond remedy
issue *f.* exit; end
ivre drunk
ivrogne *m.* drunkard
ivoire *m.* ivory

J

jadis in the past
jaloux/se jealous
jeter un cri to utter a shout
jeu *m.* game; gambling
joue *f.* cheek
jouir de to enjoy
joyaux *m. pl.* jewels
jubilation *f.* glee
jubiler to exult, to be thrilled
juteux/euse juicy

L

lac *m.* lake
lâcher to let go of, to drop
laitage *m.* dairy product
laiteux/euse milky
lampion *m.* Chinese lantern
lancer to throw
large *m.* open sea
larme *f.* tear
las/lasse tired, weary
se lasser de to tire of
lavage *m.* washing; wash cycle
lécher to lick
lendemain *m.* (the) next day
lessive *f.* wash
lever *m.* getting up/out of bed
lèvre *f.* lip
lier to link; to bind

lieu *m.* place
lisière *f.* outskirts
lisse smooth
livré/e à committed to
locataire *m. or f.* tenant
loge *f.* theater box; caretaker's office (in a building)
loger to live
logis *m.* dwelling, residence
lointain/e remote; ancient
longer to walk along
loqueteux/euse in rags
lucarne *f.* small window
luire to shine
lutte *f.* struggle

M

machine *f.* machine; engine
  faire machine arrière to reverse
maigre skinny
main *f.* hand
maintenir to maintain
mal *m.* evil
pas mal de (*coll.*) a lot of
maladresse *f.* clumsiness
malfaisant/e evil
malheur *m.* unhappiness; misfortune
malice *f.* mischievousness
malingre sickly
malotru *m.* lout, boor
manant *m.* (*pej.*) peasant; lowly creature
manquer (il manque) to lack; to be missing, to miss
manteau *m.* coat
marche *f.* operation
marché *m.* market
marque *f.* brand
en matière de in the area of
maux *m. pl.* evils; diseases
mèche *f.* lock (of hair)
méfiance *f.* distrust
meilleur/e better
le meilleur, la meilleure the best
se mêler à to mix with
membres *m. pl.* (**du corps**) limbs (of the body)
de même likewise
mener to conduct; to drive
mensonge *m.* lie
menton *m.* chin
menu/e small
mépris *m.* contempt

merveille *f.* marvel
métis *m.* bi-racial person
mets *m.* dish
se mettre à to begin to
meuble loose
mi- half
miel *m.* honey
miette *f.* crumb
mieux better
le mieux the best
millier *m.* thousand
mine *f.* appearance
  faire mine de to pretend
minutieux/euse minute, detailed
miroir *m.* mirror
mode *f.* fashion
moindre least
moitié *f.* half
mondain/e worldly; social
montant *m.* amount
montre *f.* watch
moqueur/euse mocking
moral *m.* spirit, morale
morceau *m.* piece
mordiller to nibble
mordre to bite
morne dull, somber
mouiller to moisten, to wet
mousser to foam, to sparkle
mousseux/euse sparkling
moyen *m.* means, way
moyenne *f.* average
muet/te silent, mute
mugir (*pres. part.* **mugissant**) to howl
mur *m.* wall
museau *m.* mouth
musulman/e Moslem

N

naguère in the past
naissance *f.* birth
nanti/e de equipped with
narine *f.* nostril
narrateur *m.*, **narratrice** *f.* narrator
natal/e of birth; native
néanmoins nonetheless
névrotique neurotic
nid *m.* nest
nippe *f.* (coll.) piece of clothing

nouer to tie
nourrir to nourish
nu/e naked; bare
nuage *m.* cloud
nue *f.* clouds, sky
nuque *f.* back of the neck

O

occasion *f.* occasion; opportunity
occupé/e busy, occupied
s'occuper de to take care of
œil *m.* (*pl.* **yeux**) eye
œuvre *f.* work
oisif/ive idle
oisiveté *f.* idleness
ombrage *m.* shade
　porter ombrage à to offend
ombre *f.* shade; shadow
omoplate *f.* shoulder blade
once *f.* ounce
onde *f.* wave
s'opérer to take place
or *m.* gold
orgueil *m.* pride
orgueilleux/euse proud
ourlet *m.* hem; border, rim
outre beside, in addition to
ouvrage *m.* work
ouvragé/e adorned, decorated

P

paillote *f.* straw hut
paisible peaceful
paix *f.* peace
palper to feel
pancarte *f.* sign
panneau *m.* sign
papillon *m.* butterfly
parapluie *m.* umbrella
parcourir to cross; to travel through
parer to decorate
parfois sometimes
parfum *m.* perfume
paroi *f.* wall
partager to share; to divide
parti *m.* match
parti pris *m.* bias, prejudice
à partir de (starting) from
partout everywhere

parvenir to succeed; to reach
pas *m.* footstep; (door) threshhold
passager/ère temporary
passant *m.*, **passante** *f.* passer-by
patrimoine *m.* legacy; inheritance
paume *f.* palm
paupière *f.* eyelid
paysanne *f.* peasant woman
pêche *f.* fishing; peach
pêcher to fish
pêcher *m.* peach tree
peindre (*past part.* **peint/e**) to paint
à peine scarcely, hardly
peintre *m.* painter
pèlerine *f.* cloak
se pencher to lean
pendre to hang
pente *f.* slope
　en pente sloping
perfide treacherous
perte *f.* loss
　à perte de vue as far as the eye can see
pétrin *m.* (*coll.*) mess
peuplier *m.* poplar
phrase *f.* sentence
pierre *f.* stone
pin *m.* pine tree
pire worse
le/la pire the worst
piteusement pitifully
sur place at that very spot
plaie *f.* wound
se plaindre to complain
plaire à to be pleasing to
plaisir *m.* pleasure
planche *f.* board
planer to hover
plat *m.* dish
plâtre *m.* plaster
pleurs *m. pl.* tears
ployer to bend
la plupart *f.* (the) majority
poil *m.* hair
pointu/e pointed
poire *f.* pear
poirier *m.* pear tree
poisson *m.* fish
poissonneux/euse well stocked with fish
poitrine *f.* chest
poli/e polite

pompette (*coll.*) tipsy
pondre to lay (egg)
porte *f.* **cochère** main entrance door
se poster to place oneself
pouce *m.* thumb
poudré/e powdered
pouffer (de rire) to giggle
pourboire *m.* tip
pourri/e rotten
pourtant yet; however
poursuivre to pursue; to continue
pourvoir to provide
pouvoir to be able to
   ne plus en pouvoir to be fed up; to be worn out
pré *m.* meadow
précipitamment hastily
précipiter to throw
se précipiter to rush
prélavage *m.* soak cycle
prendre to take
   s'y prendre to go about something
prêt/e ready
prétendre to claim
prêtre *m.* priest
preuve *f.* proof
prévoir to plan
prier to pray
prière *f.* prayer
principe *m.* principle
projeter to project; to thrust forward
propriétaire *m.* or *f.* owner, landlord
prosterné/e bowing down
prune *f.* plum
prunelle *f.* (eye) pupil
publicité *f.* advertising; advertisement
publier to publish
pudeur *f.* modesty
puiser to draw
putain *f.* prostitute

Q

quand même all the same
quasi almost
quasiment almost
quérir to fetch
quotidien/ne daily

R

rabais *m.* reduction
raccorder to connect

raide straight; upright
raideur *f.* stiffness
radoter to speak nonsense
radoteur *m.* someone who speaks nonsense
raie *f.* stripe
railleur/euse mocking
raison *f.* reason
   à plus forte raison all the more
raisonneur *m.* argumentative person
ralentir to slow down
ramasser to pick up
ramener to bring back
rance rancid
rancunier/ère vindictive
rang *m.* row; rank
rangée *f.* row
ranger to put in order; to put away
se ranger to step aside
rapetisser to shrink, to make smaller
rapport *m.* relationship, connection
rapprocher to draw closer
se raser to shave
rassurer to reassure
ravi/e delighted
ravissant/e pretty, lovely, delightful
ravisseur *m.* abductor
rayon *m.* ray; (store) department
rebuter to put off
recenser to count; to number
réchauffer to warm
à la recherche de in search of
réclamer to ask insistently
réconforté/e comforted
reconnaître to recognize
recouvrer to regain
recueillir to gather
recul *m.* moving back; distance
reculer to step back; to hesitate
rédiger to write
redingote *f.* frock-coat
redoutable fearsome
réduit/e reduced
refroidir to cool
regagner to return to (place)
se régaler to feast on; to enjoy oneself
régime *m.* regimen, diet
règle *f.* rule
règlementaire required
régler to pay
régner to reign, to rule

reins *m. pl.* loins
rejoindre to join
relever to notice
relever de to derive from; to resemble
se relever to get up again
relier to link, to join
religieuse *f.* nun
reliure *f.* binding
reluire (*pres. part.* **reluisant**) to shine
remettre to hand, to give
se remettre à to begin again to
remuer to move
rencontrer to meet
se rendre à to go to
se rendre compte to realize, to notice
renoncer à to give up
renouveler to renew; to do again
renseignement *m.* information
renverser to run over; to overturn
se répandre to spread
repartir to start again; to leave again
repasser to call again, to come back
repousser to push away
reprendre (*past part.* **repris/e**) to continue; to re-sume
représentation *f.* performance
réseau *m.* network
résonner to sound; to echo
resplendir to shine
ressac *m.* surf
ressembler à to resemble, to look like
rester to remain, to stay
retapisser to repaper
retenir to hold back, to retain
retentir to ring, to sound
rétorquer to respond
en retrait de slightly behind
retraité/e retired
se rétrécir to become smaller
réunion *f.* meeting, gathering
rêve *m.* dream
réveil *m.* alarm clock
rêveur *m.* dreamer
ricaner to snicker
rideau *m.* curtain
rien qu'à + *inf.* simply by
à la rigueur if worse comes to worst; at most
rinçage *m.* rinse cycle
ripaille *f.* feasting
rire *m.* laughter

fou rire giggles, uncontrollable laughter
pour rire not serious
rivage *m.* shore
rive *f.* shore
rôder to lurk around
rosse (*coll.*) tough
rougeoyer to redden
ruelle *f.* narrow street

S

sacristain *m.* sacristan
sagesse *f.* wisdom
saisi/e surprised
saisissant/e striking
salubre healthy
saluer to greet
salut *m.* salvation
sanglot *m.* sob
sangloter to sob
saoul/e drunk
sauf (que) except (that)
sauter to jump
sauvage shy
sauver to save
se sauver to flee
sauvetage *m.* rescue
savamment skillfully
saveur *f.* taste
savoir (*pres. part.* **sachant;** *past part.* **su**) to know
savoir *m.* knowledge
scellé/e sealed
sécher to dry
secouer to shake; to shake off
secourir to help
séduit/e seduced; lured; charmed
sens *m.* sense; meaning; direction
cela tombe sous le sens it's obvious
sensé/e sensible
sensiblement roughly, perceptibly
sententieux/euse pompous
sentier *m.* path
sermonner to preach to; to scold
serré/e tight
serrer to hold tightly
se serrer to huddle together
serrure *f.* lock
seuil *m.* doorstep
seul/e alone
siècle *m.* century

signe *m.* **de tête** nod
se signer to cross oneself
sillon *m.* furrow
sinon otherwise
soie *f.* silk
soigneusement carefully
soigneux/euse careful
soin *m.* care
soit i.e., that is
solde *f.* sale
somme *m.* nap
somme *f.* sum (of money)
sommeiller to sleep
somnambule *m.* or *f.* sleepwalker
songer à to think about
sonner to ring
sorcière *f.* witch
sort *m.* fate
de sorte de/que so that
s'en sortir to manage
sou *m.* penny
souci *m.* worry
  se faire du souci to worry
se soucier de to pay attention to
souffler to blow
souffrir (*past part.* **souffert**) to suffer; to endure, to accept
soumission *f.* submission
soupçonner to suspect
en sourdine with a low, muffled sound
sourire to smile
sous-sol *m.* basement
souterrain/e undergound
subir to suffer, to endure
subit/e sudden
succomber à to fall prey to
suffire to be sufficient, to suffice
suite *f.* follow-up; continuation
suitée (cow) followed by its calf/calves
superflu/e superfluous
supplier to implore, to beg
Sûreté *f.* equiv. of the F.B.I.
surgir to appear suddenly
surprenant/e surprising
sursauter to be startled
surtout especially
surveiller to watch
survenir to occur
en sus in addition
suspendre to hang

T

tablier *m.* apron
tache *f.* spot, stain
tacher to stain
taille *f.* waist; size; height
se taire (*pres. part.* **taisant;** *past part.* **tu/e**) to be silent
talon *m.* heel
talonner to follow closely
tandis que whereas; while
tant que as long as
tantôt . . . tantôt now . . . then
taper to hit
tapis *m.* carpet
tapisserie *f.* tapestry; wallpaper
tartine *f.* slice of bread
tas *m.* heap, pile
tâtonner to grope
à tâtons gropingly
teindre (*past part.* **teint/e**) to dye
teint *m.* complexion
un tel/une telle so and so
témoigner to witness, to be evidence
témoin *m.* witness
tempe *f.* temple
tendre to stretch out; to hand
ténèbres *f. pl.* darkness
tenir à to be eager to; to be attached to
se tenir to stand; to behave
s'en tenir à to keep to
être tenu/e à/de to be obliged to
tenter to try, to attempt; to tempt
ternir to dull
terrestre earthly
tiédeur *f.* tepidness, warmth
tintement *m.* jingling
tirer to pull, to draw
toile *f.* fabric
toit *m.* roof
torse *m.* torso
toucher to receive (salary)
touffu/e dense
trancher to cut
sans trêve without respite
se tromper to make a mistake
tour *f.* tower
tour *m.* turn
tournure *f.* shape, appearance
tout à coup suddenly

tout de même all the same
tracas *m.* worry
trahir to betray
traîner to drag
trait *m.* feature; line; draft
trajet *m.* trip, journey
tribu *f.* tribe
tricot *m.* knitting; sweater
troène *m.* privet
troquer to exchange
trottoir *m.* sidewalk
trou *m.* hole
trouble murky
se trouver to be; to happen
type *m.* (*coll*). guy, man

U

user to wear out

V

vacarme *m.* din
vaciller to sway
vache *f.* cow
vague *f.* wave
vaillamment resolutely; courageously
vaincre (*past part.* **vaincu**) to conquer
vainement in vain
vaisselle *f.* tableware
val *m.* small valley
valeur *f.* value
valoir to be worth
    il vaut mieux it is preferable
valser to waltz
vaniteux/euse conceited
vanter to boast
veille *f.* (the) day before
veillée *f.* evening
veiller à to see to
veilleuse *f.* night light
velours *m.* velvet

velouté/e velvety, soft
vendange *f.* grape-picking
venger to avenge
se venger to take revenge
venir to come
    à tout venant for anyone
venir de to have just
ventre *m.* stomach, belly
ventru/e big-bellied
vêpres *f. pl.* vespers
verdure *f.* greenery
verger *m.* orchard
verser to pour
vertige *m.* dizziness
veston *m.* jacket
se vêtir to dress
vider to empty
vieillir to grow old
vierge virgin
vif/vive lively
vigne *f.* vineyard; vine
virer to turn
visage *m.* face
vitesse *f.* speed
vitre *f.* pane of glass
vitrifié/e enamelled
vitrine *f.* shop window
vivre (*pres. part.* **vivant**; *past part.* **vécu**) to live
    bon vivant *m.* someone who enjoys life
vociférer to shout
voile *m.* veil
voisin *m.*, **voisine** *f.* neighbor
voisin/e neighboring, next
vol *m.* flight
voleur *m.* thief
volonté *f.* will
volontiers gladly, willingly
vouer un culte à to adore; to be entirely devoted to
vouloir to wish, to want
    en vouloir à to resent, to have a grudge against
vue *f.* sight